大数据时代大学生数字素养培育研究

任秋菊　雷　宇　◎著

中国商务出版社

·北京·

图书在版编目（CIP）数据

大数据时代大学生数字素养培育研究／任秋菊，雷宇著． -- 北京：中国商务出版社，2024.8. -- ISBN 978-7-5103-5395-6

Ⅰ. G202

中国国家版本馆 CIP 数据核字第 2024UT8681 号

大数据时代大学生数字素养培育研究

任秋菊　雷　宇◎著

出版发行：中国商务出版社有限公司

地　　址：北京市东城区安定门外大街东后巷 28 号　　邮　　编：100710

网　　址：http://www.cctpress.com

联系电话：010—64515150（发行部）　　　010—64212247（总编室）
　　　　　010—64515164（事业部）　　　010—64248236（印制部）

责任编辑：云　天

排　　版：北京天逸合文化有限公司

印　　刷：星空印易（北京）文化有限公司

开　　本：710 毫米×1000 毫米　1/16

印　　张：15.5　　　　　　　　　　　　字　　数：231 千字

版　　次：2024 年 8 月第 1 版　　　　　　印　　次：2024 年 8 月第 1 次印刷

书　　号：ISBN 978-7-5103-5395-6

定　　价：79.00 元

前　言

大数据时代，数字素养的培育对大学生的重要性越发凸显。数字素养不仅仅是对数字工具的简单应用，更是一种综合能力，包括对信息的获取、评估、处理和利用。在当前信息爆炸的时代，大学生的数字素养不仅关乎个人发展，更关系到国家的科技创新和社会的发展。因此，对大学生数字素养的培育研究具有重要意义。信息的获取已不再是传统意义上的图书馆检索，而是需要通过互联网等渠道获取各种形式的信息。

大学生需要学会利用搜索引擎、数据库等工具，准确、高效地获取所需信息，避免被信息海洋淹没而无所适从。在信息爆炸的时代背景下，信息的真实性、可信度备受质疑。大学生需要学会对信息进行筛选和评估，辨别信息的来源、作者、发布时间等，提高对信息的辨别能力，避免被虚假信息误导。数字化时代，信息的处理已不再是简单的阅读和理解，更需要掌握数据分析、可视化等技能，将海量的数据转化为有用的知识和信息。同时，大学生还应学会利用信息技术解决问题，提高工作和学习效率，拓展创新能力。

本书旨在探讨大数据时代下大学生数字素养培育的重要性、方法和实践，以及未来发展的展望。随着大数据技术的快速发展和普及，数字素养成为大学生必备的基本能力之一。本书涵盖了大数据时代背景与大学生数字素养概述、大数据技术在大学生数字素养培育中的应用、大数据时代下大学生数字信息素养培育、大数据时代下大学生数字创新能力培育、大数据时代下大学生数据分析能力培育、大数据时代下大学生数字伦理素养培育、大数据时代下大学生数字安全素养培育、大数据时代下大学生社交媒体素养培育、大数据时代下大学生数字化学习能力培育、大数据时代下大学生数字素养综合实践能力培育、大数据时代下大学生数字素养培育模式研究、大数据时代下大学生数字素养培育师资队伍建设、大数据时代下大学生数字素养培育的未来展望等内容。本书适用于高等院校的教育学、信息技术等相关专业的师生以及对大学生数字素养培育感兴趣的教育工作者和研究者。本书旨在为大学生数字素养培育提供理论支持和实践指导，促进大学生在大数据时代下全面发展。

在编写本书的过程中，借鉴了许多前辈的研究成果，在此表示衷心的感谢。由于本书需要探究的层面比较深，作者对一些相关问题的研究不透彻，加之写作时间仓促，书中难免存在一定的不妥和疏漏之处，恳请前辈、同行以及广大读者斧正。

作　者

2024.5

目　录

第一章　大数据时代背景与大学生数字素养概述

第一节　大数据时代背景及其对教育的影响

一、大数据时代背景

在信息技术迅速发展、互联网普及和数字化转型不断加速的背景下，人类社会步入了大数据时代。这一时代以数据量急剧增加、数据类型多样化和处理速度要求更高为特征，标志着人类对数据的生产、收集、存储和分析能力达到了前所未有的规模和深度。大数据不仅仅是数量上的增长，更是数据作为一种新型资源被广泛认可和应用的新阶段。大数据时代的背景可以追溯到信息技术的快速发展。随着计算机技术和存储技术的进步，特别是云计算、大规模并行处理和分布式存储等技术的广泛应用，数据的处理能力大幅提升。传感器技术、物联网的普及以及移动设备的普及使得各类设备和终端能够实时产生和传输数据，形成了庞大的数据网络和生态系统。

大数据时代的显著特征之一是数据类型的多样化。传统的结构化数据，如关系型数据库中的表格数据，仍然占据主导地位，但随着社交媒体、网络日志、传感器数据、音频、视频等非结构化数据的快速增长，数据的多样性和复杂性显著提高。这些不同类型的数据需要不同的处理和分析技术，也推动了数据科学和人工智能领域的发展。

大数据时代对数据处理速度提出了更高的要求。传统的批处理数据处理模式已经不能满足实时数据分析和决策支持的需求。流式数据处理技术的兴起使得数据可以在其产生的同时进行实时处理和分析，这在金融交易监控、智能交通管理、在线广告投放等实时决策领域发挥了重要作用。在经济和社会层面，大数据的广泛应用正在重塑各行各业的运作方式和商业模式。在市场营销和客户服务中，大数据分析可以帮助企业更好地理解消费者需求和行为，优化产品设计和市场推广策略。在医疗健康领域，大数据的应用促进了个性化医疗和疾病预防的发展，提升了医疗服务的质量和效率。在城市管理和公共服务中，大数据技术支持智能城市的建设，提升了城市运行效率和居民生活质量。

然而，大数据时代也面临诸多挑战和问题。数据隐私和安全性问题成为人们广泛关注的焦点，个人数据的合法性和道德性处理引发了伦理和法律的讨论。此外，数据质量、数据集成和跨界数据共享等技术难题仍然限制了大数据技术在实际应用中的全面发展。

二、大数据时代对教育的影响

（一）教学内容优化

在当今信息化时代，教育领域正逐渐迎来大数据技术的革新。这一技术的运用不仅仅局限于数据的收集和存储，更重要的是其对教学内容的优化和改进所带来的积极影响。通过大数据分析，教育平台可以深入挖掘学生在学习过程中的薄弱环节和常见错误，从而有针对性地对教学内容进行优化和改进，帮助学生更好地理解和掌握知识。

大数据分析为教学内容优化提供了全新的思路和方法。传统的教学模式往往是由教师根据自己的经验和知识编排教学内容，难免存在主观性和局限性。而借助大数据技术，教育平台可以收集并分析大量学生的学习数据，发现其中的规律和趋势。通过对学生学习行为和学习成绩的深度分析，教育者可以了解到学生在学习过程中普遍存在的薄弱环节和常见错误，为教学内容的优化提供了有力的支持。

在教学内容优化的实践中，大数据分析起到了至关重要的作用。教育平台可以根据学生的学习数据，发现其中存在的知识盲区和易错点，有针对性地对教学内容进行调整和改进。例如，针对某一知识点容易引起学生困惑的情况，教育平台可以通过增加案例分析、设置错题解析等方式，帮助学生更好地理解和掌握知识。同时，教育平台还可以根据学生的学习进度和能力水平，调整教学内容的难度和深度，确保每个学生都能够得到适合自己的教学内容。

教学内容优化不仅能够提高学生的学习效率，还能够增强他们的学习兴趣和动力。通过针对性地对教学内容进行优化和改进，教育者可以使学生更加主动地参与到学习过程中，提高他们的学习积极性和主动性。同时，优化后的教学内容更加贴近学生的学习需求和实际情况，能够更好地激发他们的学习兴趣，提高他们的学习动力和自信心。

（二）教育资源共享

在当今信息化时代，大数据技术正逐渐成为教育领域的一大助力。其中，大数据技术在促进教育资源的共享和开放方面发挥着重要作用。通过数据分析，可以全面了解教育资源的分布情况和质量状况，从而发现并推广优质的教育资源。这一过程不仅可以实现教育资源的公平共享，还能提高教育的整体水平，促进社会的全面发展。

在过去，教育资源的分布存在着很大的不均衡性。一些发达地区或学校拥有丰富的教育资源，而一些偏远地区或学校则面临着资源匮乏的困境。这种不均衡的现象导致的教育机会不平等，阻碍了教育的公平发展。而大数据技术的出现为解决这一问题提供了新的思路和方法。通过大数据分析，可以全面了解教育资源的分布情况，发现优质教育资源的存在，并将其推广给更多的学校和地区，从而实现教育资源的共享和开放。

教育资源的共享和开放不仅可以促进教育的公平发展，还能提高教育的整体水平。一方面，共享优质教育资源可以弥补一些地区或学校资源不足的问题，帮助其提高教育质量和水平。另一方面，共享教育资源还可以促进教育领域的知识共享和交流，激发教育创新和改革的活力，推动教育事业不断向前发展。

值得注意的是，教育资源的共享和开放需要政府、学校和社会各界的共同努力。政府需要加大对教育资源的整合和推广力度，制定相关政策和措施，鼓励和支持教育资源的共享和开放。学校需要积极参与到教育资源的共享和开放中来，加强学校间的合作与交流，共同提高教育质量和水平。社会各界需要积极关注教育资源的共享和开放问题，提供必要的支持和帮助，共同推动教育事业的发展。

（三）教学管理与评估

在当今数字化时代，大数据技术为教学管理与评估提供了全新的可能性和途径。学校和教育机构可以充分利用大数据技术，对教学过程进行全面监控和评估，及时发现问题并采取措施改进教学质量。同时，大数据技术还可以帮助学校和教育机构对教师和学生进行评估，提高教学效率和质量，推动教育事业不断向前发展。教学管理是教育工作的重要组成部分，而大数据技术为教学管理提供了新的思路和方法。通过大数据技术，学校可以实时监控教学过程中的各项指标，包括教师授课情况、学生学习进度、课堂氛围等。通过对这些数据进行分析，学校可以发现教学过程中存在的问题和不足，及时采取措施进行改进。例如，发现某些课程的通过率较低，学校可以针对性地调整教学内容和方法，提高学生的学习效果和成绩。

教学评估是教育工作的重要环节，大数据技术为此提供了更加科学和客观的方法。通过大数据技术，学校可以对教师的教学能力和教学质量进行全面评估，对教师的教学数据和学生的学习数据进行分析，从而客观地评估教师的教学水平和教学效果，为教师的职业发展提供有力支持。同时，大数据技术还可以帮助学校对学生的学习情况进行全面评估。通过分析学生的学习数据，学校可以了解学生的学习状态和学习进度，及时发现问题并采取措施加以解决，提高教学效率和质量。值得注意的是，教学管理与评估需要充分考虑个体差异和特点。大数据技术虽然可以帮助学校全面监控和评估教学过程，但在具体实践中仍需要结合实际情况灵活运用，充分考虑教师和学生的个体差异和特点，为其提供个性化的支持。同时，教学管理与评估也需要学校和教育机构与教师、学生以及家长等各方的密切合作，共同推动教育事业的发展。

（四）远程教育与在线学习

在当今数字化时代，远程教育和在线学习成为教育领域的重要趋势。大数据技术作为一种强大的工具，为远程教育和在线学习提供了全新的支持和可能性。

远程教育和在线学习的兴起得益于互联网和信息技术的发展，打破了时空的限制，使学生可以随时随地通过网络获取知识和技能。然而，传统的远程教育和在线学习往往存在教学内容和方式单一等问题，难以满足不同学生的学习需求。而大数据技术的出现为解决这一问题提供了新的途径。通过大数据分析，教育机构可以全面了解学生在远程教育和在线学习中的学习行为和需求，从而为他们提供更加个性化和优质的教学服务。例如，通过分析学生的学习数据，教育机构可以了解学生的学习偏好和学习进度，为其推荐适合的学习内容和学习方式，提高其学习效率和学习成绩。

大数据技术为远程教育和在线学习的发展提供了新机遇，解决了传统的教育模式中师资力量和教学资源不足等问题。通过大数据分析，教育机构可以发现并推广优质的教育资源，为学生提供更加丰富多样的学习资源和机会。例如，通过在线教学平台，学生可以自由选择感兴趣的课程，随时随地进行学习，从而提高其学习积极性和学习效果。同时，大数据技术还可以为教育机构提供更加科学和有效的教学管理和评估方法，帮助其更好地监控和评估教学质量，提高教学效率和质量。

在远程教育和在线学习的实践中，教育机构需要充分发挥大数据技术的优势，不断探索和创新教学模式和方法。首先，教育机构需要加强对学生

同时具备对信息的评估和分析能力，确保获取的信息具有可靠性和准确性。这种能力不仅在学术研究中至关重要，还能够帮助学生在社会生活中做出明智的决策和判断。大学生还应当具备利用数字工具和平台进行有效交流和合作的能力。随着在线教育和远程办公的普及，大学生需要掌握各类沟通工具和协作平台的使用方法，如电子邮件、即时通信工具、在线会议平台等，以便在团队项目中有效沟通和协作，提升工作效率和团队协作能力。

（二）网络信息素养与信息获取能力

数字素养在大学生教育中的关键之一是培养其创新思维和解决问题的能力。这种能力不仅要求学生灵活运用数字工具和技术，更需要他们能够在跨学科和跨领域的合作中，应用这些技能解决复杂的现实问题，推动学术进步和社会发展。创新思维是大学生数字素养的重要组成部分。大学生需要以开放和创新的态度面对问题，积极寻找新的解决方案和方法。

解决问题的能力是数字素养的核心之一。大学生需要具备系统分析问题、设计解决方案的能力，能够在面对复杂和多变的现实挑战时保持冷静并有效地应对。这种能力不仅包括技术层面的应用，还涉及对问题背景、需求和影响因素的全面理解和分析，从而提出可行的解决方案并实施和评估。

跨学科合作能力是培养创新和解决问题能力的重要途径。在现代社会中，许多问题已经越来越复杂和跨学科，需要不同专业背景和技能的人才共同协作。大学生应当具备与工程师、设计师、社会科学家等不同领域专家合作的能力，通过各自的专长和视角，共同解决实际存在的问题，推动知识的交流和创新的发展。数字素养还要求大学生能够在创新和解决问题的过程中，关注伦理和社会责任的问题。在技术发展日新月异的今天，大学生在探索新技术和应用的同时，也需要思考其对社会、环境和人类生活的影响，并积极寻找可持续的解决方案，促进社会的和谐发展。

（三）创新与解决问题能力

数字素养强调大学生在信息技术和数字工具的应用上能够展现全面的素

养，涵盖从基础的技术操作到复杂问题的解决能力，以及在跨学科合作中的协作能力。

创新思维是大学生数字素养的核心之一。大学生需要具备开放、灵活和前瞻的思维方式，能够在面对新问题和挑战时，积极地寻找新的思路和解决方案。在数字化技术的支持下，他们可以利用数据分析、人工智能、虚拟现实等先进技术，开展创新研究或设计新型解决方案。例如，在医疗健康领域，大学生可以利用大数据分析改进疾病预测模型；在环境保护方面，大学生可以设计智能传感器网络监测空气质量和水质变化。

第三节 大数据时代对大学生数字素养的要求

一、数据处理能力

（一）数据收集

在大数据时代，数据处理能力成为一项重要的数字素养要求。随着信息技术的不断发展，数据量的爆炸性增长已成为现实，这对数据的采集、整理、清洗、分析和可视化提出了更高的要求。大学生需要具备一定的数据处理能力，才能更好地适应和应对大数据时代的挑战和机遇。

数据采集是数据处理的第一步，大学生需要学会从各种来源获取数据，包括网络、传感器、社交媒体、调查问卷等。他们需要了解不同数据来源的特点和获取方式，并能够选择合适的数据采集方法，确保采集到的数据具有代表性和可信度。

（二）数据整理和清洗

大学生需要学会对采集的数据进行整理和清洗。数据往往是杂乱无章的，可能包含重复、缺失、错误等问题，因此，需要经过整理和清洗才能够进行有效的分析。

第一，大学生需要具备数据清洗的技能，包括去除重复数据、填补缺失值、修复错误数据等，确保数据的质量和完整性。

第二，大学生需要具备数据分析的能力。数据分析是从大量数据中提取有用信息和洞察的过程，可以帮助人们发现规律、预测趋势、做出决策。

第三，大学生需要学会使用各种数据分析工具和技术，包括统计分析、机器学习、数据挖掘等，能够根据需求对数据进行分析，得出结论并提出建议。

第四，大学生还需要具备使数据可视化的能力。数据可视化是将数据转化为图表、图形等可视化形式，使数据更加直观、易于理解和分享。

第五，大学生需要学会使用各种数据可视化工具和技术，如图表制作软件、数据可视化编程语言等，能够将分析结果以清晰、美观的方式展现出来，提高数据传达的效果和影响力。

二、信息搜索与评估能力

（一）多元化的信息来源

随着信息技术的快速发展，人们可以从各种渠道获取信息，如网络、图书馆、学术期刊、专业数据库等。大学生应该学会利用这些不同的信息来源，以获取所需信息，并了解它们的特点和优势，灵活运用，以获取更加全面和准确的信息。

网络是大学生获取信息的主要渠道之一。互联网上的信息资源丰富多样，包括新闻、博客、社交媒体、在线论坛等，覆盖了几乎所有领域和行业。大学生可以通过搜索引擎、网站浏览、社交媒体等方式获取所需信息，但也需要注意信息的真实性和可信度，避免受到虚假信息和谣言的影响。

图书馆是大学生获取信息的重要资源之一。图书馆拥有丰富的图书、期刊、报纸等纸质和电子资源，涵盖各个学科和领域。大学生可以通过图书馆的检索系统或者直接到图书馆借阅资料，获取所需信息，并借助图书馆的学术指导和咨询服务，提高信息检索的效率和准确性。

学术期刊和专业数据库也是大学生获取信息的重要来源之一。学术期刊和专业数据库收录了大量的学术论文、研究报告、案例分析等高质量的信息资源，是进行学术研究和论文写作的重要参考资料。大学生可以通过学校订阅的数据库或者学术机构提供的免费数据库获取相关信息，从而深入了解专业知识和最新研究进展。

社交媒体和在线论坛也是大学生获取信息的重要途径之一。在社交媒体和在线论坛上，人们可以分享和交流各种信息和观点，包括新闻、评论、经验分享等。大学生可以加入相关的社交群组或者关注专业领域的专页，获取相关信息并与他人进行交流和讨论，拓展自己的视野和知识。

（二）注重信息共享和交流

在大数据时代，信息共享和交流是大学生数字素养的重要组成部分。通过与同学、老师和专家进行沟通和讨论，大学生可以获取更多的信息和意见，拓展自己的视野和知识，提高自己的学术能力和综合素养。他们可以通过社交媒体、在线论坛等平台分享自己的见解和观点，与他人进行交流和互动，促进信息的共享和传播，推动知识的创新和发展。

大学生可以通过课堂讨论、小组讨论等形式与同学进行交流和分享。在课堂上，他们可以就老师提出的问题展开讨论，分享自己的见解和观点，倾听他人的意见和看法，从而深入理解和掌握学科知识。在小组讨论中，他们可以与同学共同探讨问题，合作解决难题，促进学习效果的提高。

大学生可以与老师和专家进行交流和咨询，获取专业知识和指导意见。他们可以在课后与老师进行沟通，就课程内容或学术问题进行深入讨论，寻求老师的建议和帮助。同时，他们还可以参加学术讲座、研讨会等活动，与专家学者面对面交流，了解最新的研究动态和学术趋势，拓展自己的学术视野和思维深度。

大学生还可以通过社交媒体、在线论坛等平台分享自己的见解和观点，与他人进行交流和互动。他们可以在微信、微博、知乎等社交媒体平台上发表自己的想法和观点，与他人进行讨论和争辩，促进信息的共享和传播。在在线论坛上，他们可以参与各种话题讨论，与其他网友交流意见，分享自己的经验和见解，扩大自己的社交圈子和影响力。

三、数据分析和决策能力

（一）分析数据并提取有用信息

在大数据时代，数据分析成为一项非常重要的能力，大学生需要具备对数据进行深入分析的能力，能够发现数据中隐藏的规律和趋势，提取出对决策有帮助的有用信息。他们应当能够运用统计分析和机器学习算法，对数据进行模式识别、预测分析等，为决策提供科学依据。

大学生需要掌握基本的数据分析方法和工具。他们应当了解统计学基础知识，掌握常用的统计分析方法，如描述统计、推断统计等。同时，他们还需要熟练掌握数据分析软件和工具，如 Excel、Python 等，能够运用这些工具对数据进行处理和分析。

大学生需要具备数据清洗和预处理的能力。在实际数据分析过程中，原始数据往往存在缺失值、异常值等问题，需要进行清洗和预处理才能得到准确可靠的分析结果。因此，大学生需要学会对数据进行清洗、去重、填充缺失值等操作，以确保数据的质量和准确性。

大学生需要能够运用统计分析方法对数据进行分析。他们应当能够运用描述统计方法对数据进行整体性描述，如均值、中位数、标准差等；同时，他们还需要运用推断统计方法对数据进行推断性分析，如假设检验、方差分析等，以发现数据中的规律和趋势。

大学生还需要掌握机器学习算法，能够运用机器学习方法对数据进行模式识别和预测分析。机器学习是一种通过训练模型识别数据模式和规律的方法，可以应用于分类、回归、聚类等不同领域的数据分析任务。因此，大学生需要学会运用常见的机器学习算法，如线性回归、逻辑回归、决策树、随机森林等，以提取数据中的有用信息并进行预测分析。大学生需要具备良好的沟通和表达能力，能够将数据分析结果清晰地呈现给他人，并为决策提供科学依据。他们应当能够将复杂的数据分析结果以简洁明了的方式展示给决策者，帮助他们理解数据中的信息和意义，并作出正确的决策。

（二）数据可视化和报告撰写

在大数据时代，数据可视化和报告撰写能力是大学生数字素养的核心之一。这项能力不仅可以帮助他们更好地理解数据分析结果，还能提高数据传达的效果和影响力，从而为决策者和相关利益方提供清晰的信息支持。

大学生需要掌握数据可视化的基本原理和方法。他们应当了解不同类型的数据可视化技术，如折线图、柱状图、饼图、散点图等，以及适用于不同数据类型和分析目的的最佳实践。此外，他们还应当熟悉常用的数据可视化工具和软件，如 Tableau、Power BI、matplotlib、ggplot 等，能够灵活运用这些工具创建各种形式的可视化图表和图形。

大学生需要具备良好的设计和排版能力，能够将数据可视化呈现得清晰、简洁、美观。他们应当注重图表和图形的布局、颜色搭配、字体选择等方面的设计，以确保视觉效果的吸引力和易读性。同时，他们还应当注意报告的整体结构和逻辑，将分析结果和结论以系统化和连贯的方式呈现，使读者能够快速理解和消化信息。

大学生还需要具备分析和解释数据可视化的能力，能够从图表和图形中发现数据之间的关系和趋势，并提炼出有价值的见解和结论。他们应当能够解释图表和图形背后的数据含义，分析数据的变化规律和趋势，为决策者和相关利益方提供深入的数据洞察和建议。

大学生需要具备撰写专业报告的能力，能够将分析结果和结论以逻辑严谨、清晰明了的文字表达出来。他们应当注重报告的语言表达和文风风格，尽量避免专业术语和复杂的表达方式，以确保读者能够轻松理解和接受报告内容。同时，他们还应当注意报告的格式和结构，包括标题、摘要、引言、分析方法、结果和讨论、结论等部分，使报告条理清晰、层次分明。

第四节 大学生数字素养培育的现状与挑战

一、大学生数字素养培育的现状

（一）全球视角下的大学生数字素养培育现状

在全球范围内，许多国家已经意识到数字素养的重要性，并采取相应的措施提升大学生的数字素养水平。例如，欧盟在其"数字教育行动计划"中明确提出，要提升全体公民的数字素养，包括大学生；美国也在其教育政策中强调，要通过各种途径提升学生的数字素养。然而，全球大学生的数字素养水平仍然存在较大的差异。

1. 发达国家与发展中国家的差异

在当今数字化快速发展的社会中，发达国家和发展中国家在大学生数字素养培育方面存在显著差异。发达国家如美国、德国和日本等在数字技术教育上投入巨大，拥有丰富的资源和先进的技术基础设施，这为大学生提供了广泛的数字素养培训机会。诸如编程、数据分析、网络安全等高级技能在这些国家的大学课程中普遍出现，帮助大学生掌握实际应用和解决问题的能力。相比之下，发展中国家的大学生面临数字素养教育相对匮乏的情况。

在发展中国家，大学生面临多重的数字素养培育挑战。首先，基础设施不足，包括网络连接质量和计算机设备的老化问题。经济条件限制了教育资源的投入，导致许多高校缺乏技术设施的更新和足够的培训机会。这使得大学生的数字技能发展参差不齐，有些学校甚至无法提供基本的计算机应用培训。其次，教育体系滞后，缺乏与市场需求接轨的课程设置和教学方法。许多大学生在进入职场后发现，他们在学校学到的理论知识与实际工作中所需的数字技能存在较大鸿沟，这种落差不仅影响了他们的就业竞争力，也制约了国家整体的经济发展。

然而，随着信息技术在全球范围内的普及，越来越多的发展中国家开始意识到提升数字素养的重要性。政府和教育机构逐渐增加对数字技术教育的投入，引入更现代化的课程和教学方法，以便大学生能够在竞争激烈的全球市场中脱颖而出。例如，通过与国际合作伙伴的项目合作，引入先进的在线学习平台和跨国企业的培训资源，有助于缩小数字教育领域的差距，提高学生的实际技能水平。

2. 城市与农村的差异

在当今数字化快速发展的背景下，城市与农村地区在大学生数字素养培育方面存在显著差异。

城市作为信息技术和教育资源的中心，通常拥有更多先进的技术设施和教育机构，为大学生提供了丰富的数字素养教育机会。在城市地区，大学生的数字素养培育受益于高速互联网接入和现代化的教育设施。许多城市的大学课程已经整合编程、数据分析、网络安全等先进技术内容，帮助学生掌握实用的技能并增强解决问题的能力。城市大学通常能够与企业和科技界建立紧密联系，提供实习和项目合作的机会，使学生能够在真实场景中应用所学知识，这种实践经验对其数字素养的提升至关重要。

相对而言，农村地区由于资源的匮乏和发展不平衡，大学生的数字素养教育面临诸多挑战和限制。首先，基础设施的限制，包括缓慢的网络连接、落后的计算机设备和不足的教学资源。这些因素限制了农村高校开设现代化技术课程和实践机会的能力，导致大学生在数字技能上的学习和应用能力相对较弱。其次，农村地区的经济发展水平和教育投入有限，导致许多学校无法提供与城市高校相匹配的教育质量和多样化的课程选择，这进一步加大了数字素养的差距。

近年来，一些发展中国家的政府和教育机构开始重视农村地区数字素养的提升。通过政策支持和项目资助，一些地方性的数字化教育项目已经启动，旨在改善农村学生学习技术的环境和培训机会。例如，通过建设数字化学习中心、提供远程教育课程和培训农村教师的数字教育能力，逐步缩小城乡数字素养教育差距。

3. 学校间的差异

不同高校在数字素养教育方面的差异反映了教育资源分配和教学理念的多样性。在全球范围内，一些高等教育机构在数字技术教育方面投入巨大，将其视为提升学生综合素质和适应未来工作需求的重要途径。这些学校通常拥有先进的教学设备和资源，提供包括编程、数据分析、信息安全等在内的多样化数字素养课程，并积极推动学生在实际项目中应用技能的机会。一些顶尖大学和科技学院在数字素养教育方面处于领先地位。它们拥有专门的数字素养中心或部门，设有专门的课程和认证项目，如微积分、统计学和计算机科学等学科。这些学术课程不仅涵盖理论知识，还包括实际的编程项目和数据分析案例，使大学生能够在学术界和工业界中取得成功。

一些高校在数字素养教育方面则相对薄弱。这些学校可能面临资金不足、技术设施陈旧以及教师培训不足等问题，限制了其在数字技术教育领域的发展。这种情况下，大学生可能无法获得与市场需求相符的实际技能培训，影响了他们在毕业后的职业发展前景。

尽管存在差异，随着全球数字化进程的加速，越来越多的高校意识到提升数字素养的重要性，并积极采取措施改善教育质量和学生培养方案。一些新兴的教育模式如混合式学习和在线课程，为大学生提供了更加灵活和多样化的学习选择。通过与行业合作、引入跨学科的课程和技术创新，高校正在努力确保大学生在数字素养方面的全面发展。跨国合作和国际交流也为高校提供了与全球领先机构共享最佳实践和先进技术的机会。这种合作不仅有助于提升教学质量，还促进了国际视野和学术研究的交流，使大学生在全球化背景下更具竞争力和适应力。

（二）中国大学生数字素养培育现状

中国政府和教育部门已经认识到数字素养的重要性，并采取了一系列措施来提升大学生的数字素养水平。尽管如此，现阶段中国大学生数字素养的培育仍面临一系列问题和挑战。

1. 政策支持与课程设置

近年来，中国教育部在推动数字素养教育方面采取了积极的政策措施，意图通过政策支持和指导，提升高校学生的数字技能水平，以适应数字化时代的需求和挑战。这些政策不仅鼓励高校开设相关课程，还强调了数字素养教育在培养学生综合能力和提高竞争力中的重要性。在政策层面，中国教育部出台了多项关于数字素养教育的文件和指导意见，明确了数字技术应用的发展方向和教育实施策略。这些文件提出，高校应当将数字素养教育纳入课程设置的重要组成部分，并鼓励各高校根据自身特点和学科特色，设计和实施符合时代需求的数字技术教育方案。例如，鼓励开设计算机基础、数据分析、网络安全、人工智能等相关课程，以及与工业界合作的实践项目，提升学生的实际操作能力和解决问题的能力。

尽管政策支持力度加大，但在实际执行过程中，数字素养课程的覆盖面和深度仍然面临挑战。一方面，部分高校在数字技术教育投入和师资队伍建设方面存在不足，导致部分学生仅停留在表面掌握基本技能的层面，缺乏对深层次理解和实际应用的支持。另一方面，课程设置的多样性和实用性也需要进一步提升，以满足大学生的个性化学习需求和市场就业的多样化要求。然而，一些先进的高校在数字素养教育方面已经取得显著成就。它们通过建设数字化学习平台、引入先进的在线教育资源、开展跨学科的教学合作等方式，积极探索和实施创新的教育模式。这些举措不仅提升了学生的数字技能水平，还培养了学生的创新精神和团队合作能力，为其未来职业生涯奠定了坚实的基础。随着中国经济的快速发展和社会的不断变革，数字技术在各行各业的应用日益广泛，对高校毕业生的数字素养要求也越来越高。因此，未来的挑战在于如何进一步优化政策措施，增强高校数字素养教育的整体效果和实际应用能力。这需要政府、高校和行业界的共同努力，共同推动数字素养教育的全面提升，为学生的职业发展和社会贡献提供坚实的支持和保障。

2. 师资力量与教学资源

在中国高校数字素养教育的发展过程中，师资力量和教学资源的不足是一大制约因素。数字技术的快速发展和广泛应用，对教师的专业素养和教学能力提出了新的挑战和要求。然而，目前许多高校在这方面仍然存在一定的不足。师资队伍的问题是数字素养教育面临的重要挑战之一。虽然一些高校在招聘和培养数字素养教师方面有所努力，但整体上缺乏足够数量和质量的专业教师。部分教师虽然具备一定的学术背景和教学经验，但在数字技术应用和教学方法上的专业知识和能力有限，无法有效地满足大学生在数字素养培育方面的需求。现有教师的数字素养水平和更新速度也是一个问题。随着科技进步的日新月异，许多教师在数字技术领域的知识和技能可能已经滞后或不足以应对最新的教学需求。这不仅影响了教学质量，也制约了学生在数字化时代应用技能的实际能力培养。教学资源的不足也是数字素养教育发展的瓶颈之一。数字素养教育需要依赖于先进的技术设施、实验室设备和更新频率较高的教学资源，以支持学生进行实际操作和项目实践。然而，许多高校面临设施落后、设备老化和网络连接质量不稳定等问题，直接影响了学生在实际操作中的学习效果和能力培养。

3. 大学生的参与度与学习效果

尽管中国部分高校已经积极推广数字素养课程，但大学生的参与度和学习效果确实存在显著的差异和挑战。数字素养教育作为应对信息化社会需求的重要组成部分，不仅需要教育者的认真投入和高效教学，还需要学生的积极参与和主动学习，才能真正达到预期的教育效果。大学生对数字素养课程的兴趣和动机是影响学习效果的关键因素之一。一些高校尽管数字技术的应用广泛，但部分学生可能认为这些技能与其主修专业无直接关系，因而对学习数字素养课程缺乏积极性。对于这些学生来说，数字技术的学习可能被视为一种必要的任务而非兴趣所在，导致学习态度不够投入，从而影响了他们的学习效果。

教学内容的设计和传授方式对学生的参与度和学习效果有着重要影响。传统的理论讲授方式可能无法激发大学生的学习兴趣，尤其是当教学内容过于抽象或理论化时，学生可能难以将其与实际生活和职业发展联系起来，从而降低了学习的动机和效果。相比之下，结合实际案例分析、项目实践和跨学科合作的教学方法，能够更好地激发学生的学习兴趣，增强他们的学习动机并提高学习效果和参与度。学生个体差异和学习风格也对数字素养教育的参与度和学习效果有所影响。每位学生的学习习惯、认知能力和学习速度都不尽相同，因此教学者需要采用多样化的教学策略和个性化的学习支持措施，以满足不同学生的学习需求。例如，通过提供多样化的学习资源和支持工具，如在线教育平台、虚拟实验室和个性化学习路径设置，可以有效提升学生的学习参与度和学习效果。

4. 资源分配不均

在经济发达地区，如沿海省市和一线城市，高校通常拥有更多的财政支持和优越的教育资源，这为其在数字素养教育方面投入更多、发展更为成熟创造了有利条件。经济发达地区的高校在数字素养教育方面投入较多、资源较为丰富。这些高校通常拥有先进的计算机设备和网络设施，并设立专门的数字素养教育中心或实验室。教师队伍普遍具备较高的学术水平和教学经验，能够开设多样化、前沿性的数字技术课程，如数据分析、人工智能、网络安全等，以满足学生在技术领域的学习需求。此外，这些高校还能够通过引进国际先进教育资源和开展国际合作项目，进一步丰富教学内容，提升教学质量和影响力。相比之下，一些经济欠发达地区的高校面临着资源匮乏、设施落后等多重挑战，数字素养教育发展相对薄弱。这些地区的高校往往资金紧张、教育资源有限，导致教学设施和技术设备的更新和升级缓慢。由于师资力量和科研实力相对较弱，部分高校难以开设高水平的数字技术课程，大学生在数字素养方面的培养受到一定程度的制约。此外，地方经济发展水平的不均衡也影响了高校招生质量和学生的入学基础，进一步加大了数字素养教育的差异化和不公平性。

二、大学生数字素养培育的挑战

（一）信息超载与评估能力

在当今信息爆炸的时代，大学生面临着前所未有的挑战和机遇。随着互联网的普及和数字技术的迅猛发展，海量信息源源不断地涌入我们的生活和

它不仅要求学生掌握基本的技术操作，还包括信息处理、创新思维、解决问题、信息伦理等多方面的能力。然而，当前的教育体制往往缺乏跨学科的课程设计和教学模式，这限制了学生综合能力的培养，影响了他们在实际生活和工作中的应用能力。大学生不仅需要掌握计算机操作、编程语言、数据库管理等技术知识，还需要理解信息处理和数据分析的方法和工具。然而，许多高校的课程设置目前仍以单一学科为主，缺乏跨学科的融合。例如，计算机科学课程注重编程和算法，而信息技术课程则侧重于系统管理和网络安全，数据科学课程主要关注数据分析和统计方法。这种割裂的课程设置使学生难以全面掌握数字素养所需的综合知识和技能。跨学科的课程设计和教学模式可以为学生提供更多的实践机会，培养他们解决复杂问题的能力。在实际生活和工作中，许多问题都涉及多个学科的知识和技能。例如，智能城市的建设需要结合计算机科学、数据科学、城市规划、社会学等多个领域的知识。通过跨学科的课程设计，大学生可以在真实的项目中应用所学知识，培养解决实际问题的能力。例如，学校可以开设跨学科的项目课程，让来自计算机科学、数据科学、社会学等不同专业的学生共同参与，通过合作解决智能交通管理和环境监测等实际问题。

跨学科的教学模式可以培养学生的创新思维和团队合作能力。在跨学科的学习过程中，大学生需要与不同学科背景的同学合作，共同探讨和解决问题。这不仅可以拓宽他们的知识面，还可以培养他们的沟通能力和团队协作能力。例如，在一个跨学科的课程中，计算机科学专业的学生可以负责技术实现，社会学专业的学生可以负责社会需求分析，数据科学专业的学生可以负责数据分析和结果呈现，通过这样的合作，学生可以学会如何在团队中发挥自己的特长，共同解决复杂问题。然而，当前的教育体制往往缺乏跨学科的课程设计和教学模式，主要原因包括学科壁垒、课程安排的复杂性和师资力量的限制等。学科壁垒减少了不同学科之间的交流和合作，难以形成跨学科的课程体系。课程安排的复杂性使得跨学科课程的设计和实施需要更多的协调和管理，增加了教学难度。师资力量的限制导致缺乏具备跨学科知识和教学经验的教师，影响了跨学科课程的质量和效果。

高校需要积极推动跨学科的课程设计和教学模式改革。首先，应加强学科之间的交流和合作，打破学科壁垒，促进跨学科课程的开发和实施。学校可以成立跨学科的教学团队，由不同学科的教师共同设计和教授跨学科课程。其次，应优化课程安排，提供更多的跨学科选修课程和项目课程，以满足学生的学习需求和兴趣。学校可以设立跨学科的学位或证书项目，鼓励学生选修跨学科课程，培养综合能力。最后，应加强师资培训，提高教师的跨学科教学能力。学校可以通过教师培训、学术交流、合作研究等方式，提升教师的跨学科知识和教学经验，确保跨学科课程的质量和效果。

（三）大学生数字素养参差不齐

1. 入学基础差异

在当前高等教育中，大学生的入学基础差异是一个普遍存在的问题，尤其体现在数字素养水平上。来自不同背景的学生在入学时的数字素养水平差异较大，这不仅给统一教学带来了困难，也影响了教育效果和学生的全面发展。数字素养涵盖了技术操作、信息处理、创新思维、解决问题等多个方面，了解并应对这些差异，制定有效的教学策略，是提高整体教育质量的关键。

入学基础差异体现在学生的技术操作能力上。一部分学生在中学阶段就已经接触和使用各种数字工具和信息技术，如编程语言、数据分析软件和各种办公自动化工具，而另一些学生则较少接触这些技术，甚至对基本的计算机操作和互联网应用了解甚少。这种差异使得在统一的数字素养课程中，部分学生可能会感到课程内容过于简单，缺乏挑战；而另一部分学生则可能会感到课程难度过大，无法跟上教学进度。例如，一些学生可以熟练使用 Excel 进行数据分析，而另一些学生则可能连基本的电子邮件操作和文件管理都不熟悉。

信息处理能力的差异也是一个显著的问题。信息处理能力包括信息检索、评估和应用的能力。在信息爆炸的时代，大学生需要能够高效地获取、筛选和利用信息。部分学生在中学阶段就有较强的信息素养，能够熟练使用各种搜索引擎、数据库和在线资源进行信息检索和分析；而另一些学生则可能缺乏基本的网络信息检索和评估的技能，甚至对如何辨别信息的真实性和可靠性感到困惑。这种差异使得在进行研究性学习和项目实习时，学生的能力参差不齐，影响了学习效果和研究质量。

创新思维和解决问题能力的差异也不容忽视。创新思维和解决问题能力是数字素养的重要组成部分，要求学生能够在复杂的情境中运用已有的知识和技能，提出创新的解决方案。一些学生在中学阶段就通过各种竞赛、实验和项目活动，培养了较强的创新思维和问题解决能力；而另一些学生则可能缺乏这样的锻炼，思维方式较为保守，解决问题的能力相对较弱。在面对实际问题时，他们可能难以提出创新的解决方案，或者在团队协作中缺乏有效的沟通和协调能力。

高校可以提高所有学生的数字素养水平。可以开展分层次的教学，根据学生的入学水平和基础，设置不同难度的课程和实践活动。例如，对于基础较差的学生，可以开设入门级的数字素养课程，帮助他们掌握基本的计算机操作和信息检索技能；对于基础较好的学生，可以设置更具挑战性的项目和研究性学习，激发他们的创新思维和解决问题的能力。利用信息技术和在线教育资源，提供个性化的学习支持。可以通过在线课程、虚拟实验室和互动教学平台，帮助学生根据自身的学习进度和兴趣，进行自主学习和实践。在线教育资源的丰富性和灵活性可以有效弥补学生之间的差异，提供更多的学习机会和支持。加强教师培训和教学资源建设，提升教师的数字素养和教学能力。教师是培养学生数字素养的关键，只有教师自身具备较高的数字素养，才能有效地指导和激发学生的学习兴趣和创新能力。高校可以定期组织教师参加培训和研讨，更新教学理念和方法，促进教师之间的经验交流和合作。鼓励学生参与各类科技竞赛和创新项目，培养他们的实践能力和创新思维。通过实际的项目实践和团队合作，学生可以在解决实际问题的过程中，提升自己的数字素养和综合能力。同时，学校也可以与企业和研究机构开展合作，为学生提供更多的实习和实践机会，使其在真实的工作环境中，应用所学知识和技能，提升解决问题的能力。

2. 自主学习能力不足

在当今信息化和数字化迅速发展的时代，大学生的数字素养已成为评判其综合素质和职业竞争力的重要标准。然而，一些大学生在自主学习和探究新技术方面的能力不足，依赖传统的课堂教学模式，难以适应日益普及的数字化学习环境。这一问题不仅限制了学生的个人发展，也对高校的教育质量提出了挑战。自主学习能力是数字素养的重要组成部分。数字素养不仅仅是对技术的掌握，还包括信息获取、评估和应用的能力，创新思维和解决问题的能力，以及信息伦理和社会责任意识。在快速变化的技术环境中，自主学习能力显得尤为重要。学生需要具备主动学习和持续学习的能力，才能及时掌握和应用最新的技术。然而，许多学生在这方面表现出明显的不足。他们习惯于依赖老师的指导和课本的内容，缺乏主动探索新技术和自主解决问题的动力和能力。这种依赖性使他们在面对不断更新的技术和信息时感到无所适从，难以在学习和工作中灵活应对。

数字化学习环境要求大学生具备一定的自律性和时间管理能力。数字化学习环境不同于传统的课堂教学，它更加灵活和开放，但也需要学生有更强的自我管理能力。例如，在在线课程和虚拟课堂中，学生需要自行安排学习时间、制定学习计划、主动参与讨论和完成作业。然而，一些学生在这方面的能力较弱，难以适应这种学习模式。他们可能会出现学习进度滞后、学习效果不佳的问题，甚至在缺乏监督的情况下放弃学习。这不仅影响了他们的学业成绩，也限制了他们在数字化环境中的发展潜力。

自主学习能力不足还影响了大学生的创新思维和解决问题的能力。在信息时代，创新和解决问题的能力是数字素养的重要体现。学生需要能够自主获取信息、分析问题、提出创新的解决方案。然而，缺乏自主学习能力的学生在面对复杂问题时往往表现出无助和依赖。他们习惯于等待老师的答案，而不是主动思考和探索解决方法。这种被动的学习态度限制了他们的创新思维和实际操作能力，不利于他们在未来职场中的竞争力。

为了加强数字素养教育，应将其纳入必修课程体系，并注重培养学生的自主学习能力。例如，可以开设关于信息检索和评估、在线学习方法和工具、自我管理和时间规划等方面的课程，帮助学生掌握必要的自主学习技能。通过系统的教育和训练，学生可以逐步培养起主动学习和持续学习的习惯和能力。

利用信息技术和在线教育平台，提供个性化的学习支持和资源。在线教育平台可以根据学生的学习进度和需求，提供个性化的学习内容和指导，帮助学生在自主学习中获得更好的支持和反馈。例如，通过在线学习管理系统，教师可以实时监控学生的学习进度，提供个性化的学习建议和指导，帮助学生克服学习中的困难。此外，还可以利用社交媒体和在线讨论平台，促进学生之间的交流和合作，激发他们的学习兴趣和动力。

（四）教育理念和方法滞后

1. 传统教学模式

在当今信息化和数字化迅速发展的时代，传统的灌输式教学模式显然已经难以满足培养高素质、具有创新能力和实际操作能力的大学生的需求。尽管许多高校已开始意识到这一问题，并尝试进行教育改革，但传统教学模式仍然在许多课程中占据主导地位，影响了大学生数字素养的全面发展。

传统的灌输式教学模式以教师为中心，强调知识的传授和灌输，大学生处于被动接受知识的地位。这种教学模式的主要特点是教师讲授、学生听课、记笔记，评价方式主要依赖于考试和作业。然而，在培养数字素养方面，这种模式存在诸多不足。数字素养不仅包括对技术的理解和操作，还包括信息处理、创新思维、问题解决能力，以及信息伦理和社会责任意识等多个方面。因此，培养学生的数字素养需要更加互动和实践导向的教学方式。

传统教学模式缺乏互动，学生的学习积极性和主动性较低。数字素养要求学生具备主动获取信息、分析和应用信息的能力，而灌输式教学模式很难激发学生的学习兴趣和主动性。在这种模式下，学生被动地接受教师传授的知识，缺乏独立思考和自主探索的机会。这不仅限制了学生对知识的深度理解，也不利于他们对信息处理能力的培养。例如，在信息检索和评估方面，学生需要通过大量的实践和探索，掌握有效的搜索策略和信息筛选技巧。而传统教学模式往往忽视了这一过程，导致学生在实际操作中感到无所适从。

传统教学模式缺乏实践，难以培养学生的实际操作能力和创新思维。数字素养不仅需要理论知识的积累，更需要通过实践来提高实际操作能力和解决问题的能力。然而，灌输式教学模式重视理论讲解，忽视了实践环节，使学生缺乏动手操作和应用的机会。例如，在编程课程中，学生需要通过大量的编写代码和调试程序，才能真正掌握编程技能。而传统教学模式往往只通过听课和做题来学习编程，缺乏实际的编程实践，难以培养学生的编程能力和创新思维。

传统教学模式的评价方式单一，主要依赖考试和作业，考查学生对知识的记忆和理解。这种评价方式忽视了对学生实际操作能力、创新思维和解决问题能力的考察，难以全面反映学生的数字素养水平。例如，在信息伦理和社会责任方面，学生需要通过实际案例分析和讨论来理解和掌握相关知识和技能。而传统教学模式中的考试和作业难以有效考查学生在这方面的能力，导致学生在这方面的素养较为薄弱。

2. 考评机制

在当前的教育体系中，考评机制是评估学生学习成果和能力发展的重要工具。然而，现有的考评机制更多关注知识点的记忆和重复，而非实际应用和创新能力。这种局限性导致无法全面评价和促进学生的数字素养发展，亟须改进和优化。数字素养不仅仅是对信息技术和数字工具的基本操作技能的掌握，还包括信息伦理和社会责任意识。现行考评机制过分强调书本知识和理论概念的记忆，忽视了对学生实际操作能力和创新能力的评估。例如，传统的考试和作业大多侧重于让学生回忆并重现课堂上所学的知识点，而很少设计情境化的问题来考查学生如何将这些知识应用于现实世界中的问题解决。这种单一的评价方式限制了学生的发展，使他们倾向于为了考试而学习，缺乏对知识的深入理解和实际应用的机会。更糟的是，这种学习模式会削弱学生的学习兴趣和主动性，因为他们看不到所学知识在实际生活中的价值和意义。这对于培养全面的数字素养是非常不利的。考评机制缺乏对学生创新能力和问题解决能力的考察。数字素养强调创新和解决问题的能力，要求学生能够利用数字工具和技术，开展创新研究或解决复杂问题。然而，传统的考试形式，如选择题、填空题和简答题，无法有效评估学生在这些方面的能力。即使在某些课程中引入了编程、数据分析等实践内容，如果考评机制仍然局限于单一的纸笔测试，学生的实践能力和创新潜力仍然难以被全面评估。

考评机前应采用多元化评价方式，全面考查学生的数字素养水平。例如，可以结合项目评估、案例分析、口头报告和实习表现等多种评价方式，考查学生在不同情境下的实际操作能力和解决问题能力。通过项目评估，学生可以展示他们在项目中的实际操作和应用能力，以及创新思维和团队合作能力。例如，在信息检索课程中，通过设计和实施信息检索项目，展示学生的检索策略、评估标准和应用能力。同时，应设计情境化和综合性考题，考查学生在实际情境中的应用能力和创新思维。可以设计基于现实问题的案例分析题，让学生通过分析问题、提出解决方案、实施计划和评估结果，展示他们的综合能力。例如，在信息伦理课程中，通过设计实际的伦理困境，让学生分析和讨论如何在实际情境中应用伦理原则和标准，考查他们的信息伦理和社会责任意识。应加强过程性评价，关注学生的学习过程和发展轨迹，而不仅仅是考试成绩。例如，可以通过日常作业、课堂表现、参与讨论和团队合作等方式，全面评估学生的学习态度、学习进步和综合能力。通过过程性评价，教师可以及时发现学生在学习中的困难和问题，提供个性化的指导和支持，帮助学生不断提高数字素养水平。

（五）快速技术更新与适应性挑战

在当今数字化飞速发展的时代，技术的快速更新。带来了无限的可能性，也为大学生带来了巨大的适应性挑战。大学生不仅需要掌握当前的数字工具和技能，还需要不断学习和适应新技术、新工具，以适应数字学习环境和未来工作的多样化要求。随着人工智能、大数据、云计算等技术的迅猛发展，大学生需要了解并掌握这些技术的基本原理和应用方法。例如，人工智能的应用已经渗透到各个行业，掌握基本的机器学习和数据分析技能可以为学生在未来的职业发展中增添竞争力。因此，大学课程应当及时更新，引入最新的技术知识和实践案例，以确保学生能够跟上技术的最新进展。大学生需要具备快速学习新技能的能力。随着技术的更新速度加快，今天学到的技能可能在几年甚至几个月后就过时了。因此，他们需要培养自主学习和自我更新的习惯，不断探索新的学习资源和培训机会。这也意味着教育机构和教师需要提供支持和指导，帮助学生建立持续学习的意识和能力，例如，通过提供在线课程、技术培训和实习机会来帮助学生获取实际经验。

适应不同的数字学习环境和工作要求也是一项重要挑战。随着远程学习和在线工作的普及，大学生需要灵活应对不同的学习和工作场景。这要求他们具备良好的数字素养，包括熟练使用各类数字工具和平台、有效沟通和协作的能力，以及处理信息和解决问题的能力。在教育实践中，可以通过模拟实际工作环境的项目和任务，帮助学生提前适应未来的工作要求和挑战。然而，数字素养的培育并非一蹴而就。教育者需要意识到技术更新的速度和深度，及时调整教学内容和方法，确保其与行业趋势保持一致。同时，大学生也需要培养持续学习和自我发展的动力，不仅关注技术本身，还要理解其在社会、经济和伦理等方面的影响。这样才能在快速变化的数字化时代中，真正做到应对挑战、抓住机遇，实现个人和社会的持续发展。

第二章 大数据技术在大学生数字素养培育中的应用

第一节 大数据技术在教育教学中的应用

一、大数据技术

大数据技术是指一系列用于处理、存储和分析大规模数据集的技术和工具。随着信息时代的到来，人类社会产生的数据呈指数级增长，涵盖传感器数据、社交媒体数据、互联网数据、生物医学数据等。这些数据具有规模庞大、速度快、多样性、结构复杂等特点，传统的数据处理方法已经无法满足对这些数据进行有效处理和分析的需求。因此，大数据技术应运而生，旨在解决这些挑战，挖掘数据的潜在价值，为人类社会的发展提供支持和动力。

大数据技术在处理海量数据方面具有显著优势。传统的数据库系统，因其存储和计算能力有限，无法满足大规模数据的存储和查询需求。而大数据技术采用分布式存储和计算，将数据分布存储于多个节点，并通过并行计算实现对海量数据的高效处理。例如，Hadoop 是一个开源的分布式计算框架，可以对大规模数据进行分布式存储和并行计算，实现了对 PB 级别数据的高效处理（见图 2-1）。

大数据技术在处理数据的高速度方面也具有优势。随着互联网和物联网的发展，数据产生速度加快，传统方法往往无法满足实时处理的需求。而大数据技术采用流式计算的方式，可以实时处理数据流，实现对高速数据的实时分析和响应。例如，Apache Storm 是一个开源的流式计算框架，可以实现对实时数据流的高效处理和分析，被广泛应用于网络监控、金融交易等领域（见图 2-2）。大数据技术还可以处理数据的多样性和复杂性。传统的数据处理方法往往只能处理结构化数据，而无法处理非结构化数据和半结构化数据，如文本数据、图像数据、视频数据等。而大数据技术采用了多种数据处理和分析技术，如文本挖掘、图像识别、自然语言处理等，可以实现对多样化数据的处理和分析。例如，深度学习是一种人工智能技术，可以实现对图像和语音等非结构化数据的自动识别和分析，被广泛应用于图像识别、语音识别等领域。

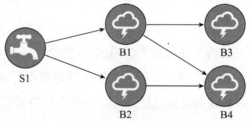

图 2-1　Hadoop　　　　　　图 2-2　Apache Storm

二、大数据技术在教育教学中的应用分析

（一）教学内容优化

1. 用于大学生学习数据的收集和整合

在传统教学中，教师往往难以全面了解每个学生的学习情况，因为学生的学习数据分散在各种不同的系统和平台中。而大数据技术可以将这些数据进行统一收集和整合，形成学生的全面学习画像，包括学习成绩、学习行为、学习偏好等方面的信息。通过对这些数据的分析，教师可以更准确地把握每个学生的学习状况，及时发现问题并进行针对性的帮助和指导。大数据技术可以用于对学生学习数据的深度分析。传统的教学评估往往局限于定性分析，教师只能

根据自己的经验和直觉对学生的学习情况进行评估。而大数据技术可以对学生学习数据进行深度挖掘和分析，发现其中的规律和潜在关联。例如，通过数据分析可以发现某些学生在特定类型的题目上表现较差，可能是因为对该知识点掌握不够扎实或者缺乏相应的学习方法。有了这些数据分析的结果，教师可以针对性地调整教学内容和教学方法，帮助学生克服学习障碍，提高学习效果。

2. 用于对教学过程的实时监控和反馈

在传统教学中，教师往往只能通过课堂表现和考试成绩来评估学生的学习情况，而这种评估往往是片面的和不准确的。而大数据技术可以实时监控学生的学习行为和学习状态，及时发现学习中的问题并进行干预。例如，通过学生在学习平台上的学习行为数据，可以了解学生是否在认真学习、学习的时长和频率等信息，从而及时发现学习中的问题并进行调整。同时，通过对学生学习数据的实时分析，可以向教师提供及时的反馈和建议，帮助教师更好地指导学生学习，提高教学效果。大数据技术可以用于教学内容和教学方法的个性化推荐。在传统教学中，教师往往采用一刀切的方式进行教学，无法满足每个学生的个性化学习需求。而有了大数据技术，可以根据学生的学习数据和反馈意见，为每个学生量身定制个性化的学习路径和教学方案。通过对学生学习数据进行分析，可以了解每个学生的学习特点和学习偏好，从而为其推荐最适合的教学内容和教学方法。这样不仅可以提高学生的学习兴趣和学习动力，还可以更好地激发其学习潜力，提高学习效果和学生满意度。

（二）学习分析研究

学习分析研究是指利用大数据技术对学习过程和学习效果进行深入挖掘和分析，以发现其中的规律和潜在关联，从而为教育改革和创新提供支持。随着信息技术的发展和互联网的普及，教育领域产生的数据量呈爆炸性增长，包括学生的学习行为数据、学习成绩数据和教学资源数据等。这些数据蕴藏着丰富的信息和价值，通过大数据技术的分析和挖掘，可以揭示学习过程中的规律和特点，为教学改进和教育创新提供科学依据和决策支持。

利用大数据技术进行学习分析研究可以深入了解学生的学习行为和学习模式。传统的教学评估主要依靠教师的主观评价和定性分析，难以客观反映学生的学习情况。通过大数据技术，可以分析学生的学习行为数据，如学习时间、学习路径、学习频率等，深入了解学生的学习模式和策略。这些数据分析可以为教师提供有针对性的教学建议和指导。

利用大数据技术进行学习分析研究可以挖掘学习过程中的隐含规律和潜在关联。学习是一个复杂的过程，受多种因素的影响，包括学生的个人特点、学习环境和教学资源等。通过对大量学习数据的分析，可以揭示其中的规律和潜在关联，如学习行为与学习成绩之间的关系、学习资源利用率与学习效果之间的关系等。这些规律和关系的发现为教学改进和教育创新提供了科学依据和决策支持。

利用大数据技术进行学习分析研究可以发现新的教学模式和方法。传统的教学模式往往是固定的、线性的过程，难以适应学生个性化学习的需求。通过大数据技术，可以根据学生的学习数据和反馈意见发现新的教学模式和方法，如个性化教学和自适应教学等。这些新的教学模式和方法可以更好地满足学生的学习需求，提高教学效果和学生满意度。

利用大数据技术进行学习分析研究可以促进教育改革和创新。教育是社会进步和人才培养的重要基础，而教育改革和创新是推动教育发展的关键。通过对学习数据的分析和挖掘，可以发现教育领域的瓶颈和问题，为教育改革提供参考和支持。同时，通过发现新的教学模式和方法，可以促进教育创新，推动教育向更加开放、智能化和个性化的方向发展。

第二节　大数据技术在学习资源管理中的应用

一、学习资源利用效率分析

（一）学习资源利用情况分析

1. 了解大学生对不同学习资源的访问量

大数据技术在学习资源管理中的应用为教育领域带来了深远的影响。随着数字化教育的普及，学生不再局限于传统的教科书和课堂教学，而是通过互联网获得各种学习资源，如在线课程、电子书籍、教学视频等。然而，学生如何有效地利用这些学习资源，以及这些资源对他们学习效果的影响，一直是教育研究的重要课题之一。在这个背景下，大数据分析技术被引入学习资源管理，为教育者和决策者提供了深入了解学生学习行为和需求的途径。通过收集、存储和分析大量的学习数据，包括学生对各种学习资源的访问记录、下载记录、浏览记录等，可以揭示出学生的学习行为模式、学习偏好以及学习效果评价。大数据技术可以帮助学校和教育机构了解学生对不同学习资源的访问量。通过收集学生在学习平台上的访问数据，可以了解到哪些学习资源受到了学生的关注，哪些学习资源相对较少被使用。这有助于教育者更好地调整学习资源的分配和推广策略，确保学生能够更加全面地获取所需的学习资源。

2. 分析大学生对学习资源的下载量

学生下载学习资源的行为往往反映了他们对该资源的认可程度和需求水平。通过分析下载量的数据，可以了解哪些学习资源受到学生的青睐，哪些学习资源具有较高的学习需求。这有助于教育者更有针对性地进行学习资源的更新和优化，以满足学生不断变化的学习需求。

大数据技术还可以分析学生对学习资源的浏览量。学生浏览学习资源的行为往往反映了他们的学习兴趣和学习动机。通过分析浏览量的数据，可以了解哪些学习资源引起了学生的兴趣，哪些学习资源具有较高的学习吸引力。这有助于教育者更好地设计和优化学习资源的内容和形式，提高学生的学习积极性和参与度。除了对学习资源的利用情况进行分析，大数据技术还可以分析学生对不同学习资源的使用偏好和效果评价。通过收集学生对学习资源的评价数据，包括评分、评论、反馈等，可以了解学生对不同学习资源的喜好和满意程度。这有助于教育者更好地了解学生的学习需求和反馈，及时调整和优化学习资源，提高学生的学习体验和学习效果。

（二）资源利用效率评价

通过大数据技术在学习资源管理中的应用，可以深入了解学生对资源的利用情况和效果评估结果，从而评价资源的利用效率，并找出资源利用不足或不合理的原因，进一步提高资源利用效率和教育质量。评价学习资源的利用效率需要综合考虑多方面的因素，包括学生对资源的访问量、下载量、浏览量等利用情况，以及学生对资源的评价和学习效果。通过收集和分析这些数据，可以全面了解学习资源的利用情况和效果，进而评价资源的利用效率。

评价学习资源的利用效率需要关注资源的闲置和浪费情况。通过分析学生对资源的访问量和下载量等数据，可以发现哪些资源被大量学生访问或下载，哪些资源则被少数学生访问或下载，从而发现资源的闲置和浪费情况。这有助于教育管理者及时调整资源的分配和推广策略，减少资源的闲置和浪费，提高资源的利用效率。

评价学习资源的利用效率还需要找出资源利用不足或不合理的原因。通过分析学生对资源的评价和学习效果等数据，可以了解哪些资源受学生的欢迎和认可，哪些资源受到学生的抱怨和不满，从而找出资源利用不足或不合理的原因。这有助于教育管理者及时调整和优化资源，提高资源的质量和适用性，进一步提高资源的利用效率。

二、教学资源的优化和更新

（一）内容优化

大数据技术在学习资源管理中的应用，为教育管理者提供了有效的工具和方法，以确保教学内容的时效性、准确性和深度，同时及时更新陈旧或不适合的内容。大数据技术通过数据分析和挖掘，帮助教育管理者深入了解学生的学习需求和偏好。通过收集和分析学生的学习行为数据、课程评价数据以及在线交互数据，管理者可以了解学生对教学资源内容的反馈和需求。例如，可以通过分析学生的浏览历史、下载记录和在线讨论，发现哪些教学资源受到学生欢迎，哪些内容存在较大的疑惑或挑战，从而有针对性地进行内容调整和优化。

大数据技术能够实现教学资源的个性化推荐和定制化服务。通过基于学生数据的个性化推荐算法，管理者可以向每位学生推荐最适合其学习需求和能力水平的教学资源。例如，根据学生的学习历史和偏好，推荐相关的案例分析、实例应用或深度阅读材料，帮助学生更有效地掌握课程内容和提升学习效果。

大数据技术支持教育资源内容的动态更新和优化。随着知识和技术的不断进步，教育资源内容需要保持与时俱进。传统的教材往往更新周期较长，无法及时反映最新的学术研究成果和行业发展趋势。大数据技术可以通过实时监测和分析学术期刊、行业报告、社交媒体等信息源，发现新兴的研究领域和前沿技术，及时更新和调整教学资源内容，确保内容的时效性和准确性。

大数据技术还能够帮助管理者评估教学资源的使用效果和影响。通过分析学生的学习成绩、课程完成率、在线讨论参与率等数据指标，管理者可以评估不同教学资源对学生学习成果的贡献程度，发现和优化存在的问题，提升教学效果和教学质量。在实际应用中，教育管理者可以借助大数据平台和工具，建立完善的教学资源管理系统。这些系统可以集成学生信息管理、教学资源库管理、学习行为分析等功能模块，实现对教学资源的全面管理和优化。例如，可以通过云端存储和共享，方便教师随时更新和分享最新的教学资料；通过数据可视化和报告功能，帮助管理者及时了解教学资源使用情况和效果反馈。

（二）形式更新

调整和优化资源的呈现形式，如改进课件设计、增加互动元素、优化视频制作等，能够显著提升资源的吸引力和互动性。大数据技术在学习资源管理中的应用，为调整和优化资源提供了强有力的支持。

大数据技术可以通过分析学生的学习行为和反馈，帮助教育工作者了解学生对不同呈现形式的偏好。例如，通过对学生在在线学习平台上的点击率、停留时间、互动次数等数据的分析，可以发现学生更喜欢哪种类型的课件设计，哪些互动元素更能激发他们的兴趣，从而有针对性地改进资源的呈现形式。通过对数据驱动的分析，教育工作者可以设计出更符合学生需求的课件，提高学习资源的吸引力。

大数据技术可以帮助优化视频制作，提高视频资源的质量和效果。通过对学生观看视频的行为数据进行分析，如视频的观看完成率、观看过程中暂停和回放的次数、观看后的反馈等，可以了解哪些视频内容和形式更受学生欢迎，哪些部分存在问题需要改进。例如，如果某段视频的观看率较低，可能是因为内容过于枯燥或复杂，教育工作者可以据此调整视频内容和节奏，制作出更具吸引力和教育效果的视频资源。

大数据技术还可以用于增强学习资源的互动性。互动元素如在线测验、讨论区、虚拟实验等，可以显著提高学生的参与度和学习效果。通过分析学生在这些互动环节中的表现和反馈，可以发现哪些互动元素最能促进学习，从而有针对性地增加和优化这些元素。例如，通过对在线测验结果的分析，可以发现学生在哪些知识点上存在困难，从而在课件中增加相关的互动练习，帮助学生更好地掌握知识。

大数据技术在学习资源管理中的应用不仅体现在对资源内容和形式的优化，还体现在对资源交付方式的改进。通过对学生使用不同设备和平台的习惯进行分析，可以发现最适合学生的资源交付方式。例如，通过分析学生在移动设备上的学习行为，可以发现学生更喜欢在何时何地使用哪些类型的学习资源，从而优化资源的移动端呈现形式，提供更灵活便捷的学习体验。

在实际应用中，建立完善的学习资源管理系统可以集成学生信息管理、学习行为分析、资源优化建议等功能模块，帮助教育工作者实现对学习资源的全面管理和优化。例如，可以通过数据可视化工具，直观展示学生对不同类型资源的使用情况和反馈，帮助教育工作者快速发现和解决问题；通过智能推荐算法，根据学生的学习习惯和偏好，个性化推荐最适合的学习资源，提升学习效果。

三、教学资源的定制化开发

（一）课程内容定制

大数据技术在学习资源管理中的应用，为课程内容的定制化开发提供了强有力的支持。大数据技术可以帮助教育者深入了解不同年龄段学生的学习需求和习惯。通过分析学生在学习平台上的行为数据，如访问频率、停留时间、互动次数等，可以发现不同年龄段学生对课程内容和呈现形式的偏好。例如，小学生可能更喜欢图文并茂、互动性强的课件，而中学生则可能更倾向于逻辑性强、内容翔实的教材。基于这些数据，教育者可以更有针对性地开发和调整课程，确保其符合不同年龄段学生的学习需求。具体而言，大数据应用体现在以下方面。

第一，大数据技术可以帮助定制化开发不同学科特点的课程内容。每门学科都有其独特的知识体系和学习方法，传统的"一刀切"课程设计往往难以满足不同学科的特殊需求。通过对不同学科的学习数据进行分析，可以发现各学科在教学内容、教学方法和学习效果上的差异。例如，通过分析理科学生的实验报告和测验成绩，可以发现哪些实验设计更能帮助学生理解和掌握科学原理，从而优化实验设计，提高教学效果。对于文科学生，可以通过分析他们的论文和阅读报告，了解他们在阅读和写作中的困难和需求，从而开发更具针对性的阅读材料和写作指导。

第二，大数据技术可以实现个性化的教学资源推荐。每个学生都有其独特的学习路径和学习进度，通过分析学生的学习数据，可以为每位学生量身定制最适合其学习需求和能力水平的教学资源。例如，基于学生的测验成绩和学习行为，智能推荐系统可以自动为学生推荐补充练习、拓展阅读或相关视频，帮助学生巩固已学知识和拓展新知。这样，不仅可以提高学习效率，还能激发学生的学习兴趣和主动性。

第三，大数据技术还可以帮助教育者动态调整和更新课程内容。随着知识和技术的不断进步，教育内容需要及时更新和优化。通过实时监测和分析学术研究、行业动态和学生反馈，教育者可以迅速发现和引入最新的研究成果和行业应用，确保课程内容的时效性和前沿性。例如，在计算机科学课程中，可以通过分析最新的技术报告和研究论文，及时更新课程内容，加入最新的编程语言和算法研究，确保学生掌握最前沿的技术和知识。

（二）学习工具定制

大数据技术在学习资源管理中的应用，为学习工具的定制化开发提供了科学依据和技术支持。大数据技术可以通过分析学生的学习行为和反馈，帮助教育者开发更符合学生需求的学习工具。例如，通过对学生在在线学习平台上的点击率、停留时间、互动次数等数据进行分析，可以了解哪些功能和内容最受学生欢迎，哪些部分需要改进。基于这些数据分析结果，开发团队可以设计出更贴合学生需求的在线学习平台，提高学生的使用体验和学习效果。例如，可以增加个性化推荐功能，根据学生的学习进度和兴趣推荐相关课程和资源，提升学习的针对性和有效性。

虚拟实验室是大数据技术在学习工具定制中的重要应用。传统实验室由于场地和设备的限制，无法满足所有学生的实验需求。而虚拟实验室通过模拟现实实验环境，让学生在虚拟空间中进行实验操作和探究，既节省了成本，又提高了学习的灵活性。通过大数据技术，教育者可以分析学生在虚拟实验室中的操作数据，了解他们的学习习惯和困难之处，从而不断优化实验设计和内容，提高实验教学效果。例如，分析学生在实验过程中遇到的常见问题和错误，针对性地增加相关指导和练习，帮助学生更好地掌握实验技能和知识。

交互式教学工具是提升学习互动性和效果的重要手段。传统教学模式往往缺乏互动，学生的学习积极性和效果受到影响。大数据技术可以通过分析学生的课堂互动数据和学习反馈，帮助教育者设计和开发更具互动性的教学工具。例如，通过实时数据分析，了解学生对课堂内容的理解情况，动态调整教学策略和内容，增加课堂互动环节，如在线测验、实时问答、讨论区等，提升学生的参与度和学习效果。还可以开发基于大数据技术的智能辅导系统，为学生提供个性化的学习指导和答疑服务，帮助他们解决学习中的疑难问题。

大数据技术在学习工具定制中的应用，还体现在个性化学习路径的设计和实现上。每个学生的学习能力和进度各不相同，通过大数据分析，可以为每位学生量身定制个性化的学习路径。例如，基于学生的学习行为数据和测验成绩，智能推荐系统可以自动为学生推荐最适合其学习需求和能力水平的学习资源和任务，帮助他们循序渐进地掌握知识和技能。这样不仅可以提高学生的学习效率，还能激发其学习兴趣和主动性。在实际应用中，通过数据可视化工具，可以直观展示学生对不同学习工具的使用情况和反馈，帮助教育者快速发现和解决问题；通过智能推荐算法，可以为每位学生推荐最适合的学习工具和资源，提升学习效果；通过实时数据监测和分析，可以不断优化学习工具的功能和内容，确保其与时俱进和前沿性。

四、教学资源的效果评估和优化

（一）效果评估和解读

大数据技术可以通过收集和分析大量学生的学习数据，评估不同教学资源对学生学习成绩和表现的影响。学生在使用各种教学资源时，会生成大量的行为数据，例如学习时长、点击次数、互动频率等。通过对这些数据进行分析，可以发现哪些教学资源对学生的学习效果有显著提升。例如，某些互动性强的在线课程可能能够显著提高学生的参与度和理解力，而一些传统的课件可能效果欠佳。基于这些数据分析结果，教育者可以科学地评估不同教学资源的有效性，为后续的教学设计和资源开发提供依据。大数据技术可以帮助识别教学资源存在的优化空间和改进点。在评估教学资源效果的过程中，不仅要关注其整体效果，还需要深入分析具体细节。例如，通过分析学生在学习过程中遇到的常见问题和困难，可以发现某些教学资源在某些知识点上的讲解不够清晰或存在误导。通过对这些问题进行详细分析，可以识别出具体的改进点，例如，需要增加更多的实例讲解、提供更详细的说明或调整资源的呈现形式。此外，通过对比不同资源的使用效果，还可以发现哪些资源最能满足学生的学习需求，从而有针对性地进行优化。

大数据技术还可以帮助发现可能影响学习效果的瓶颈或不足。在教学过程中，学生的学习效果受多种因素影响，例如，教学资源的质量、教学方法的有效性、学生的学习态度和习惯等。通过大数据分析，可以发现影响学习效果的关键因素。例如，通过分析学生的学习行为数据和成绩，可以发现某些学习环节或资源对学生的学习效果有显著影响，而其他环节或资源则效果不佳。基于这些分析结果，教育者可以针对性地调整教学策略，优化资源配置，解决影响学习效果的瓶颈问题。

大数据技术可以支持教学资源的持续改进和优化。通过实时监测和分析学生的学习数据，可以及时发现教学资源的不足之处，并迅速做出调整。例如，如果某些资源在使用过程中频繁出现的反馈问题或低使用率，可以通过数据分析了解其具体原因，并进行相应的改进。教育者可以利用这些数据，不断优化教学资源的内容和形式，提高资源的质量和效果，确保学生能够获得最佳的学习体验。在实际应用中，通过数据可视化工具，可以直观展示不同教学资源的使用情况和效果，帮助教育者快速发现和解决问题；通过智能分析算法，可以深入挖掘数据背后的规律和趋势，为资源优化提供科学依据；通过实时监测和反馈机制，可以动态调整和优化教学资源，确保其与时俱进和前沿性。

（二）资源优化和改进

在现代教育中，资源优化和改进是提升教学质量和学生学习效果的关键环节。大数据技术在这一过程中发挥着重要作用，通过对教学资源的评估和分析，帮助教育者科学地优化教学资源的内容和结构，确保其与学生需求和学科发展保持同步。同时，通过调整资源的呈现形式和交付方式，如改进课件设计、增加互动元素、优化视频教学等，提升资源的吸引力和学习效果。

根据评估结果优化教学资源的内容和结构，是提升教学质量的基础。通过大数据技术收集和分析学生的学习数据和反馈，教育者可以准确了解学生对不同教学资源的需求和使用效果。例如，通过分析学生的学习行为数据，可以发现某些知识点讲解不够详细或存在误解，从而及时调整和补充相关内容。通过分析学生的测验成绩和反馈数据，可以了解哪些内容学生掌握得较好，哪些内容需要强化，从而有针对性地优化资源结构，提高教学的针对性和有效性。

大数据技术可以帮助教育者预测学科发展的趋势，确保教学资源与最新的学科进展保持同步。通过对学科领域的研究成果、行业动态和教育趋势进行数据分析，可以及时更新和调整教学资源的内容，确保学生学习到最新和最前沿的知识。例如，通过对学术论文、行业报告和专家观点进行分析，可以了解学科发展的新方向和新热点，及时将这些信息融入教学资源，提升资源的前沿性和实用性。

调整资源的呈现形式和交付方式，是提升资源吸引力和学习效果的重要手段。传统的教学资源往往缺乏互动性和吸引力，难以调动学生的学习积极性。大数据技术可以通过分析学生对不同形式资源的使用效果和反馈，帮助教育者优化资源的设计和呈现。例如，通过对比分析学生对文字课件、图文结合课件和多媒体课件的学习效果，可以发现多媒体课件更能吸引学生的注意力并提高学习效果，从而有针对性地增加多媒体课件中的图片、视频和动画等元素，提升资源的视觉吸引力和互动性。

视频教学是近年来广泛应用的一种教学资源形式，可以通过大数据技术进一步优化视频教学的效果。例如，通过分析学生在观看视频过程中的点击、暂停、快进等行为数据，了解哪些内容吸引学生，哪些需要改进，从而优化视频的结构和内容。增加视频中的互动环节，如在线测验、讨论区和实时问答等，可以提升学生的参与度和互动性。同时，通过分析视频质量和技术参数，优化视频的制作和播放效果，确保其清晰度、流畅度和音质达到最佳状态。

互动元素的增加是提升教学资源吸引力和效果的关键。大数据技术通过分析学生的互动行为数据，可以了解哪些互动方式最受欢迎，哪些互动环节效果最好。例如，增加在线测验和课堂讨论等互动环节，可以显著提升学生的参与度和学习效果，激发学生的学习兴趣和积极性。可以开发基于大数据技术的智能互动系统，提供个性化的学习指导和反馈服务，帮助学生更好地掌握知识和技能。

第三节　大数据技术在大学生行为分析中的应用

一、预测大学生表现

（一）模式识别技术

模式识别技术在学生行为分析中的应用是一项具有重要意义的任务。通过这项技术，我们可以深入了解学生的学习行为和模式，识别不同学生之间的差异和特点。这种分析有助于建立学生行为模型，预测学生未来的学习表现，甚至提前发现可能遇到困难的学生。在教育领域，这种应用有助于个性化教学，满足学生的学习需求，从而提高教学效果。模式识别技术可以帮助分析行为和模式。学生的学习行为涵盖了诸多方面，如学习时间、学习方式、学习内容偏好等。通过大数据技术收集和分析学生的学习数据，可以发现学生的学习模式。例如，某些学生可能更喜欢在晚上学习，而另一些可能更喜欢在早晨学习；有些学生可能偏好阅读，而另一些则更喜欢观看视频。通过分析这些学习行为和模式，可以更好地了解学生的学习习惯和偏好，为教学提供有价值参考。模式识别技术可以识别出不同学生之间的差异和特点。每个学生都具有独特的学习方式和学习特点，但这些差异有时不易察觉。通过大数据技术，我们可以识别出这些差异和特点。例如，某些学生可能在某一学科表现出色，而在另一学科表现平平；有些学生可能更倾向于独立学习，而另一些则更喜欢团队合作。通过识别这些差异和特点，教师可以更好地针对不同学生的需求进行个性化教学，有效提高教学效果。

模式识别技术可以建立学生行为模型，预测学生未来的学习表现。通过分析学生的历史学习数据和行为模式，我们可以建立起学生的行为模型。这个模型有助于预测学生未来的学习表现，例如，哪些学生可能会在某个领域遇到困难，哪些学生可能会表现出色。通过这种预测，教师可以提前采取相应的措施，帮助学生克服困难，提高学习效果。此外，还可以通过模式识别技术发现学生可能存在的学习障碍或问题，及时进行干预和支持，促进学生的进步。模式识别技术在学生行为分析中的应用有助于推动个性化教学和教育改革。随着教育技术的不断发展，个性化教学已成为教育改革的重要方向。通过分析学生的行为，教师可以更好地了解学生的学习需求和特点，为实施个性化教学提供依据。例如，教师可以根据学生的学习模式和特点，设计相应的教学方案，提供个性化的学习资源和支持。这种个性化教学不仅可以提高教学效果，还可以增强学生的学习兴趣和动力，促进其全面发展。

（二）个性化预测与干预

1. 个性化预测

通过结合学生的个性化数据和行为模式，进行个性化的学习表现预测和干预，可以更有效地帮助学生克服学习困难，提高学习表现。这项技术不仅可以为教育机构提供更精准的学生管理和教学方案制定，也能够促进学生个体发展，实现个性化教育的目标。

个性化预测利用大数据技术分析学生的个性化数据和行为模式，以预测每个学生的学习表现。个性化数据包括学生的学习历史、学科成绩、课堂参与情况、作业完成情况、学习习惯等。通过分析这些数据，可以建立学生的行为模型，了解每个学生的学习特点和表现趋势。例如，某些学生可能在数学领域表现出色，而在语言领域较为薄弱；某些学生可能偏好独立学习，而另一些更喜欢团队合作。基于这些个性化数据和行为模式，可以使用机器学习算法和预测模型进行学习表现预测，帮助教师提前了解每个学生可能遇到的学习困难和挑战。

2. 个性化干预

个性化干预是针对个别学生的预测结果，采取相应的个性化教学干预措施，帮助学生克服学习困难，提高学习表现。一旦预测出某个学生可能面临的学习困难，教师可以根据预测结果采取相应的干预措施，如个性化辅导、定制化教学计划、特殊学习资源提供等。例如，对于可能遇到数学难题的学生，教师可以提供额外的数学辅导或个性化的学习资源；对于喜欢团队合作但在合作中表现不佳的学生，可以安排他们与适合的同学合作学习，以提高学习效果。

个性化预测与干预的实施需要建立在隐私保护和数据安全的基础上。学生个性化数据的收集和分析涉及隐私和数据安全等重要问题。因此，在实施个性化预测与干预时，教育机构应当严格遵守相关法律法规，保护学生的个人隐私和数据安全。可以采取匿名化处理、数据加密等措施，确保学生个人信息的安全性和隐私性，同时合法合规地利用大数据技术进行学生行为分析和个性化预测。个性化预测与干预不仅有助于提高学生的学习表现，也能够促进教育机构的教学质量和管理水平。通过个性化预测，教师可以更好地了解每个学生的学习需求和困难，有针对性地制定教学计划和教学策略，提高教学的针对性和有效性。同时，个性化干预可以提升教师对学生的关注度和关怀度，促进师生之间的互动和沟通，建立更紧密的师生关系，有助于学生的全面发展和个体成长。

二、大学生情绪分析

（一）语音识别和情感分析

语音识别和情感分析技术的结合在学生行为分析中具有重要的应用意义。这项技术利用大数据技术，通过分析学生在课堂上的语音记录以及与教师和同学的对话内容，推断学生的情绪状态。通过分析语音数据中的情感表达，我们可以更全面地了解学生的学习状态和情感体验，从而为教师提供更有效的教学支持和个性化指导。

1. 语音识别

语音识别技术能够将学生在课堂上的语音记录转化为文字形式，使教师和研究人员能够更方便地对学生的言论进行分析。在教学过程中，学生可能通过语音与教师和同学进行交流，表达自己的看法、疑惑或情感。通过语音识别技术，这些语音记录可以被转化为文字，并进行进一步的分析。这种分析可以包括对学生在课堂上的发言内容、频率、语言风格等方面的分析，从而帮助教师更好地了解学生的学习态度和行为习惯。

2. 情感分析

情感分析是一种利用自然语言处理和机器学习技术，对文本数据中的情感进行识别和分类的技术。通过情感分析技术，我们可以分析学生语音数据中所表达的情感，如喜悦、悲伤、愤怒、焦虑等。通过分析学生的情感状态，教师可以更深入地了解学生的情绪状态和心理状态，及时发现并处理学生可能存在的问题和困扰。

通过结合语音识别和情感分析技术，我们可以实现对学生在课堂上语音记录的全面分析。这种分析有助于教师更准确地了解学生的学习状态和情感体验，为个性化教学和教学干预提供依据。例如，当教师发现学生在课堂上的语音记录中表现出愤怒或焦虑的情绪时，可以及时与学生沟通，了解其困扰的原因，并给予相应的支持和指导；当教师发现学生在课堂上的语音记录中表现出喜悦和积极的情绪时，可以及时给予鼓励和肯定，激发其学习动力和兴趣。结合语音识别和情感分析技术，还可以实现对课堂教学质量的评估和改进。通过分析学生在课堂上的语音记录，可以了解到教学过程中学生的反馈和互动情况。当教师发现学生在课堂上的语音记录中表现出不满意或不理解的情绪时，可以反思自己的教学方法和内容，及时调整教学策略，提高教学质量和效果。

（二）大学生反馈数据分析

大学生反馈数据分析与收集是利用大数据技术，通过大学生对课程、教学内容和教师的评价进行反馈，以了解学生对教学的态度和情绪，及时发现可能存在的问题并采取相应的措施。这项分析可以为教育机构提供宝贵的信息，帮助改进教学质量、优化教学内容，并提高学生满意度和学习效果。这些信息可以来自多种渠道，包括课程评价表、在线调查问卷、学生讨论小组、面对面访谈等。通过这些渠道收集到的学生反馈数据，涵盖了学生对教学的各个方面的评价和看法，包括教学方法、教学内容的兴趣度、教师的教学水平等。

大数据技术可以帮助教育机构对这些大量的学生反馈数据进行有效的收集和整理。这种分析可以包括对学生反馈信息的文本分析、情感分析、主题提取等。通过文本分析技术，可以从学生反馈数据中提取关键词和短语，了解学生对教学的关注点和关注程度；通过情感分析技术，可以分析学生反馈中所表达的情感倾向，如满意、不满、焦虑等；通过主题提取技术，可以发现学生反馈数据中的主要话题和问题，从而了解学生的主要关注点和需求。

大学生反馈数据的分析可以帮助教育机构及时发现可能存在的问题并采取相应措施。通过对学生反馈数据的分析，可以发现教学过程中可能存在的问题和不足，如教学内容过于枯燥、教学方法不够多样化、教师的授课效果不佳等。一旦发现这些问题，教育机构可以采取相应的改进措施，如优化教学内容、调整教学方法、提升教师教学水平等，以提高教学质量和学生满意度。

大学生反馈数据的分析也可以为个性化教学提供支持。通过分析学生对教学的评价和反馈，可以了解学生的学习偏好、学习需求和学习困难等个性化信息。基于这些信息，教育机构可以为学生提供个性化的学习支持和指导，如针对性地调整教学内容、提供个性化的学习资源、开设专门的辅导课程等，从而更好地满足学生的学习需求，提高学习效果。大学生反馈数据的分析还可以为教育机构提供数据驱动的决策支持。通过对大学生反馈数据的深入分析，可以为教育决策者提供全面、客观的数据支持，帮助他们制定更加科学合理的教育政策和发展规划。例如，可以根据学生反馈数据的分析结果，调整教学资源的配置、优化教学管理流程、改进教学评估机制等，从而提升整体教育质量和水平。

第四节　大数据技术在大学生评价与反馈中的应用

一、大数据技术在大学生评价中的应用

（一）学生辅导

1. 收集和分析大学生的学习数据

学生的学习数据包括学习成绩、作业完成情况、课堂参与度、考试成绩等信息。通过大数据技术的支持，可以对这些数据进行收集、整理和分析，从而全面了解学生的学习情况。例如，可以分析学生的考试成绩和作业完成情况，了解学生在不同学科或领域的学习水平和优势，为个性化辅导提供依据。

大数据技术可以分析学生的行为特征。学生的行为特征包括学习习惯、学习方式、学习偏好等。通过分析学生在学习过程中的行为数据，可以了解学生的学习方式和习惯，以及可能存在的学习障碍和困难。例如，有些学生可能更适应视觉学习，而另一些则更适应听觉学习；有些学生可能喜欢独立学习，而另一些则更喜欢团队合作。通过了解学生的行为特征，可以为个性化辅导提供更准确的指导和支持。

通过大数据技术，可以为学生提供个性化的学习技巧指导。通过分析学生的学习数据和行为特征，可以为每个学生量身定制适合其学习风格和需求的学习技巧和方法。例如，对于学习成绩较差的学生，提供具有针对性的学习方法和技巧，帮助他们提高学习效率和成绩；对于学习能力较强但缺乏学习动力的学生，可以给予激励和鼓舞，帮助他们调整学习态度，增强学习动力。

2. 为大学生提供心理健康支持

学生在学习过程中可能面临各种压力和困扰，如学业压力、人际关系问题、情绪波动等。通过分析学生的学习数据和行为特征，可以及时发现学生

可能存在的心理健康问题，并给予相应的心理健康支持和指导。例如，可以通过学生的学习数据和行为特征分析其学习压力和情绪状态，为他们提供情绪调节和压力释放的方法和技巧，帮助他们保持心理健康。大数据技术的应用还可以帮助评估学生辅导服务的效果。通过分析学生的学习数据和行为特征，可以评估学生辅导服务的实施效果，及时发现并解决可能存在的问题和不足，不断改进和优化辅导服务的质量和效果。例如，可以通过分析学生的学习成绩和学习动力等指标，评估学生辅导服务的效果，了解学生的学习进步和改善情况，为进一步改进和优化提供依据。

（二）学习行为分析

1. 行为模式识别

机器学习和数据挖掘技术可以通过对大量学生学习行为数据的分析，识别出高效学习者的行为特征。高效学习者通常在学习过程中表现出较强的自主性和积极性，他们的学习行为具有一定的规律性和特点。通过分析这些学生的学习数据，可以发现他们在学习时间安排、资源使用、问题解决和知识应用等方面的出色表现。例如，高效学习者可能会在课前预习、课后复习，并利用在线资源进行深入学习。他们还可能经常参与课堂互动和讨论，积极提出问题并寻求答案。通过对这些行为特征的分析，可以总结出一套高效学习的模式，为其他学生提供参考和借鉴。同时，数据挖掘技术可以帮助识别出需要帮助的学生，分析他们在学习过程中遇到的困难和问题。这些学生的学习行为往往表现出一定的异常或不规律性，例如，学习时间不足、学习资源使用率低、课堂参与度低等。通过对这些数据的深入分析，可以发现学生在具体知识点或技能上的薄弱环节，了解他们在学习过程中的障碍和挑战。例如，某些学生可能在特定科目上表现较差，或者在某些学习环节中经常遇到困难。通过识别这些问题，可以为教育者提供及时的反馈，帮助他们制定针对性的辅导和支持计划。利用大数据技术进行行为模式识别，还可以实现对学生学习过程的实时监控和动态评价。传统的学生评价往往局限于期末考试成绩和教师的主观评价，难以全面反映学生的学习过程和真实水平。而大数据技术可以通过对学生日常学习行为的全面记录和分析，实现对学生学习过程的实时监控和动态评价。例如，通过对学生在线学习平台上的行为数据进行分析，可以实时了解学生的学习进度、学习效果和问题反馈，及时发现学生在学习过程中的问题，并提供针对性的支持和帮助。

机器学习和数据挖掘技术可以帮助构建个性化的学习路径和教学方案，提升学生的学习效果。每个学生的学习习惯、兴趣和能力有所不同，统一的教学方案往往难以满足所有学生的需求。通过对学生学习行为数据的分析，可以为每个学生量身定制个性化的学习路径和教学方案。例如，根据学生的学习兴趣和能力，推荐适合他们的学习资源和活动，帮助他们更好地掌握知识和技能。通过个性化的学习路径设计，可以激发学生的学习兴趣和积极性，提高他们的学习效果。在实际应用中，教育机构可以建立基于大数据技术的学生评价系统，实现对学生学习行为的全面分析和评价。这些系统可以集成学习行为数据采集、数据分析、行为模式识别和个性化推荐等功能模块，提供全方位的支持和服务。例如，通过数据可视化工具，可以直观展示学生的学习行为和学习效果，帮助教育者快速发现和解决问题；通过智能分析算法，可以深入挖掘数据背后的规律和趋势，为教学决策提供科学依据；通过个性化推荐引擎，可以为学生提供个性化的学习资源和活动，提升他们的学习体验和效果。

2. 学习路径分析

通过深入研究和分析学生的学习路径，可以揭示出他们的学习习惯、偏好以及面临的挑战，为教育者提供优化教学和提升学习效果的有力支持。学习路径分析通过收集和分析学生的学习行为数据，从多个维度全面了解学生在学习过程中的行为模式和学习路径。这些数据可以涵盖课程进度、在线学习活动参与、作业提交情况、考试成绩等多个方面。通过大数据技术，可以实时记录和分析这些数据，识别学生的学习习惯和学习过程中的关键节点。例如，通过分析学生在学习管理系统中的操作记录，可以了解他们的学习时间安排和学习节奏。一些学生可能倾向于集中在某个时间段内完成大量学习任务，而另一些学生可能更喜欢分散地安排学习时间。通过对这些学习路径的比较和分析，可以帮助教育者了解不同学生的学习习惯，为他们提供个性化的学习建议和支持。

学习路径分析可以帮助识别学生在学习过程中可能遇到的困难和挑战。通过分析学生在特定学科或知识点上的学习进展，可以发现学习过程中的瓶颈和难点。例如，一些学生可能在某些抽象或复杂的概念理解上遇到困难，而另一些学生可能因为学习进度过快而忽略了对基础知识的掌握。通过识别这些学习路径上的问题，教育者可以针对性地调整教学策略，提供相应的辅导和支持，帮助学生克服学习障碍，提升学习效果。

学习路径分析还可以为个性化教学和学习资源推荐提供科学依据。通过大数据技术，可以构建学生的学习模型和学习偏好模式，基于这些模式为每个学生量身定制个性化的学习路径和教学内容。例如，根据学生在特定知识点上的学习进度和表现，推荐适合其能力水平和学习风格的学习资源和活动。这种个性化的学习路径设计，能够有效提高学生的学习动机和学习效果，促进他们在学术和技能方面的全面发展。教育机构可以利用数据可视化工具和智能分析算法，实时展示学生的学习路径和学习效果，帮助教育者快速发现和解决问题，优化教学策略和资源配置。通过持续的学习路径分析，教育者可以不断优化教学过程，提升教育质量和学生满意度。

二、大数据技术在大学生反馈中的应用

（一）趋势分析

趋势分析是指通过对一系列数据进行系统性的分析，以揭示其中包含的模式、方向和趋势。在教育领域，利用大数据技术对学生反馈数据进行趋势分析，可以帮助学校和教育机构更好地了解学生的需求和变化趋势，及时调整教学和管理策略，以保持与学生需求的同步和适应。大数据技术可以帮助学校和教育机构收集大量的学生反馈数据，这些数据可能来自课程评价问卷、在线调查、学生反馈平台、社交媒体等各种渠道。通过大数据技术的支持，这些反馈数据可以被自动收集、整理和存储，形成庞大的数据集。这些数据

集包含学生对教学内容、教学方法、教师水平、学校管理等方面的反馈意见和评价，为进行趋势分析提供了数据基础。大数据技术可以通过数据挖掘和分析方法，对学生反馈数据进行趋势分析。数据挖掘技术可以从大量的数据中发现潜在的模式、规律和趋势，为决策者提供更深入的洞察和理解。在学生反馈数据的趋势分析中，可以利用数据挖掘技术识别学生反馈中的关键主题、热点问题、变化趋势等。例如，可以发现学生对某一门课程的评价在一段时间内的变化趋势，或者发现学生对某一项教学方法的反馈意见的变化情况。通过这些趋势分析，可以更好地了解学生的需求和期望，及时调整教学和管理策略。

大数据技术可以利用数据可视化技术将学生反馈数据转化为直观、清晰的图表和可视化界面，使决策者能够更直观地理解数据的含义和趋势。在学生反馈数据的趋势分析中，可以利用数据可视化技术将其呈现为各种图表，如折线图、柱状图、热力图等。这些图表可以直观地展示学生反馈数据的变化趋势和分布规律，帮助决策者更好地把握学生的需求和变化趋势。大数据技术可以结合机器学习和预测分析方法，预测未来的学生反馈趋势。通过分析历史的学生反馈数据，可以训练机器学习模型，并利用这些模型来预测未来的学生反馈趋势。例如，可以利用机器学习模型分析学生对某一门课程的评价数据，预测未来学生对该课程的评价趋势；或者利用机器学习模型分析学生对某一项教学方法的反馈数据，预测未来该教学方法的受欢迎程度。通过这种预测分析，可以及时调整教学和管理策略，以满足学生的需求和期望。

（二）教师评价

1. 收集和分析大学生反馈数据

教师评价是教育领域中一项至关重要的任务，旨在通过收集学生的反馈数据，对教师的教学表现进行评估和反馈，为教师提供改进和发展的建议，促进其专业成长和教学质量的提升。大数据技术在学生反馈中的应用，为教师评价提供了新的可能性和机遇。大数据技术可以帮助收集和分析学生反馈数据，这些数据可能来自课程评价问卷、在线调查、学生反馈平台等多种渠道。通过大数据技术的支持，这些反馈数据可以被自动收集、整理和存储，形成庞大的数据集。这些数据集包含学生对教师教学表现的各个方面的评价和意见，为教师评价提供了丰富的数据来源。大数据技术可以通过数据挖掘和分析方法，对学生反馈数据进行深入分析。

2. 为教师提供有针对性的反馈和建议

数据挖掘技术可以从大量的数据中发现潜在的模式、规律和趋势，为教师评价提供更深入的洞察和理解。在学生反馈数据的分析中，可以利用数据挖掘技术识别出学生反馈数据中的关键主题、重点问题、教学亮点等。例如，可以分析学生对教师授课内容的理解程度、对教学方法的认可程度以及对教师的态度和行为的评价等方面的数据。通过这些分析，可以更全面地了解教师的教学表现，为教师提供有针对性的反馈和建议。数据可视化技术能够将抽象的数据转化为直观的图形和图表，使教师和教育管理者能够更直观地理解数据的含义和趋势。在教师评价中，可以利用数据可视化技术将学生反馈数据呈现为各种图表，如雷达图、柱状图、散点图等。这些图表可以直观地展示教师在各个方面的表现情况，为教师提供直观的反馈和改进方向。

3. 预测教师未来的教学表现

大数据技术可以结合机器学习和预测分析方法，预测教师未来的教学表现。通过分析历史的学生反馈数据，可以训练机器学习模型，并利用这些模型来预测教师未来的教学表现。例如，可以利用机器学习模型分析学生对某位教师的评价数据，预测未来学生对该教师的评价趋势；或者利用机器学习模型分析教师教学方法的反馈数据，预测未来该教师的教学效果。通过这种预测分析，可以及时发现可能存在的问题和挑战，为教师提供及时的反馈和改进建议。大数据技术还可以对教师评价的结果进行分析和总结。通过分析大规模的教师评价数据，可以总结出教师的教学优势和不足，为教师提供系统化的反馈和改进建议。同时，还可以比较不同教师之间的教学表现，发现优秀教师的教学特点和经验，为其他教师提供借鉴和学习的机会。通过这样的分析和总结，可以促进教师专业成长，提高教学质量，提升学生学习体验和成绩。

第三章　大数据时代下大学生数字信息素养培育

第一节　大数据时代信息素养的重要性和内涵

一、大数据时代信息素养研究的重要性

（一）数据驱动决策的能力提升

随着信息量的爆炸性增长，大数据技术的发展为个人和组织带来了前所未有的数据资源，但如何有效地利用这些数据并从中提取有用的信息，做出正确的决策成为关键。

信息素养在大数据时代的重要性体现在对数据采集能力的要求上。数据的质量和准确性直接影响到后续分析和决策的有效性。在大数据环境下，数据来源可能有多个，具有多种格式、不同的结构和质量特征。信息素养强调对数据采集过程的规范化和自动化控制，确保数据的完整性和一致性，以支持后续的数据分析和决策制定。

信息素养还涉及对数据处理和分析能力的要求。大数据时代，处理海量数据需要借助先进的数据处理工具和技术，如数据挖掘、机器学习和人工智能等。信息素养不仅包括对这些工具和技术的基本了解，更需要具备运用这些工具解决实际问题的能力。例如，通过数据挖掘技术发现数据背后的模式

和关联，通过机器学习算法预测未来趋势或优化决策过程。

信息素养强调数据分析能力的提升。在大数据环境下，对数据进行深入分析，从中提炼出有价值的见解和洞察，对决策者至关重要。数据分析不仅需要技术层面的熟练掌握，还需要对业务背景和问题场景的理解。例如，在市场营销领域，通过对消费者行为数据的分析，可以精确制定个性化营销策略，提升营销效果和客户满意度。

信息素养还包括对数据解释和沟通能力的培养。大数据时代，虽然数据提供了丰富的信息，但如何将这些信息转化为实际行动和决策，需要具备清晰的解释和有效的沟通能力。信息素养强调数据分析结果的解释和呈现方式，以及如何向非技术人员或决策者传达数据背后的洞察和建议。

（二）提高信息处理效率

信息素养不仅能帮助个人和组织快速筛选、评估和整合信息，还能显著提升工作和学习的效率，更好地应对快速变化且复杂的信息环境。

信息素养在提高信息处理效率方面发挥着关键作用。随着互联网的普及和数字化技术的发展，每天都会产生海量信息，如何从中找到有价值的内容成为一项重要能力。良好的信息素养使个人能够运用有效的搜索和评估技能，快速找到所需信息，避免信息过载和无效信息的干扰。例如，在学术研究中，研究者需要从大量的文献和数据中提取关键信息，信息素养能够帮助他们高效获取和利用相关研究成果，支持学术创新和发展。

同时，信息素养提升了个人和组织的决策能力和判断力。面对复杂的问题和挑战时，良好的信息素养能使个人更客观和全面地评估信息的真实性、可靠性和相关性，从而做出准确的决策。在商业领域，企业管理者需要依靠信息素养分析市场趋势、竞争对手和消费者行为，以制定有效的市场营销策略和业务发展计划。信息素养不仅仅是技术操作能力，更是理解和应用信息的能力，在数字化和全球化的今天尤为重要。

信息素养有助于促进个人和组织的创新能力。通过获取和分析多样化信息，个人能够开拓思路，发现新的问题解决方法和创新点。在科技创新领域，信息素养使研究人员能够从全球范围内获取和分享前沿科技资讯，推动科学研究和技术进步。在教育和培训中，信息素养促进学生和员工通过在线资源和数字学习工具进行自主学习和技能提升，从而培养创新精神和实践能力。信息素养的提升不仅对个人有益，对整个社会也有重要影响。一个信息素养高的社会，能更好地利用信息技术和大数据资源，推动经济发展、社会进步和文化交流。在数字经济时代，信息素养的普及不仅仅是教育和培训的问题，更是社会公平和可持续发展的重要保障之一。

二、大数据时代信息素养的内涵

（一）数据意识

数据在数字化社会中不仅是一种资源，更是推动决策、创新和发展的核心驱动力。具备良好的数据意识，不仅意味着理解数据的重要性和价值，更涉及如何有效地收集、分析和利用数据来支持个人和组织的目标和使命。

理解数据价值。在信息化和数字化背景下，数据成为业务运营和决策制定的重要基础。个人和组织需要意识到，数据不仅可以反映现实情况和趋势，还能揭示背后的模式和规律。通过对数据的分析和解读，个人能够更准确地把握市场需求、客户行为和竞争动态，从而制定更具针对性和前瞻性的战略和计划。

发挥数据在决策和创新中的作用。随着数据量的不断增加和获取数据的多样化，个人和组织要能有效利用数据做出迅速反应和灵活调整。比如，在企业管理中，数据意识帮助管理者基于客观数据做出决策，优化运营流程、提升服务质量，甚至创造新的商业模式和市场机会。在科学研究和技术创新领域，数据意识则推动研究人员通过大数据分析发现新的科学问题和解决方案，推动学术进步和技术创新。

对数据隐私和安全的重视。随着个人信息和商业数据的不断数字化和网络化，数据泄露和隐私问题日益突出。个人和组织需意识到数据的价值和敏感性，采取有效的数据保护措施，保障数据的安全性和隐私性。在信息安全意识的培养中，理解数据的价值和风险至关重要。数据意识对个人和组织的影响是全面的，它不仅是技术层面的能力，更是一种战略性的思维方式和组织文化的体现。在组织管理中，拥有高度数据意识的团队和领导者能够更好地利用数据驱动业务决策和管理实践，提升工作效率和市场竞争力。对个人而言，良好的数据意识有助于提升职业竞争力，通过数据分析和应用展示个人的价值和能力。

（二）信息检索

具备良好的信息检索能力意味着个体能够有效地利用各种信息检索工具和技术，从海量、复杂的信息中迅速准确地找到所需信息，这对提升工作和学习效率至关重要。

熟练运用各种信息检索工具和技术。随着互联网和数字化技术的发展，我们可以利用多种工具如搜索引擎（如谷歌、百度等）、数据库查询工具、学术搜索平台等来获取信息。信息素养强的个体不仅知道如何使用这些工具，还能够根据信息的特性选择最适合的检索方式和策略，从而更高效地获取信息。

具备评估和筛选信息的能力。在信息爆炸的环境中，信息的质量和可信度参差不齐，个体需要具备辨别信息真实性和可信度的能力。这包括对信息来源的评估、信息内容的审查和比较，以及根据需要对信息进行进一步验证和确认。信息素养强的个体能够通过有效的评估和筛选，确保获取的信息符合其需求和目标。

组织和管理信息的能力。在日常工作和学习中，个体可能需要处理大量信息，如文献资料、数据报告、行业动态等。良好的信息检索能力不仅能帮助个体快速找到所需信息，还能有效地对信息进行整理、归纳和存储，以便日后使用和分享。这种能力不仅提升了个体的工作效率，还能促进团队协作和知识共享。在大数据时代，信息检索能力的重要性更加突出。大数据的特点是数据量大、类型多样、更新快速，因此需要个体具备更高水平的信息检索能力来应对挑战。信息素养强的个体能够利用数据挖掘和分析工具，从海量数据中挖掘出有价值的信息和见解，为决策和创新提供支持。信息检索能力还与个体的学习能力和终身学习能力密切相关。随着知识的更新和技术的进步，个体需要不断学习新的知识和技能。良好的信息检索能力使个体能够及时获取最新的学术研究成果、行业动态和技术进展，从而保持竞争力和适应能力。

（三）信息创新

信息创新不仅仅是利用现有信息和数据，更是通过深度分析和创新应用，创造新的信息产品或服务，从而推动个人和组织的创新能力。

具备深入理解和分析信息的能力。信息素养高的个体能够通过大数据技术和工具，从海量数据中提取出有价值的信息和见解。这种能力不仅仅是简单地获取和理解数据，更是能够对数据进行深入分析、挖掘隐藏的模式和趋势，从而形成对现象背后深层次理解的能力。

结合创新思维和技术应用。信息素养高的个体不仅仅依赖于技术工具的支持，更能够运用创新思维，通过跨学科的合作和创造性的方法，将信息转化为创新的产品、服务或解决方案。例如，在商业领域，信息素养高的个体可以基于对市场和消费者行为的深入分析，开发新的营销策略或产品设计；在科学研究中，他们可以利用大数据分析技术，探索新的科学理论或解决复杂的科学难题。

进行创新的跨界合作。信息素养高的个体能够跨越学科和行业的界限，进行创新的跨界合作。大数据技术的发展使得跨学科合作变得更加容易和必要。例如，在医疗健康领域，信息素养高的个体可以结合医学、生物信息学和工程学等多个学科领域的知识和技术，开发个性化医疗解决方案；在城市规划和管理中，他们可以利用城市数据分析，提出智能化城市管理和可持续发展的方案。

通过开放创新和共享经验促进创新。信息素养高的个体能够通过开放创新和共享经验，促进社会和组织的创新能力。他们能够积极参与开放数据和知识共享的平台，与他人分享数据、思想和经验，共同解决复杂的社会问题或推动产业创新。

第二节 大学生数字信息搜索与管理能力培育

一、大学生数字信息搜索能力培育

（一）教授搜索引擎的基本使用技巧

主流搜索引擎如谷歌和百度等不仅是获取信息的重要工具，更是学术研究和日常生活中信息获取的关键途径。

学生应该学会正确使用关键词。关键词是搜索引擎检索信息的基础，选择合适的关键词能够更精确地定位所需信息。例如，如果学生正在研究人工智能在医疗诊断中的应用，他们可以使用关键词组合如"人工智能 医疗诊断 应用"，确保搜索结果与其研究方向相关。

学生可以利用引号搜索精确匹配短语。通过在搜索词组周围加上引号，搜索引擎将会只返回包含该短语的结果，排除单独出现的关键词。例如，搜索"大数据 技术应用"，将会确保搜索结果中包含"大数据"和"技术应用"这两个短语的页面。

学生应当了解如何利用排除词过滤不相关的结果。有时搜索结果可能会包含大量与所需信息不相关的内容，此时可以通过在搜索中加入"—"符号排除特定的关键词。例如，搜索"量子计算—理论"，将会排除与量子计算理论相关的内容，而返回更多实际应用或进展的信息。

学生应当熟悉和利用搜索引擎的高级搜索选项。大多数搜索引擎提供了一系列高级搜索功能，如时间筛选、文件类型、站点限定等。这些选项可以帮助学生更精确地控制搜索结果的范围和类型。例如，他们可以选择只搜索最近一年内发布的信息，或者只搜索特定类型的文档或网站。

学生还应当学会利用搜索引擎的语法和特殊命令进行更精确的搜索。例如，使用"site："命令限定搜索结果来自特定网站，或者使用"intitle："和"inurl："命令来限定搜索结果标题或网址中包含特定关键词的页面。学生还应当养成定期更新搜索策略和调整关键词的习惯。信息技术和网络内容不断发展和更新，有效的信息检索不仅仅依赖于初次搜索时的策略，还需要根据搜索结果和信息变化进行调整和优化。

（二）介绍学术资源和数据库

学术期刊数据库是学术研究中不可或缺的资源。例如，JSTOR（期刊存档）、ScienceDirect（科学文献库）等数据库收录了大量的学术期刊、会议论文和研究报告，几乎涵盖所有学科领域的内容。这些数据库提供了高质量的学术文献，包括经过同行评议的文章，对学生进行深入研究和论文写作非常重要。教师可以指导学生利用数据库的搜索功能、筛选工具和文献下载选项，帮助他们快速找到相关领域的最新研究成果和理论进展。

图书馆资源是学术研究的另一重要支持来源。大学图书馆不仅收藏了大量印刷和电子书籍，还订购了许多在线数据库和期刊订阅。学生可以通过图书馆的在线目录系统或图书馆网站访问这些资源，查找所需学术书籍、参考资料和特定领域的研究文献。此外，图书馆还提供文献传递服务，帮助学生获取图书馆没有收藏的文献，扩展他们的研究范围和深度。

专业数据库是某些特定学科或行业的重要信息来源。例如，医学领域的PubMed、教育领域的 ERIC 数据库等，这些数据库收录大量的专业期刊文章、学术报告和行业数据，为学生提供深入了解特定领域研究和实践的机会。学生可以通过这些专业数据库获取最新的研究成果、理论探讨和实证数据，支持他们在学术写作和研究项目中的论证和分析。如何引导学生有效利用这些学术资源和数据库呢？首先，教师可以组织针对性的培训或工作坊，介绍不同类型的学术资源和数据库的特点和使用方法。通过实际操作演示如何进行高效的文献检索和信息筛选，让学生掌握关键词搜索、高级检索功能、文献引用等技能。其次，鼓励学生在研究项目或论文写作中广泛利用这些资源，通过查阅相关文献和最新研究来支持自己的论点和观点。同时，指导学生学会评估文献的质量和可信度，提高他们的信息检索和批判性思维能力。

（三）关注信息的质量和可信度

在信息爆炸的时代，大学生在进行学术研究和日常信息检索时，面临大量的信息来源。

信息来源的可靠性是评估信息质量的首要标准。学生应学会区分不同类型的信息来源，如学术期刊、政府网站、新闻媒体、个人博客等。学术期刊和政府网站通常经过严格审查和审核程序，信息质量和可信度较高；而新闻媒体的信息质量则依赖于其信誉和编辑标准；个人博客和社交媒体上的信息可能存在较大偏差，可靠性相对较低。教师可以通过案例分析和实践操作，帮助学生识别不同来源的特点和可信度。

作者资质是评估信息可信度的重要因素。了解信息的作者是谁，他们的专业背景、资质和声誉如何，是判断信息可靠性的重要依据。学生应学会查找作者的学术背景、工作单位、发表记录等信息，判断其在相关领域的权威性和专业性。例如，若作者是某知名大学或研究机构的教授，且在相关领域有丰富的研究经验和学术成果，那么其信息的可信度较高。相反，如果作者缺乏相关领域的专业背景或资质，其信息可信度则需谨慎对待。

信息的发布日期也是评估信息质量的重要参考。在快速变化的学术和科技领域，最新的研究成果和数据更具参考价值。因此，学生在搜索信息时，应注意信息的发布日期，优先选择最近几年发布的文献和数据，以确保信息的时效性和准确性。同时，也需注意某些经典文献和基础理论，即使发布时间较早，但在相关领域仍具重要参考价值。

学生还应学会评估信息的真实性和权威性。对于重要信息，学生应查找多个独立来源进行交叉验证，确保信息的真实性。例如，如果某一信息仅在一个来源中提及，且没有其他来源佐证，则其真实性需谨慎对待。而权威性则需通过信息发布机构的声誉、信息的引用情况等多方面进行评估。例如，引用广泛且被权威机构认可的信息，可信度通常较高。教师可以通过设置信息评估练习和讨论环节，帮助学生掌握信息质量和可信度的评估方法。通过实际操作和案例分析，让学生学会在信息检索过程中，不仅关注信息内容本身，还要关注信息的来源、作者资质、发布日期等重要信息，提高其信息评估和批判性思维能力。

二、大学生管理能力培育

（一）设立目标，培养自我管理意识

在大数据时代，大学生的管理能力培养成为教育改革中的重要议题。随着高校改革的深入推广，越来越多的高校开始倡导"以人为本"的教学管理理念，旨在帮助学生进行自我管理，提升他们的主体意识和自我管理能力。同时，教师和学生也需要及时更新观念，转变大学生对大学生活的错误观念，加强师生之间的互动性，共同促进学生的全面发展。树立"以人为本"的教学管理理念是培养大学生管理能力的关键。这种理念强调尊重和关爱每一位学生，充分发挥他们的主体意识和自主能动性。通过为学生提供合适的教学环境和资源支持，激发他们的学习动力和自我管理意识，使其能够主动参与学习过程，掌握自我管理的技能。

师生之间的互动性也是培养大学生管理能力的重要手段。教师应该扮演引导者和榜样的角色，通过建立良好的师生关系，促进学生的思想交流和情感沟通。同时，教师还可以利用课堂教学和辅导等方式，引导学生认清自我，明确学习目标和生活规划，从而培养他们的自我管理能力。

设立合理的目标对于大学生管理能力的培养至关重要。合理的目标可以帮助学生建立明确的学习方向和生活规划，激发他们的学习动力和自我管理意识。在设立目标之前，大学生需要对自身进行准确定位，明确自己的兴趣爱好、优势和劣势，然后制定符合自己实际情况的短期和中长期目标，并通过详细的计划和严格的执行逐步实现。

（二）掌握科学的自我管理方法

在大数据时代，掌握科学的自我管理方法成为教育领域的一项重要任务。首先，大学生需要正确认识和客观评价自己。只有认清自己的性格特点、

兴趣爱好和优劣势，才能够确定适合自己的管理方法，进而有效地规划和实施自我管理计划。

其次，大学生需要学会自我激励。无论是面对成功还是失败、顺境还是逆境，都需要具备良好的心态和调节能力。在遇到困难时，不要轻易气馁，不断激励自己克服困难，走出失败的阴影；面对成功也不要过分骄傲，而应该保持谦逊的态度，继续努力前行。只有这样，才能够不断提升自己，取得更大的成功。

最后，大学生应该不断进行自主探索和学习。不要仅限于本专业的学习，而是要充分发挥主观能动性，进行跨学科的学习和探索。通过学习不同领域的知识，可以丰富自身的知识结构，提高解决问题的能力和创新意识，更好地抓住每一个机会，从而获得更大的成功。

在大数据时代，信息技术的发展为大学生管理能力的培养提供了新的机遇和挑战。大学生可以利用各种信息技术工具和平台，如手机应用、网络平台等，进行时间管理、任务分配等方面的管理，提高自己的学习效率和生活质量。同时，大学生需要学会正确使用信息技术，避免沉迷于虚拟世界，影响自己的学习和生活。

（三）开展丰富的实践活动，加强自我管理

在大数据时代，大学生管理能力的培养成为学校教育的重要任务之一。为了加强自我管理，学校可以开展丰富多样的实践活动，通过参与各种实践活动，学生可以提高自我管理的积极性，并从中感知自我，不断成长。学校可以通过组织社团活动来促进学生的自我管理能力。社团活动是学校生活中的重要组成部分，通过加入不同类型的社团，学生可以发挥自己的兴趣和特长，参与各种实践活动，培养自己的组织能力、沟通能力和领导能力，从而提高自我管理的能力。

学校还可以组织文艺汇演、体育比赛等活动，丰富学生的大学生活。通过参与各种文艺和体育活动，学生可以锻炼自己的团队合作能力、组织协调能力和竞争意识，培养自己的自律性和执行力，从而提高自我管理的能力。

学校还可以开展班级活动，加强学生之间的交流和合作。通过组织班级聚餐、户外拓展等活动，学生可以建立良好的班级氛围和团队精神，培养自己的团队合作意识和组织协调能力，从而提高自我管理的能力。在参与实践活动的过程中，学生不仅可以提升自己的管理能力，还可以从中感知自我，不断成长。通过参与各种实践活动，学生可以发现自己的优点和不足，了解自己的兴趣和目标，不断完善自己，实现自我提升和成长。

第三节　大学生数字信息评价与利用能力提升

一、大学生数字信息评价能力提升方法

（一）信息伦理教育

1. 信息伦理课程

信息伦理课程能够帮助大学生树立正确的价值观和道德观。在信息社会中，信息的传播和使用变得越来越频繁和广泛，信息的获取和共享也变得越来越便捷。然而，不当的信息使用和共享行为可能会引发一系列伦理问题和法律纠纷，例如隐私泄露、虚假信息传播、知识产权侵权等。因此，通过信息伦理课程，学生可以学习到信息使用和共享的基本原则和道德规范，树立正确的价值观，避免在信息使用过程中产生不良行为。

信息伦理课程可以帮助学生理解和遵守版权法。版权法是保护创作者和版权持有者合法权益的重要法律，其核心内容包括保护作品的原创性、规定作品的使用权限、维护版权持有者的经济利益等。通过学习版权法，学生可以了解什么样的行为构成侵权，如何合法使用和共享信息资源，尊重他人的知识产权，避免因侵犯版权而引发的法律纠纷。同时，学生也可以学习如何保护自己的原创作品，依法享有自己的知识产权，维护自己的合法权益。

信息伦理课程能够培养学生的信息素养和批判性思维能力。在信息社会

中，信息量巨大且复杂，信息的真实性和可信度参差不齐。学生需要具备较强的信息素养和批判性思维能力，才能在众多信息中筛选出真实、可靠、有价值的信息。通过信息伦理课程，学生可以学习评估信息的来源、作者资质、发布渠道、内容质量等，判断信息的真实性和可信度，提高信息评价能力，避免受到虚假信息和误导信息的影响。

信息伦理课程还可以提高学生的社会责任感和法律意识。在信息社会中，信息的传播和使用不仅关系到个人的利益和权益，还关系到社会的公平与秩序。通过信息伦理课程，学生可以学习到信息传播和使用的社会责任，认识到自己在信息社会中的角色和责任，自觉遵守法律法规，维护社会的公平与正义。例如，学生可以学习到如何保护个人隐私，避免泄露他人的隐私信息；如何反对虚假信息，维护信息的真实性和公正性；如何尊重他人的知识产权，避免侵权行为；等等。

信息伦理课程的设置和实施需要高校的重视和支持。高校应根据学生的需求和社会发展的需要，制定科学合理的信息伦理课程体系，确保课程内容的系统性和实用性。同时，高校应加强教师队伍建设，提高教师的信息伦理素养和教学能力，通过多种教学手段和方法，增强课程的吸引力和实效性。例如，可以通过案例分析、情景模拟、讨论交流等方式，让学生在实际情境中体验和理解信息伦理的原则和规范，提高学习效果。

2. 学术诚信培训

在现代信息社会中，数字信息的广泛获取和共享为大学生的学习和研究提供了极大的便利。然而，这也带来了学术不端行为增加的风险，如抄袭和不当引用。因此，加强学术诚信教育，培养大学生的学术道德观念和诚信意识，是提升其数字信息评价能力的重要途径之一。

学术诚信培训能够帮助学生树立正确的学术价值观和道德观。学术诚信是指在学术活动中遵循诚实、公正、严谨的原则，不抄袭、不造假、不剽窃他人研究成果，尊重知识产权，依法依规进行学术研究和论文写作。通过学术诚信培训，学生可以了解学术诚信的重要性，认识到抄袭和不当引用行为不仅违背学术道德，还可能导致严重的后果和法律责任。树立正确的学术价值观和道德观，学生才能在学术研究中自觉遵守学术规范，做到诚实守信。

学术诚信培训可以帮助学生掌握正确的信息检索和引用方法。在学术研究中，信息的检索和引用是必不可少的。通过学术诚信培训，学生可以学习到如何有效利用各种学术资源和数据库，进行信息的检索和获取，掌握正确的引用方法和格式，避免不当引用行为。比如，学生可以学习如何使用学术期刊数据库（如 JSTOR、ScienceDirect 等）、图书馆资源、专业数据库等获取权威的学术信息，如何按照不同的引用格式（如 APA、MLA、Chicago 等）进行引用，如何在论文中标注参考文献等。

学术诚信培训能够提高学生的信息素养和批判性思维能力。在信息社会中，信息真假难辨，学生需要具备较强的信息素养和批判性思维能力，才能在众多信息中筛选出真实、可靠、有价值的信息。通过学术诚信培训，大学生可以学习到如何评估信息的来源、作者资质、发布渠道、内容质量等，判断信息的真实性和可信度，避免受到虚假信息和误导信息的影响。比如，学生可以学习如何辨别学术期刊的权威性，如何评估作者的学术背景和研究能力，如何判断信息的可靠性和真实性，等等。

学术诚信培训还可以提高学生的学术创新能力和学术水平。学术诚信不仅是对他人研究成果的尊重，也是对自己学术能力和水平的真实体现。通过学术诚信培训，学生可以学习到如何进行原创性研究，如何提出创新性的学术观点和理论，如何撰写高质量的学术论文，如何在学术交流中展示自己的研究成果，等等。只有提高学术创新能力和学术水平，学生才能在学术领域取得更大的成就，为学术发展和社会进步做出贡献。学术诚信培训的实施需要高校的重视和支持。高校应根据学生的需求和学科特点，制定科学合理的学术诚信培训体系，确保培训内容的系统性和实用性。同时，高校应加强教师队伍建设，提高教师的学术诚信素养和教学能力，通过多种教学手段和方法，增强培训的吸引力和实效性。比如，可以通过案例分析、情景模拟、讨论交流等方式，让学生在实际情境中体验和理解学术诚信的原则和规范，提高学习效果。

（二）图书馆资源利用

1. 图书馆讲座和工作坊

在信息时代，大学生不仅需要掌握基本的知识和技能，还需要具备高效的信息检索和评估能力，以便在学术研究和日常生活中快速找到、评估并应用所需的信息。为了提升大学生的数字信息评价能力，高校图书馆可以通过定期举办讲座和工作坊，向学生教授信息检索和评估的技巧。

图书馆讲座可以为学生提供系统的信息检索培训。信息检索是数字信息评价的基础能力，学生需要了解如何高效利用各种信息资源。通过图书馆讲座，学生可以学习到如何使用主流搜索引擎（如谷歌、百度等）进行信息检索，包括关键词选择、使用引号搜索、排除词等高级搜索技巧。此外，讲座还可以介绍学术资源和数据库的使用方法，如学术期刊数据库（如 JSTOR、ScienceDirect 等）、图书馆资源、专业数据库等，教授学生如何利用这些资源获取更专业和权威的信息。例如，可以通过实际操作演示，让学生亲身体验如何在数据库中进行高级检索，如何筛选和保存有用的信息。

图书馆工作坊可以为学生提供实践机会，增强其信息评估能力。信息评估是数字信息评价的重要环节，学生需要掌握如何判断信息的真实性、可信度和权威性。通过工作坊，学生可以学习到评估信息的多种方法和标准，如评估信息来源的可靠性、作者的学术背景、发布渠道的权威性、信息内容的质量等。工作坊可以设计实际案例，让学生分组讨论和分析，培养其批判性思维能力。例如，可以提供一组不同来源的学术文章，让学生评估每篇文章的可信度和权威性，并讨论其评估标准和理由。

图书馆讲座和工作坊可以提高学生的信息素养和应用能力。信息素养不仅是信息检索和评估的能力，还包括信息的有效应用。通过图书馆讲座和工作坊，学生可以学习到如何在学术研究和日常生活中应用所获得的信息，如撰写学术论文、制作演示文稿、解决实际问题等。此外，图书馆讲座和工作坊还可以介绍信息伦理和版权法，培养学生正确使用和共享信息的意识，避免抄袭和不当引用行为。例如，可以通过实际案例分析，讲解如何在学术论文中正确引用他人研究成果，如何标注参考文献，如何避免学术不端行为。

图书馆讲座和工作坊还可以通过互动和交流，提高学生的学习积极性和效果。讲座和工作坊可以采用多种互动教学方法，如小组讨论、情景模拟、问题解答等，让学生在互动中提高信息检索和评估的实际操作能力。通过交流，学生可以分享自己的学习经验和技巧，相互学习和借鉴。例如，在工作坊中可以设置小组竞赛，让学生在规定时间内完成信息检索和评估任务，并进行结果展示和评比，提高学习的趣味性和参与度。

2. 资源指南

在信息时代，大学生不仅需要掌握基本的信息检索和评估能力，还需要能够快速找到可靠的信息来源，以便在学术研究和日常生活中应用。为了提升大学生的数字信息评价能力，高校图书馆可以通过制作和提供各种主题的资源指南，帮助学生有效地获取和评估信息。

资源指南可以为学生提供系统化的信息检索指导。信息检索是数字信息评价的基础能力，但面对海量的信息资源，学生往往感到无从下手。资源指南可以针对不同学科和主题，系统地整理和推荐优质的信息资源，如学术期刊数据库、电子书、图书馆资源、专业网站等。通过资源指南，学生可以快速了解哪些资源是权威和可靠的，如何高效地利用这些资源进行信息检索。例如，在制作资源指南时，可以详细介绍各类数据库的使用方法和特点，列出常用的关键词和检索策略，帮助学生提高检索效率和准确性。

资源指南可以为学生提供信息评估的标准和方法。信息评估是数字信息评价的重要环节，学生需要掌握如何判断信息的真实性、可信度和权威性。资源指南可以详细介绍信息评估的标准和方法，如评估信息来源的可靠性、作者的学术背景、发布渠道的权威性、信息内容的质量等。通过资源指南，学生可以学习到如何对信息进行批判性分析和评价，避免误导性或不准确的信息。例如，在制作资源指南时，可以列出评估信息的具体步骤和注意事项，提供评估工具和模板，帮助学生形成系统的信息评估思维。

资源指南可以为学生提供信息应用的指导和支持。信息应用是信息素养的重要组成部分，学生需要掌握如何在学术研究和日常生活中有效地应用所获得的信息。资源指南可以提供信息应用的具体案例和方法，如撰写学术论文、制作演示文稿、解决实际问题等。通过资源指南，学生可以学习到如何将检索和评估的信息应用到实际中，提高学术研究和日常工作的效率和效果。例如，在制作资源指南时，可以列出学术论文的写作规范和格式要求，提供论文写作的模板和示例，帮助学生规范地引用和标注参考文献。

资源指南还可以通过多种形式的互动和交流，提高学生的学习积极性和效果。资源指南可以通过图文并茂的形式，增加互动元素和案例分析，增强学生的阅读体验和理解效果。通过在线资源指南和互动平台，学生可以随时随地获取所需信息和指导，与图书馆员和其他学生进行交流和讨论，分享学习经验和技巧。例如，可以在图书馆网站上设立资源指南专区，提供在线检索和下载服务，定期更新和维护资源指南内容，确保资源指南的时效性和实用性。

二、大学生信息利用能力提升方法

（一）信息组织能力

提升大学生信息利用能力的关键之一是教会他们如何有效地组织和管理所收集的信息和资料。在当今这个信息爆炸的时代，学生面临大量的学习资料和信息，学会高效地收集、整理和利用这些信息对于学术研究和日常学习至关重要。

笔记软件是提升大学生信息组织能力的重要工具之一。笔记软件如Evernote和OneNote具有跨平台的优势，能够帮助学生在电脑、平板和手机等设备上轻松记录和管理笔记。学生可以利用这些软件创建不同主题或课程的笔记本，将课堂笔记、阅读摘录、研究笔记等整理归纳在一起。通过笔记软件，学生可以使用文字、图片、链接、标签等多种形式记录信息，实现信息的结构化和分类管理。例如，学生可以在笔记软件中创建不同的笔记本，如"课堂笔记""研究资料""个人想法"等，将每堂课的笔记整理成不同的笔记页或笔记本章节。对于复杂的研究项目或学术论文，学生可以利用笔记软件的标签和搜索功能快速定位和管理相关资料，提高信息检索和利用效率。

文献管理软件如 Zotero 和 EndNote 对于学术研究和论文写作尤为重要。这类软件不仅能够帮助学生管理参考文献和引用，还能自动化地生成参考文献列表和引用格式。学生可以通过文献管理软件建立个人的文献库，收录和管理已阅读和引用的学术文献，同时记录文献的详细信息如作者、出版年份、期刊名称等。例如，学生可以在文献管理软件中创建不同的文件夹或标签组织文献，如"文献阅读列表""参考文献""待定论文引用"等，每次阅读新文献时，通过插件或浏览器扩展将文献直接导入软件，并添加关键词和笔记以便后续查找和引用。在撰写学术论文或研究报告时，文献管理软件能够根据学术规范自动化生成参考文献列表，避免引用格式错误和重复工作。

（二）信息传播能力

1. 写作和报告技巧

学术写作不仅仅是内容表达的过程，更是对信息的深入理解和有效利用的体现。为了提高这一能力，大学生需要掌握以下几点。

首先，信息筛选与评论，学习如何从多样化的信息源中筛选和评估信息，包括辨别可信的学术资源，理解文献综述的重要性，并学会通过引用和参考书目来支持自己的观点。为了避免引用格式错误和重复工作，学生应当使用专业的文献管理工具，如 Zotero 和 EndNate，来帮助组织和格式代引用文献。

其次，逻辑框架构建。学生应当学习如何在论文或演示文稿中建立逻辑清晰的框架，确保思想表达连贯、条理清晰，从而增强学术性和专业性。

再次，批判性思维和分析能力。学生需要学会审视和解读信息，提出深入的见解，并能够在论文或演示文稿中展现出独特的思考角度和创新性的见解。

最后，口头报告技能。学生应该掌握如何在有限时间内，清晰而有说服力地表达观点和研究成果，包括练习演讲技巧、掌握有效的演示技术（如视觉辅助工具的运用和与观众的互动），以及如何处理提问和辩论。

为了提升学生的信息利用能力，教育者还可以通过实际案例分析、团队合作项目和模拟演练等方式来加强学生的实际操作能力。这些实践性的活动不仅增强了学生的应用能力，还培养了他们解决问题和有效沟通的能力。

2. 使用多媒体

学生不仅需要掌握学术写作和口头表达的基本技能，还需要学会利用多媒体技术，如视频制作软件和图像编辑软件，来丰富和提升他们的表达能力。多媒体工具的使用能够帮助学生更直观、生动地传达他们的观点和研究成果。

通过视频制作软件，学生可以将复杂的概念以动画、实景或演示的形式呈现，使得观众更容易理解和记忆。例如，化学实验的视频演示或历史事件的动画重现不仅提升了信息的可视化效果，也增强了观众的参与感和学习效果。

图像编辑软件的运用能够让学生在文稿、报告或演示中增添视觉元素，如设计精美的图表、信息图或流程图可以帮助澄清复杂的数据和关系，提升读者对内容的理解和接受度。这种视觉化的呈现方式不仅丰富了内容表达的形式，还能够有效地引导观众的注意力和思考方向。

多媒体工具的使用也有助于培养学生的创造力和技术能力。学生在学习视频制作和图像编辑的过程中，需要思考如何合理利用软件功能来实现自己的创意和表达目的。这种过程不仅锻炼了他们的问题解决能力，还激发了他们探索和创新的意识，培养了实际操作中的技术技能。

同时，多媒体工具的使用也要求学生具备良好的信息利用能力。他们需要能够筛选、评估和整合各类多媒体资源，确保所使用的内容合法、准确和适当。这种能力不仅对于学术研究和项目实施至关重要，也为他们未来在职场上处理复杂信息和项目管理打下坚实基础。

第四节　大学生数字信息甄别与防护意识培育

一、大学生数字信息甄别能力培育

（一）批判性思维的培养

在培养大学生的批判性思维方面，我们需要着重强调其在信息时代的重要性。随着信息的快速传播和大量涌现，我们面临难以辨别真伪的信息海洋。

因此，大学生需要通过批判性思维来应对这一挑战。批判性思维不仅仅是简单地接受或者拒绝信息，而是一种处理信息的方法。它要求我们对信息进行深入的思考和分析，不轻信表面现象，而是通过质疑和验证来达到对真理的认知。

在当今信息社会，大学生面对的信息源头繁多，涉及领域广泛。因此，他们需要学会质疑和验证信息的来源。对于信息的来源，我们不应该一味地相信，而应该审视其背后的真实性和可信度。通过追溯信息的来源、了解发布信息的机构或个人背景，大学生可以更好地评估信息的可信度，从而做出更为理性和准确的判断。

批判性思维还需要大学生学会质疑和验证信息的内容。即使信息来自权威机构或专家，也不意味着其内容就是绝对可信的。因此，大学生需要具备分析信息内容的能力，辨别其中的逻辑是否严密，是否存在矛盾或者不合理之处。通过对信息内容的深入思考和分析，大学生可以更好地理解信息的内涵，从而做出更为准确和全面的判断。

此外，批判性思维还要求大学生学会质疑和验证信息的作者的可靠性。在信息传播的过程中，信息的发布者往往会对信息进行加工和解读，因此，了解信息的作者是谁，其背景和立场是什么，对于评估信息的可信度至关重要。大学生应该学会通过查证作者的身份和资质，了解其在该领域的专业程度和声誉，从而判断信息的真实性和可信度。

（二）信息检索与筛选的能力训练

在当今信息爆炸的时代，高效地进行信息检索并筛选出有用的、可信的内容已经成为大学生必备的能力之一。信息检索与筛选的能力不仅对于学术研究和论文写作有着重要意义，对于日常生活和职业发展也至关重要。面对海量的信息，学会有效地搜索并辨别信息的真伪、可信度和相关性，是每个大学生需要掌握的重要技能之一。

信息的检索不仅仅是在搜索引擎中输入关键词，更需要学会合理利用各种信息资源，如图书馆的书籍、期刊、数据库、网络平台等。首先，学生应该明确自己所需信息的主题和范围，然后选择合适的检索工具和数据库进行检索。在使用搜索引擎时，可以利用各种搜索技巧和策略，如引号搜索、排除符号、限定网站范围等，来提高检索效率和准确性。

面对搜索结果中的大量信息，学生需要具备筛选、筛除无关或低质量信息的能力。这需要学生具备扎实的专业知识和辨别能力，能够从海量信息中快速识别出与自己所需内容相关的信息，并且对信息的来源、可信度进行评估。在信息筛选过程中，学生还需要注重信息的全面性和客观性，避免受到信息偏见和误导。

学生可以通过参加信息素养培训课程、阅读相关书籍和文献、积极参与学术讨论和交流等方式，不断提高自己的信息检索和筛选能力。同时，学生还可以利用实践机会，如科研项目、论文写作等，来锻炼自己的信息处理能力，提高对信息的理解和运用能力。

二、大学生防护意识培育

（一）教育宣传

通过开展专题讲座、宣传栏、宣传册等形式，向大学生传达各类安全知识和预防措施，是提升大学生安全意识和应对能力的重要途径。在面对多样化的安全挑战时，大学生需要具备全面的安全意识，以有效地保护自身和他人的安全。因此，通过教育宣传，可以为大学生提供必要的安全知识和技能，使他们能够更好地应对各种安全风险。

利用新媒体平台，如微信公众号、微博等，发布安全提示和案例分析，是加强大学生安全意识的重要途径之一。通过这些平台，可以及时向大学生传递最新的安全信息，提醒他们关注身边的安全问题。同时，结合实际案例进行分析，可以帮助大学生深入理解安全知识，增强他们对各类安全问题的认知和警惕性。这种方式不仅具有针对性和时效性，还能更好地吸引大学生的注意力，提高他们对安全问题的重视程度。

在校园中设立宣传栏和发布宣传册，也是提升大学生安全意识的有效途径之一。通过这些宣传资料，可以向大学生传达各类安全知识和预防措施，提醒他们在日常生活中注意安全。宣传栏和宣传册通常能够覆盖更广泛的受众群体，而且可以长期存在于校园中，起到持久的宣传效果。因此，通过这些形式进行安全教育宣传，能够有效地提升大学生的安全意识和应对能力，为他们的安全保驾护航。

（二）校园环境建设

通过安装监控摄像头，可以实现对校园内外环境的全面监控，及时发现并处理各类安全隐患，从而有效预防校园安全事件的发生。同时，设置安全警示标识能够提醒师生注意安全，规范行为，进一步降低意外事件发生的概率。此外，改善校园交通路况也是重要举措之一，通过合理规划道路、设置交通标志和提供交通安全教育，有效提升校园交通的有序性和安全性，为师生出行提供更加便利和安全的保障。

为了进一步提升校园的整体安全水平，组织安全演练和模拟应急处置活动势在必行。这种活动不仅可以让大学生在模拟环境下亲身体验并掌握应对突发事件的方法和技巧，更能增强他们的应急意识和能力。通过模拟火灾、地震、恐怖袭击等多种突发事件，学生能够学习正确的逃生和自救技巧，增强应对危急情况的能力。同时，这也有助于建立学生与教职员工之间的协同配合机制，提高应急处置的效率和质量，确保在面对突发事件时能够迅速、有序地做出反应，最大限度地减少损失。

（三）心理健康教育

在当今竞争激烈的社会环境中，大学生面临日益增加的学业压力、就业压力以及人际关系压力等多重挑战，因此心理健康教育尤为重要。为此，开设心理健康课程或提供心理咨询服务是至关重要的举措。这些课程和服务不仅可以帮助大学生认识和管理自己的情绪，减轻压力，更能够增强他们的心理韧性，提高应对危机的能力。通过学习心理健康知识和技巧，大学生可以更好地理解自己的内心世界，学会正确的情绪调节和压力释放方法，从而保持良好的心态和情绪状态，更好地应对各种挑战和困难。

除了课程和咨询服务，建立心理健康支持网络也是至关重要的，包括心理健康互助小组、心理健康社区等形式。通过这些网络，大学生可以与志同道合的同学分享彼此的心理体验和情感，互相支持、鼓励和帮助。在互助小组中，他们可以自由地表达自己的情感和困惑，得到同伴的理解和关怀，从而减轻心理压力，缓解心理困扰。而心理健康社区则提供了一个开放、包容的交流平台，为大学生提供了与他人交流、分享经验的机会，让他们感受到社会支持和情感温暖，增强对生活的信心和勇气。

第四章 大数据时代下大学生数字创新能力培育

第一节 大数据时代下数字创新的概念和内涵

一、大数据时代下数字创新的概念

在大数据时代，数字创新成为推动社会进步和经济发展的重要力量。数字创新不仅涵盖利用大数据技术和方法进行的技术创新，还包括商业模式、组织结构、市场营销等方面的变革。这种全方位的创新在各个行业和领域产生了深远的影响。

在技术层面上。随着大数据技术的不断发展和应用，人们可以更加高效地收集、存储、处理和分析海量数据，从而发现数据中隐藏的规律和价值。基于大数据技术的人工智能、机器学习、深度学习等新兴技术的快速发展，为各行各业带来了前所未有的创新机遇。例如，在医疗健康领域，利用大数据技术可以实现个性化诊疗、精准医疗，提高医疗服务的质量和效率；在智慧城市建设中，大数据技术可以帮助城市管理者更好地了解城市运行状态，优化城市规划和资源配置。这些技术创新不仅提升了生产力和效率，也为社会带来了更多的便利和福利。

除了技术创新，数字创新还涉及商业模式的变革。传统的商业模式往往受限于信息不对称和交易成本高昂等问题，难以适应数字化和网络化的时代需求。而基于大数据技术的数字化商业模式，可以更好地满足消费者个性化、多样化的需求，实现供需匹配的精准化。例如，电商平台通过大数据分析用户行为和偏好，为用户提供个性化的推荐服务，提高购物体验和购买转化率。同时，大数据技术也为企业提供了更多的营销手段和渠道，例如，通过社交媒体、搜索引擎等平台进行精准营销，实现品牌推广和用户增长。

数字创新还催生了组织结构和管理方式的变革。传统的组织结构往往呈现层级繁多、决策缓慢、信息不畅等问题，难以适应快速变化的市场环境。而基于大数据技术的数字化管理模式，可以实现信息共享、决策快速响应等优势。例如，一些互联网企业采用的平台化组织结构，将组织划分为多个小团队，每个小团队负责特定的业务板块，通过平台化的组织架构和信息共享，实现了快速迭代和创新。此外，大数据技术还可以帮助企业进行数据驱动的决策，通过数据分析和预测，指导企业战略的制定和执行，提高企业的竞争力和战略执行能力。

二、大数据时代下数字创新的内涵

（一）数据驱动的决策和运营优化

在大数据时代，数据成为企业决策制定和业务运营优化的核心驱动力。随着科技的迅猛发展和信息化程度的提升，海量数据的产生和积累已成为常态，这也为企业提供了前所未有的机遇和挑战。数字创新的内涵涵盖了技术、思维和方法论等多个方面，其在大数据时代下的发展不断推动着企业的转型升级。

技术上的创新使数据的获取、存储、处理和分析变得更加高效和精准。比如人工智能、机器学习和深度学习等技术的广泛应用，使企业能够更加准确地挖掘数据背后的价值，从而为决策制定和运营优化提供更有力的支撑。

数字化思维的普及使得企业管理者和决策者更加注重数据在决策过程中的作用，逐步形成数据驱动的决策模式。这种模式强调通过数据分析和实证研究来指导决策，而非凭借主观经验或直觉做出决策，从而提高了决策的科学性和准确性。

数字化方法论的应用也为企业提供了系统化的决策和运营优化工具，比如数据仓库、数据挖掘、业务智能等，使得企业能够更加有效地管理和利用数据资源。

在这样的背景下，数据驱动的决策和运营优化具有以下几个显著特点。

（1）基于数据的决策制定。传统的决策制定往往依赖于管理者的经验和直觉，容易受到主观因素的影响。而数据驱动的决策制定则更加依赖于数据的客观分析和实证研究，能够更准确地识别问题、把握趋势，从而提高决策的科学性和精确度。

（2）精细化的运营优化。大数据技术的应用使得企业能够更加全面地了解市场和客户，把握用户需求和行为变化，从而进行精细化的运营优化。比如，通过用户行为数据分析，企业可以了解用户的偏好和行为习惯，进而个性化地推荐产品和服务，提升用户体验和满意度。

（3）实时性和动态性。大数据时代的数据处理和分析速度越来越快，企业能够实时监控和响应市场变化。基于实时数据分析，企业可以及时调整业务策略和运营方案，应对市场竞争和风险挑战，保持业务的持续发展和竞争优势。

（二）业务模式创新

在大数据时代，利用大数据技术挖掘新的商业机会和创新业务模式，如共享经济和按需服务，已经成为企业竞争力的重要来源。大数据技术不仅提供了前所未有的分析和洞察能力，还推动了数字创新的内涵和实践。

大数据技术通过对海量数据的收集和分析，能够识别和预见市场趋势和消费者需求。企业可以利用这些洞察进行精准的市场定位和产品开发。例如，通过分析消费者的购买行为和偏好数据，企业可以发现新的市场需求，进而开发出满足这些需求的产品或服务。这种基于数据驱动的决策方式，不仅提高了产品开发的效率，也增加了成功的概率。

大数据技术为共享经济和按需服务等创新业务模式提供了技术支持。共享经济的核心在于资源的高效利用，而大数据技术能够实时监测和调配资源，优化供需匹配。例如，Uber 通过分析实时交通和乘客需求数据，动态调整车辆分布，提升服务效率和用户体验。同样，按需服务模式如外卖配送，也依赖大数据技术进行订单分配和路径优化，确保快速、高效地满足用户需求。

大数据技术还推动了业务模式的数字化转型和创新。企业可以通过大数据技术实现业务流程的自动化和智能化，提升运营效率和服务质量。例如，零售企业通过大数据分析顾客的购物习惯和库存数据，进行智能补货和个性化推荐，提升销售额和顾客满意度。而在制造业，利用大数据进行生产过程的监控和预测性维护，可以减少设备故障和停机时间，提升生产效率。

在大数据时代下，数字创新的内涵不仅包括技术的应用和业务模式的创新，还涉及企业组织结构和管理方式的变革。大数据技术的应用要求企业具备灵活的组织架构和快速响应市场变化的能力。企业需要建立数据驱动的文化，培养员工的数据素养和创新意识，鼓励跨部门协作和知识共享。同时，企业还需要建立健全的数据管理和安全机制，确保数据的质量和隐私保护。大数据技术的应用和数字创新的实践，也对社会和经济产生了深远的影响。通过大数据技术，企业不仅可以提升自身的竞争力和盈利能力，还能够为社会创造更多的就业机会和经济价值。例如，共享经济模式的发展，为大量个体提供了灵活的就业机会；按需服务模式的兴起，为消费者提供了更加便捷和高效的生活方式。

第二节 大学生数字创新思维培育

一、文化与环境营造

（一）创新文化

创新文化不仅鼓励大学生勇于探索和尝试新事物，还培养了他们面对挑战时的适应能力和解决问题的技能。创新文化强调的是开放和包容。学校应该营造一个开放的环境，鼓励学生分享想法、探索新技术和尝试不同的方法。这种开放的文化氛围能够激发学生的创造力和好奇心，让他们在实践中学习和成长。例如，通过开设创客空间或者实验室，学生可以自由地使用各种工具和资源，实现他们的创意和设计。

创新文化要求对失败持包容和理解的态度。在创新过程中，失败是不可避免的一部分，但是学校应该教育学生从失败中学习，并鼓励他们不断调整和改进。这种积极的失败文化能够减少学生对失败的恐惧感，增强他们的抗挫折能力和自信心。例如，可以组织创新比赛或者项目展示活动，让学生分享他们的创意和经验，从而促进交流和共享。

创新文化需要结合数字技术和信息化教育，培养学生的数字创新思维。现代社会对于数字技能的需求日益增加，学校应该通过课程设置和实践活动，教育学生运用技术解决问题和创造价值。例如，可以开设数据分析、编程和虚拟现实等课程，帮助学生掌握技术工具和应用方法，拓展他们的创新思维和实践能力。

除了课堂教育，学校还可以通过合作项目和实习机会，促进学生与行业和社会的互动，培养他们解决现实问题的能力和创新精神。例如，与企业合作开展创新挑战赛或者社会实践项目，让学生在实际应用中学习和成长，增强他们的职业素养和团队合作能力。

创新文化的建设需要全校师生的共同参与和支持。教师应该成为学生的导师，引导他们在创新实践中探索和成长。同时，学校管理层需要制定支持创新教育的政策和资源配置，为学生提供良好的学习和创新环境。这样的支持和鼓励，可以有效地培养学生的创新精神和数字创新思维，为他们未来的学术和职业发展奠定坚实的基础。

（二）创新空间

通过打造灵活多样的创新空间，如创客空间（Makerspace）、协作实验室等，大学能够为学生提供自由交流和合作的场所，帮助他们在数字创新的道路上取得更大的成就。

创客空间是一个以实践为主的学习环境，为学生提供各种工具和资源，如3D打印机、激光切割机、电子元件等，使他们能够将理论知识转化为实际项目。这种实践机会极大地激发了学生的创造力和动手能力，让他们能够在实际操作中发现问题并解决问题。例如，学生可以利用3D打印技术设计和制作原型，从而更直观地理解设计和工程原理。这种动手实践不仅提高了学生的专业技能，还培养了他们的创新思维和解决问题的能力。

协作实验室为学生提供了一个团队合作的平台。在这一环境中，学生可以与来自不同学科的同学一起工作，分享知识和经验。这种跨学科的合作不仅拓宽了学生的知识面，还培养了他们的团队合作精神和沟通能力。例如，一个典型的协作实验室可能包括计算机科学、工程、艺术和设计等多个学科的学生，他们可以共同完成一个复杂的项目，如开发一个智能设备或设计一个创新的应用程序。这种合作模式不仅能提高项目的质量，还能让学生在相互学习中成长，培养他们的跨学科思维和创新能力。

二、竞赛与活动

（一）创新竞赛

数字创新竞赛促进了学生的实践能力和问题解决能力。参与者通常面临真实世界中的挑战和需求，例如，设计新型应用程序、解决社会问题或优化现有业务流程。这些挑战要求学生运用所学的知识和技能，结合团队合作和创新思维，提出并实施创新解决方案。通过竞赛的实际操作，学生能够深入理解理论知识的应用和实际操作的复杂性，从而增强他们的职业准备能力。

数字创新竞赛鼓励跨学科和跨专业的合作与交流。现代的问题往往需要多学科的综合应对和创新解决方案。参与竞赛的学生可能来自不同的学科背景，如工程、计算机科学、设计和商业管理等，他们的跨界合作不仅丰富了解决问题的视角和方法，也促进了学术与实践的结合。例如，在黑客马拉松中，技术专家、设计师和市场营销人员共同合作，共享资源和经验，共同追求创新的解决方案。

数字创新竞赛培养了学生的创业精神和团队合作能力。在竞赛过程中，学生不仅需要提出创新的理念和解决方案，还需要展示项目的商业潜力和可行性。这种创业意识的培养，包括市场分析、资金筹集、团队管理和推广策略的制定，对于学生未来从事创业或进入行业工作具有重要意义。此外，学生通过与团队成员的密切合作，学会有效沟通、协商和决策，提升了团队合作的能力和领导才能。

数字创新竞赛还有助于学生建立自信心和应对挑战的能力。竞赛的过程充满了不确定性和压力，但成功完成挑战和获得认可的经验，将极大地增强学生的自信心和自我管理能力。他们学会在压力下保持冷静、分析问题和制定有效的解决方案，这些是他们未来职业生涯中所需的关键技能。

（二）创新讲座和研讨会

定期举办数字创新相关的讲座和研讨会，邀请知名专家分享最新的技术趋势和创新案例，对于培育大学生的数字创新思维具有重要意义。这些活动不仅为学生提供了接触前沿技术和理念的机会，还促进了他们在学术和职业发展中的深度思考和创新实践。

数字创新讲座和研讨会为学生展示了技术前沿和行业趋势。邀请知名专家和行业领袖分享他们的研究成果、实践经验和行业见解，使学生能够第一时间了解到最新的科技发展和市场动态。这种直接接触和学习，不仅拓展了学生的知识视野，还激发了他们对技术创新和应用的兴趣和热情。例如，专家可以介绍人工智能、大数据分析、区块链技术等领域的最新进展，启发学生探索和掌握新兴技术的可能性。

数字创新讲座和研讨会提供了学术与实践相结合的学习平台。通过分享真实的案例和项目经验，专家们帮助学生理解学术知识如何应用于实际问题的解决过程。学生不仅可以学习理论知识，还能了解技术在不同行业和领域中的应用场景和成功实践。这种学术与实践的结合，有助于学生从理论到实践的转化，培养他们解决复杂问题和创新思维的能力。

数字创新讲座和研讨会促进了学术交流与合作。学生可以通过参与讨论和互动，与来自不同学科背景和专业领域的同行进行思想碰撞和知识交流。这种跨学科的交流不仅丰富了学术讨论的内容，还激发了新的创意和合作机会。例如，在讲座和研讨会的小组讨论中，学生可以分享他们的观点和研究成果，从而互相启发和提升。

数字创新讲座和研讨会还有助于学生的职业发展和就业准备。通过与行业专家和企业代表进行互动，学生可以建立良好的人际网络和职业联系，了解行业的就业趋势和职业发展路径。这种实践经验和职业导向的学习，有助于学生规划自己的职业生涯，增强竞争力和市场适应能力。

第三节 大学生数字化创意能力培育

一、创客空间和实验室

（一）提供先进设施和技术支持

在大数据时代，创客空间和实验室的设备和技术水平直接关系到学生能否充分发挥数字化创意潜能，因此，配备先进的设备和技术至关重要。创客空间和实验室应当配备最新的计算机设备。计算机是数字化创意的基础工具，能够支持学生进行编程、数据分析、虚拟实验等活动。为了满足学生的不同需求，计算机设备应当具备高性能的处理器、大容量的存储空间以及快速稳定的网络连接，以保证学生能够流畅地进行创意实践活动。

创客空间和实验室应当配备各种传感器设备。传感器是数字化创意的重要工具之一，能够帮助学生采集现实世界的数据，如温度、湿度、光照等。通过使用传感器设备，学生可以进行各种与环境相关的创意实践活动，如智能家居系统的设计与实现、环境监测与控制等，从而培养他们的创新能力和实践能力。

创客空间和实验室应当配备 3D 打印机等数字化制造设备。3D 打印技术是数字化创意的重要支撑技术，能够将数字设计转化为物理产品，为学生提供了实现创意的快速有效的方式。通过使用 3D 打印机等数字化制造设备，学生可以将自己的创意想法变成现实，并进行实验测试和改进优化，从而提高他们的创意实践能力和创新水平。

同时，创客空间和实验室还应当引入虚拟现实设备等沉浸式技术设备。虚拟现实技术能够为学生提供沉浸式的体验，帮助他们更好地理解和应用数字化创意。通过使用虚拟现实设备，学生可以进行虚拟实验、虚拟演示、虚拟培训等活动，从而提升他们的创意实践能力和创新水平。

（二）关注行业应用和社会问题

1. 关注行业应用

创客空间和实验室的关注点不仅限于技术创新和学术研究，更应着眼于行业应用和社会问题的解决。在大数据时代，数字化创意能力的培养不仅需要学生具备技术创新的能力，还需要他们具备将创意应用于实际场景、解决现实生活中的挑战和问题的能力。因此，创客空间和实验室应当以行业应用和社会问题为导向，引导学生将数字化创意投入实际应用，从而培养他们的数字化创意能力。创客空间和实验室可以关注行业应用，指导学生将数字化创意应用于行业领域的解决方案中。

在大数据时代，数字化技术已经在各个行业得到广泛应用，如智能制造、智慧城市、健康医疗、农业等。创客空间和实验室可以与行业合作，提供相关数据和技术支持，帮助学生了解行业需求和挑战，从而指导他们开展与行业应用相关的数字化创意实践活动。通过与行业合作开展项目，学生不仅可以将理论知识应用到实践中，还可以深入了解行业运作机制和市场需求，提高他们的行业素养和就业竞争力。

2. 关注社会问题

创客空间和实验室可以关注社会问题，引导学生将数字化创意应用于解决社会问题和改善社会福祉。在大数据时代，社会面临着诸多挑战和问题，如环境污染、资源匮乏、城市交通拥堵、医疗资源不均等。

创客空间和实验室可以组织学生开展与社会问题相关的数字化创意实践

活动，如设计智能环境监测系统、开发智能交通管理方案、构建智慧医疗平台等，以解决现实生活中的社会问题，提高人民群众的生活质量和幸福感。通过参与社会问题解决项目，学生不仅可以锻炼自己的创新能力和实践能力，还可以提升自己的社会责任感和公益意识，成为社会发展的积极参与者和贡献者。

创客空间和实验室还可以关注跨学科合作，引导学生将数字化创意应用于跨学科领域的解决方案中。在大数据时代，跨学科合作已经成为解决复杂问题和推动创新的重要方式。创客空间和实验室可以与不同学科的教师和学生合作开展项目，如与工程学院合作设计智能装置、与医学院合作开发医疗应用、与社会学院合作研究社会问题等，从而促进跨学科交流与合作，培养学生的跨学科思维和创新能力。

二、开放式思维

（一）接纳多样性

在大数据时代，数字化创意能力的培养不仅需要学生具备技术创新的能力，还需要他们具备开放式思维、包容性和多元化的视野。因此，创客空间和实验室应当建立一个开放、包容的文化氛围，鼓励学生尊重和接纳不同的观点、文化和经验。在数字化创意的实践过程中，学生可能会遇到来自不同背景和不同领域的同学，他们可能具有不同的思维方式、创新理念和文化传统。创客空间和实验室应该将多样性视为一种资源和优势，鼓励学生之间进行深入的交流和合作，分享彼此的想法和经验，从而促进思维的碰撞和交流，激发创新的火花。创客空间和实验室可以组织多样性活动，为学生提供一个展示和分享不同文化和经验的平台。例如，可以组织国际文化节、多元文化展览等活动，邀请来自不同国家和地区的学生展示自己的文化传统和创新成果，从而增进学生之间的理解和尊重。同时，创客空间和实验室还可以组织多元化的讲座和研讨会，邀请不同领域的专家学者和业界人士分享经验和见解，为学生提供一个跨文化交流和学习的机会。

创客空间和实验室还可以设计多样性项目，鼓励学生探索不同领域和不同文化背景的创意实践活动。例如，可以组织跨学科合作项目，邀请工程学院和艺术学院的学生合作设计创新产品；也可以组织跨文化交流项目，邀请国际学生和本地学生合作开展创意实践活动。通过参与多样性项目，学生可以了解到不同领域和不同文化背景的创意实践方法和思维方式，从而拓展视野，培养开放式思维和创新能力。此外，创客空间和实验室应提供多样性资源，支持学生开展多样性创意实践活动。如多种语言学习资源、跨文化交流平台等，帮助国际学生融入校园生活和学术研究；也可以提供跨学科合作资源、多元化项目支持等，促进不同学科和不同文化背景的学生之间的交流和合作。通过提供多样性资源，创客空间和实验室可以为学生营造一个多元化、包容性的学习和创新环境，激发他们的创意潜能，培养他们的开放式思维和创新能力。

（二）提倡自由探索

提倡自由探索是培养大学生数字化创意能力的重要途径之一。在大数据时代，数字化创意能力的培养不仅需要学生具备技术创新的能力，还需要他们具备创意和想象力。因此，给予学生足够的自由度和空间，让他们自由地探索和尝试新的想法和方法，是创客空间和实验室的一项重要任务。

创客空间和实验室应该建立一个开放、灵活的工作环境，给予学生足够的自由度和空间，让他们自由地探索和尝试新的想法和方法。在这样的工作环境中，学生可以自由地选择自己感兴趣的项目和方向，自主地规划和实施自己的创意实践活动。创客空间和实验室不应过多设限，而是要鼓励学生勇于尝试、敢于创新，充分发挥他们的创意和想象力，从而培养他们的创新能力和实践能力。

创客空间和实验室可以提供丰富的资源和支持，为学生的自由探索提供保障和支持。例如，可以提供先进的设备和技术，如计算机、传感器、3D 打印机等，支持学生进行数字化创意的实践活动；也可以提供专业的指导和辅导，如导师辅导、专业培训等，帮助学生解决在实践过程中遇到的问题和困难。通过提供丰富的资源和支持，创客空间和实验室可以为学生的自由探索提供良好的条件和环境，激发他们的创意潜能，培养他们的创新能力和实践能力。

创客空间和实验室可以组织自由探索项目，为学生提供一个展示和分享创意成果的平台。例如，可以组织自由探索展览、创客马拉松等活动，邀请学生展示自己的创意项目和成果，与其他学生和专家进行交流和分享。通过参与自由探索项目，学生可以了解不同领域和不同文化背景的创意实践方法和思维方式，从而拓展自己的视野，培养自己的开放式思维和创新能力。

创客空间和实验室还可以鼓励学生参与开放式项目和竞赛，以展示自己的创意和想象力。例如，可以组织数字化创意竞赛、创客比赛等活动，邀请学生参与其中，展示自己的创意项目和成果，与其他学生进行竞争和交流。通过参与开放式项目和竞赛，学生可以在实践中不断提升自己的创新能力和实践能力，锻炼自己的竞争意识和团队合作能力，从而为未来的职业发展做好充分准备。

第四节　大学生数字创新实践能力培育

一、开放式问题解决

（一）提供开放式问题

1. 现实性和挑战性

在大数据时代，数字创新实践需要学生具备想象力、创造力和解决问题的能力，而设计开放式的问题或挑战可以激发学生的兴趣和探索欲望，促进他们的数字创新实践能力的培养。开放式问题或挑战应该具有一定的现实性和挑战性，与大数据相关，能够激发学生的兴趣和探索欲望。

在大数据时代，各个行业都面临诸多挑战和问题，如数据安全与隐私保护、数据质量与可信度、数据治理与合规性等。设计开放式的问题或挑战可以从这些现实问题出发，引导学生进行数字创新实践，探索解决问题的新思路和新方法。例如，可以设计如何利用大数据技术和分析方法解决某个行业中的瓶颈问题，如金融领域的风险管理、医疗领域的疾病预测、交通领域的拥堵缓解等，从而激发学生的兴趣和探索欲望，促进他们的数字创新实践能力的培养。

2. 灵活性和多样性

开放式问题或挑战应该具有一定的灵活性和多样性，能够适应不同学生的兴趣和能力。在大学生群体中，存在各种各样的兴趣和爱好，不同学生具备不同的专业背景和技术水平。因此，设计开放式的问题或挑战时，应该考虑学生的多样性，提供不同难度和不同类型的问题，让学生根据自己的兴趣和能力选择合适的挑战。例如，可以设计一些简单易行的问题或挑战，如数据可视化项目、数据分析报告等，适合初学者入门；也可以设计一些复杂高难度的问题或挑战，如智能算法设计、大规模数据处理等，适合有一定经验和技术水平的学生挑战，从而满足不同学生的需求，促进其数字创新实践能力的培养。

开放式问题或挑战还应该具有一定的启发性和引导性，能够激发学生的想象力和创造力。在数字创新实践过程中，学生可能会遇到各种困难和挑战，需要有一定的启发和引导，帮助他们克服困难，找到解决问题的新思路和新方法。因此，设计开放式的问题或挑战时，应该结合学生的实际情况和能力水平，给予一定的启发和引导，提供相关的案例分析和指导材料，帮助学生理解问题的本质和解决问题的关键，从而激发他们的想象力和创造力，促进其数字创新实践能力的培养。

（二）提供资源支持

提供学生所需的资源和支持是培养大学生数字创新实践能力的关键一环。在大数据时代，数字创新实践需要学生有足够的技术设备、数据集、文献资料等资源支持，以便他们能够充分探索和解决问题。创客空间和实验室应该配备先进的技术设备，为学生的数字创新实践提供基础设施支持，包括计算机、服务器、传感器、3D 打印机、虚拟现实设备等，以满足学生进行数字化创意实践活动的需要。这些设备应当具备先进的性能和功能，以保证学生能够进行高效、稳定的实验和项目开发（见图 4-1、图 4-2）。同时，创客空间和实验室还应该保持设备的更新和维护，确保设备始终处于良好的工作状态，为学生提供良好的学习和创新环境。

　　创客空间和实验室应该提供丰富多样的数据集，为学生的数字创新实践提供数据支持。在大数据时代，数据是数字创新的重要基础，能够帮助学生分析问题、发现规律、提出解决方案。创客空间和实验室可以收集和整理各种类型的数据集，涵盖不同领域和不同行业，如金融数据、医疗数据、交通数据、环境数据等，为学生提供丰富多样的数据资源，满足他们进行数字创新实践的需求。同时，创客空间和实验室可以与行业合作，获取真实的商业数据，为学生提供更加真实和有挑战性的数据集，促进他们数字创新实践能力的培养。

图 4-1　3D 打印机　　　　　　　　图 4-2　虚拟现实设备

　　创客空间和实验室还应该提供丰富的文献资料和参考资料，为学生的数字创新实践提供理论支持。在数字创新实践过程中，学生可能会涉及各种相关领域的知识和理论，需要有相关的文献资料和参考资料进行查阅和学习。创客空间和实验室可以建立一个数字化图书馆或资源平台，收集和整理各种相关领域的文献资料和参考资料，为学生提供便捷的学习和研究资源。同时，创客空间和实验室还可以邀请相关领域的专家学者举办讲座和培训，为学生提供专业的指导和支持，促进他们数字创新实践能力的培养。

创客空间和实验室还应该提供团队合作和交流的机会，为学生的数字创新实践提供人际支持。在数字创新实践过程中，学生可能需要与他人合作、交流，共同解决问题、分享经验。创客空间和实验室可以组织各种形式的团队合作和交流活动，如团队项目、讨论会、分享会等，为学生提供一个交流和合作的平台，促进他们之间的学习和成长。通过与他人合作、交流，学生可以分享彼此的想法和经验，互相学习、互相促进，提高他们的团队合作能力和创新能力。

二、导师指导和支持

导师不仅在学术上提供指导，还能够在学生进行项目实施过程中，帮助他们克服困难和挑战，同时分享宝贵的经验和行业见解，促进学生的全面发展和职业准备。导师的指导能够帮助学生制定清晰的项目目标和实施策略。在数字创新项目的初期阶段，学生可能面临问题定义不清、方法选择不当等挑战。导师通过与学生的交流和讨论，帮助他们明确项目的研究方向和解决问题的方法，确保项目能够有效推进和达成预期目标。导师还能够根据学生的实际情况和兴趣，提供个性化的建议和指导，引导他们在创新实践中发挥自己的优势和潜力。导师在项目执行过程中的支持和反馈，对学生的学术成长和专业能力的提升至关重要。导师可以定期与学生进行进展评估和讨论，及时发现和解决项目中的问题和困难。例如，当学生遇到技术难题或实施挑战时，导师可以提供专业建议和技术支持，帮助他们克服障碍，推动项目顺利进行。这种实时的反馈和支持，不仅增强了学生的解决问题和团队协作能力，还培养了他们面对挑战时的应变能力和自信心。

导师通过分享经验和行业见解，拓展了学生的专业视野和职业发展路径。许多导师在学术研究和行业实践中积累了丰富的经验和知识，他们可以通过讲解案例分析、行业趋势和最佳实践，帮助学生理解学术理论与实际应用的关系，启发他们的创新思维和职业发展潜力。导师还可以介绍学生得到行业内部的网络和资源，推荐实习和就业机会，为他们未来的职业生涯提供有力支持。

导师的角色还在于培养学生的自主学习能力和团队合作精神。通过与导师的交流和互动，学生不仅可以学会获取和评估信息，还能提升批判性思维和判断能力。导师还可以鼓励学生参与学术会议和竞赛，拓展他们的学术视野和社会交往能力，为他们未来的学术和职业发展奠定坚实的基础。

第五章　大数据时代下大学生数据分析能力培育

第一节　大数据时代下数据分析能力的重要性和内涵

一、大数据时代下数据分析能力培养的重要性

（一）决策支持

在大数据时代，数据分析能力的重要性越发凸显。企业、政府以及各类组织都面临着海量的数据，这些数据蕴藏着丰富的信息和价值，但如何从这些数据中提取有用的信息，并将其转化为实际的决策支持，成为摆在各方面面前的重要挑战。

数据分析能力可以帮助企业深入了解市场和客户。在大数据时代，消费者产生的数据量不断增加，包括购买记录、浏览行为、社交媒体互动等各种信息。通过对这些数据进行分析，企业可以深入了解消费者的需求、偏好和行为习惯，发现潜在的市场机会，优化产品设计和营销策略，提高市场竞争力。

同时，政府和非营利组织也可以利用数据分析技术了解民众的诉求和需求，制定更加精准、有效的政策和服务，提升政府和社会组织的服务水平和

满意度。

数据分析能力可以帮助组织优化运营和资源配置。在大数据时代，企业和组织面临着复杂多变的市场环境和竞争压力，需要不断优化运营和资源配置，提高效率和降低成本。通过对运营数据和资源利用情况进行分析，组织可以发现存在的问题和瓶颈，优化流程和资源配置，提高运营效率和绩效水平。例如，制造业可以利用数据分析技术进行智能化生产和供应链管理，优化生产计划和物流配送，提高生产效率和产品质量；金融机构可以利用数据分析技术进行风险管理和客户管理，降低风险和成本，提高盈利能力和市场竞争力。

数据分析能力可以帮助组织预测未来趋势和制定战略规划。在大数据时代，组织需要及时把握市场变化和行业发展趋势，做出正确的战略决策，以应对未来的挑战和机遇。通过对历史数据和外部环境数据进行分析，组织可以发现潜在的趋势、模式和关联，从而预测未来的市场走向和行业发展方向，制定相应的战略规划和应对策略。例如，零售企业可以利用数据分析技术预测产品需求和销售趋势，优化采购和库存管理，降低库存风险和资金成本；政府可以利用数据分析技术预测社会发展和人口变化趋势，制定城市规划和公共政策，提高城市治理和管理水平。

数据分析能力可以帮助组织优化决策过程和提高决策效率。在大数据时代，决策者需要面对海量的数据和复杂的信息，如何从这些数据中提取有用的信息，并做出正确的决策，成为一个亟待解决的问题。通过建立数据驱动的决策支持系统，组织可以利用数据分析技术对决策过程进行优化和改进，提高决策的科学性和准确性。例如，可以利用数据挖掘和机器学习技术对数据进行模式识别和预测分析，辅助决策者进行决策分析和方案评估，提高决策效率和决策质量。

（二）风险管理和预测能力

在当今快速变化和高度竞争的商业环境中，企业面临着前所未有的挑战和机遇。市场波动和不确定性的增加使企业必须拥有强大的风险管理和预测能力，以保持稳健的经营状态并获取竞争优势。

大数据分析能力使企业能够及时识别潜在的风险因素。通过收集、存储和分析海量的数据，企业可以发现隐藏在数据背后的趋势和模式，从而提前预警可能的风险事件。例如，利用客户行为数据和市场趋势分析，企业可以识别出市场需求变化、竞争动态或供应链中的潜在问题，从而采取针对性的措施，降低风险发生的可能性。

大数据分析能力支持企业进行有效的预测和规避措施。通过建立预测模型和算法，企业可以基于历史数据和实时信息预测未来可能发生的事件和趋势。这种能力不仅帮助企业在市场波动中保持敏捷和灵活，还能够在竞争激烈的行业中抢占先机。例如，零售企业可以利用销售数据和季节性趋势预测产品需求，从而调整库存和供应链策略，避免库存积压或供应不足的风险。

大数据分析能力还促进了企业的决策效率和精确度。传统的经验和直觉虽然有其价值，但在面对复杂和多变的市场环境时往往显得力不从心。通过数据驱动的决策，企业能够减少决策的盲区，提高决策的准确性和成功率。例如，基于市场数据和消费者反馈进行产品创新和营销策略优化，能够更精准地满足客户需求，提升市场竞争力。然而，要实现这些潜力，企业需要不断培养和强化员工的数据分析能力。这包括技术技能的提升，如数据采集和清洗、统计分析和预测建模等，以及跨部门协作和沟通能力的加强，确保数据分析成果能够有效地转化为实际业务价值。此外，企业还需投资于先进的数据分析工具和平台，以支持大数据处理和实时决策需求。

二、大数据时代下数据分析能力的内涵

（一）沟通与解释能力

在大数据时代，数据分析师的角色变得越发重要，除了具备扎实的数据分析技能，良好的沟通与解释能力也至关重要。数据分析师不仅需要能够熟练运用数据工具和技术，还需要能够清晰地向非技术人员解释数据分析的结果和推论，以及与团队成员有效地合作，共同实现项目目标。

数据分析师需要具备清晰的沟通能力，能够将复杂的数据分析结果以简洁、易懂的方式传达给非技术人员。在实际工作中，数据分析师通常需要向管理层、业务部门或客户汇报数据分析结果，解释数据背后的含义和推论，以支持决策和解决问题。良好的沟通能力可以帮助数据分析师与非技术人员建立起有效的沟通渠道，促进信息的传递和理解，确保数据分析结果得到正确的解读和应用。例如，数据分析师可以利用可视化工具和简洁明了的语言，将复杂的数据分析结果呈现为图表、报告或演示文稿，帮助非技术人员更好地理解数据的含义和影响。

数据分析师需要具备解释能力，能够解释数据分析的方法和过程，以及数据分析结果的可靠性和置信度。在进行数据分析时，数据分析师通常会选择合适的数据模型和分析方法，进行数据清洗和预处理，然后对数据进行统计分析或机器学习建模，最终得出数据分析结果。解释能力可以帮助数据分析师向非技术人员解释数据分析的方法和过程，让他们了解数据分析的可靠性和置信度，增强对数据分析结果的信任和接受度。例如，数据分析师可以详细解释数据分析的方法和步骤，包括数据收集、清洗、探索性分析、建模和评估，以及模型的优缺点和适用范围，帮助非技术人员了解数据分析的过程和结果。

数据分析师需要具备团队合作能力，能够与团队成员有效地合作，共同实现项目目标。在实际工作中，数据分析往往是一个团队合作的过程，需要不同专业背景和技能的团队成员共同协作，共同解决复杂的问题和挑战。良好的团队合作能力可以帮助数据分析师与团队成员建立起有效的合作关系，互相支持和信任，充分发挥每个人的优势，共同实现项目目标。例如，数据分析师可以与数据工程师、业务分析师、产品经理等团队成员密切合作，共同分析业务需求、制定数据分析方案、收集和清洗数据、建立数据模型和解释数据分析结果，共同推动项目的顺利进行和取得成功。

数据分析师需要具备逻辑思维能力和问题解决能力，能够分析和理解复杂的问题，并提出合理的解决方案。在实际工作中，数据分析师通常需要面对各种复杂的业务问题和数据挑战，需要能够运用逻辑思维和数据分析方法，深入分析问题的本质和原因，提出有效的解决方案。良好的逻辑思维能力和问题解决能力可以帮助数据分析师厘清思路，解决复杂的问题，提高工作效率和质量。例如，数据分析师可以运用统计学、机器学习、数据挖掘等方法分析数据，发现数据之间的关联和规律，提出针对性的解决方案，为业务决策提供有力支持。

（二）领域知识与专业背景

在大数据时代，数据分析已经成为各行各业中至关重要的一环。然而，单纯具备数据分析技能并不足以胜任复杂的业务环境，因为数据的意义和应用需要结合特定领域的知识和专业背景。因此，数据分析师需要不断学习和积累相关领域的知识，提升自己的专业素养和分析能力。

数据分析师需要具备良好的领域知识。不同行业和领域有着各自独特的数据特点和业务需求，因此，数据分析师需要深入了解特定领域的业务流程、行业趋势和规范标准，以更好地理解数据的含义和背后的业务需求。例如，在医疗健康领域，数据分析师需要了解医学知识、临床流程和医疗政策，以支持医疗数据的分析和应用；在金融领域，数据分析师需要了解金融市场、投资理论和风险管理，以支持金融数据的分析和应用。

数据分析师需要具备相关领域的专业背景。拥有相关领域的专业背景可以帮助数据分析师更深入地理解业务需求和数据含义，并更好地应用数据分析技术解决实际问题。例如，拥有统计学、数学、计算机科学等相关专业的背景可以帮助数据分析师掌握数据分析的基本理论和方法；拥有经济学、金融学、医学等相关专业的背景可以帮助数据分析师理解特定行业的业务规律和特点。

数据分析师需要不断学习和积累相关领域的知识，保持专业素养和分析能力的提升。随着科技的发展和行业的变化，各行各业都在不断涌现新的业务模式、技术工具和数据应用场景，数据分析师需要及时了解和掌握最新的行业动态和技术趋势，不断更新自己的知识和技能，以适应不断变化的市场环境和业务需求。例如，随着人工智能、机器学习和深度学习等技术的发展，数据分析师需要不断学习和掌握相关技术，以支持数据驱动的业务决策和创新应用。

第二节　大学生数据获取与整理能力培育

一、大学生数据获取能力培育

（一）教授数据采集技术

随着信息化程度的提高和互联网的普及，数据成为驱动决策和创新的重要资源。因此，学生应该学会如何从网络、数据库和其他来源获取数据，并了解不同数据采集方法的优缺点。

网络爬虫是一种自动化获取网页数据的工具，可以帮助学生从互联网上收集各种类型的数据，包括文本、图片、视频等。学生需要学习如何编写和运行爬虫程序，以及如何处理和分析爬取的数据。通过网络爬虫技术，学生可以获取海量的网络数据，并用于学术研究、商业分析等领域。然而，网络爬虫也面临一些挑战，如网站反爬虫机制、数据格式的不一致等，因此学生还需要学会应对这些挑战的方法。

教授 API 接口的使用也是必不可少的。API（Application Programming Interface）接口是一种软件接口，允许不同的应用程序之间进行数据交换和通信。许多网站和服务提供 API 接口，允许开发者访问和获取其数据。学生需要学习如何查找和使用各种 API 接口，以获取他们需要的数据。通过 API 接口，学生可以直接从数据提供者那里获取数据，避免网页爬取中可能遇到的一些问题，同时也提高了数据获取的效率和准确性。

教授数据抓取工具的使用也是非常实用的。数据抓取工具是一种可以帮助用户从网页上抓取数据的软件，通常具有图形化界面，操作简单易用。学生可以学习如何使用各种数据抓取工具，如 Octoparse、Import. io 等，以快速、高效地获取网页数据。通过数据抓取工具，学生无须编写复杂的程序，即可轻松地从网页上提取所需数据，适用于不具备编程技能的学生或对数据采集技术不熟悉的初学者。

除了上述技术，还有其他一些数据采集技术也值得教授，如数据库查询、文件下载等。学生需要了解不同数据采集方法的适用场景和优缺点，以选择最合适的方法来获取数据。同时，他们还需要学习数据清洗和预处理等技术，以确保获取的数据质量和可用性。

在教授数据采集技术时，实践教学是非常重要的。学生应该通过实际操作来学习和掌握各种数据采集技术，例如，编写爬虫程序、调用 API 接口、使用数据抓取工具等。通过实际操作，学生可以更加深入地理解数据采集的原理和方法，提高数据获取的能力和效率。同时，教师可以设计一些实际案例和项目，让学生应用所学的数据采集技术来解决实际问题，提升他们的实践能力和创新能力。

（二）理解数据来源和类型

随着技术的进步和数据的爆炸性增长，数据已经成为企业决策和创新的重要驱动力。因此，培养学生的数据获取能力至关重要，这涉及对各种数据来源（如数据库、互联网、传感器等）和数据类型（结构化、半结构化、非结构化）的深入理解和有效应用。

理解不同数据来源的能力对于学生来说是必不可少的。数据可以来自多种渠道，例如，企业的内部数据库、互联网上的公开数据、传感器和物联网设备生成的实时数据等。学生需要学会有效地从这些来源中收集、整理和提取有价值的信息。例如，在市场调研或科研项目中，学生可能需要访问和分析不同类型和来源的数据来支持其研究或决策过程。

识别和理解不同数据类型的能力同样重要。数据可以分为结构化、半结构化和非结构化数据。结构化数据是以表格形式存储的数据，具有明确的字段和关系，如数据库中的信息；半结构化数据虽然有一定的结构，但不符合传统的关系数据库的格式，如 XML 文件或 JSON 格式数据；非结构化数据则是没有明确结构的数据，如文本文档、图像、音频和视频文件等。学生需要掌握从这些不同类型的数据中提取、分析和应用信息的能力，以支持他们在不同领域的研究和职业发展。

在大学教育中，培养学生的数据获取能力可以通过多种方式实现。首先，课程设置可以包括数据科学、信息管理和计算机科学等相关课程，教授学生如何有效地收集、处理和分析数据。其次，实际项目和案例分析可以为学生提供实践机会，让他们在真实场景中应用数据获取和分析技能。例如，学生可以参与企业合作项目或科研项目，从中学习如何处理和利用大量的实时数据。最后，跨学科的教育方法也可以促进学生对数据获取能力的综合理解。例如，在社会科学、工程学和商业管理等不同学科中，数据的应用方式和分析方法可能会有所不同，学生通过跨学科的学习和交叉讨论，能够更全面地理解数据在不同领域中的作用和价值。

二、大学生数据整理能力培育

（一）教授数据清洗技术

教授学生数据清洗技术是培养其在大数据时代下数据整理能力的关键一环。数据清洗是数据分析和挖掘过程中的重要步骤，它涉及处理数据中的缺失值、重复值、异常值等问题，以确保数据的质量和准确性。通过教授数据清洗技术和常用工具，如 Python 中的 pandas 库、Excel 的数据筛选功能等，学生可以掌握数据清洗的基本原理和方法，提高数据整理的效率和准确性。

教授数据清洗的基本原理和方法是非常重要的。数据清洗是指对数据进行预处理，以处理数据中的缺失值、重复值、异常值等问题，以确保数据的质量和可用性。学生需要了解数据清洗的目的和意义，以及常见的数据清洗方法，如删除缺失值、合并重复值、修正异常值等。他们还需要学习如何根据数据的特点和需求选择合适的数据清洗方法，以确保数据清洗的效果和准确性。

教授数据清洗的常用工具和技术是必不可少的。在现实应用中，数据清洗通常需要借助于各种数据处理工具和编程语言。例如，Python 中的 pandas

库是一个强大的数据处理工具，提供了丰富的数据清洗和转换功能，如缺失值处理、重复值删除、异常值检测等。通过教授学生如何使用 pandas 库，他们可以快速、高效地进行数据清洗，提高数据整理的效率和准确性。此外，Excel 等电子表格软件也提供了一些简单的数据清洗功能，如数据筛选、数据透视表等，适用于一些简单的数据清洗任务。

（二）数据标注和标识

在现代信息时代，数据被认为是企业决策、科学研究和社会发展的重要基石。然而，如果大量的数据缺乏有效的标注和标识，往往会变得难以管理和利用。因此，教导学生如何进行数据标注和添加描述性标签及元数据，以便于数据的搜索和使用，是培养其数据整理能力不可或缺的一部分。

数据标注和标识的重要性在于提高数据的可搜索性和可访问性。通过为数据添加描述性标签和元数据，可以使数据更易于被搜索和识别。例如，通过为文档、图片或视频等非结构化数据添加关键词和描述性标签，可以帮助用户快速定位和检索需要的信息，节省大量的时间和资源。在学术研究和商业应用中，这种能力对于有效管理和利用大量数据至关重要。

数据标注和标识有助于提升数据的质量和可信度。通过详细记录数据的来源、采集时间、处理方法等元数据信息，可以帮助用户了解数据的背景和特性，评估数据的可靠性和适用性。这对于科学研究中的实验数据、市场调研中的消费者反馈以及政府统计数据等具有重要意义，确保决策和分析的基础是可靠和准确的。

数据标注和标识还有助于促进数据共享和协作。在团队合作或跨机构数据交换中，良好的数据标注和元数据可以明确数据的使用权限、数据格式和相关约束，降低数据误解和误用的风险，提升合作效率和成果质量。这对于推动跨学科研究和全球性问题解决具有重要意义，促进知识的共享和创新的发展。在大学生的数据整理能力培育中，应注重实际操作和跨学科的教学方法。

通过课堂教学和实验室实践，教授学生如何识别不同类型数据的特征和需求，如何为数据添加标签和元数据。通过案例分析和项目实践，让学生在实际问题中应用数据标注技能，从而培养其数据管理和分析能力。例如，学生可以参与虚拟实验或社会科学调查项目，学习如何有效地收集、标注和分析数据，从而形成系统化的数据处理流程和技能。

第三节 大学生数据分析与解释能力培育

一、大学生数据分析能力培育

（一）统计与数学基础

1. 统计学是数据分析的基础

强调统计学和数学基础对于培养大学生在大数据时代下的数据分析能力至关重要。统计学和数学提供了理论框架和方法论，帮助学生理解数据的本质、分析数据的规律，并从中获取有价值的信息。统计学涉及数据的收集、整理、分析和解释等过程，是数据分析的核心。通过统计学，学生可以学习概率论、统计推断、假设检验、方差分析等知识，掌握统计学中的基本原理和方法，从而能够利用统计学的方法分析数据，得出可靠的结论。在大数据时代，数据量庞大、类型多样，统计学可以帮助学生从海量的数据中提取有用的信息，发现数据中的规律和趋势，为决策提供支持。

2. 数学基础是数据分析的关键

数学在数据分析中发挥着重要作用，包括线性代数、微积分、优化理论等。例如，线性代数在数据分析中常用于处理矩阵和向量，如特征值分解、奇异值分解等；微积分在数据分析中常用于求解函数的极值、积分等；优化理论在数据分析中常用于解决最优化问题，如参数优化、模型拟合等。通过数学基础的学习，学生可以理解和掌握数据分析中的数学方法和技巧，从而能够更深入地分析和理解数据，提高数据分析的准确性和效率。统计学和数学基础可以帮助学生培养数据思维和解决问题的能力。数据分析不仅仅是简单地对数据进行描述和分析，更重要的是要通过数据发现问题、解决问题。统计学和数学基础可以培养学生的数据思维，即从数据中获取信息、发现规律、提出假设，并通过科学的方法进行验证和解决问题。

通过统计学和数学基础的学习，学生可以培养自己的逻辑思维、分析能力和判断能力，从而更好地应对复杂的数据分析问题，提高数据分析的水平和能力。此外，统计学和数学基础还可以帮助学生理解和应用数据分析中的常用工具和技术。例如，常用的数据分析工具和技术，如回归分析、聚类分析、决策树等，都建立在统计学和数学基础之上。通过统计学和数学基础的学习，学生可以更深入地理解这些数据分析工具和技术的原理和方法，从而能够更好地应用和运用这些工具和技术解决实际问题，提高数据分析的能力和水平。

（二）持续学习和更新知识

在大数据时代，数据分析技术和工具的发展日新月异，呈现快速变化和持续更新的趋势。面对这种变化，大学生作为未来的数据分析从业者，需要保持持续学习的态度，跟进行业动态，不断提升自己的数据分析能力。持续学习和更新知识可以帮助学生跟上数据分析技术和工具的发展趋势。随着数据分析领域的不断发展和创新，新的数据分析方法、工具和技术不断涌现，取代了传统的数据分析方法和工具。例如，人工智能、机器学习、深度学习等技术在数据分析中的应用日益广泛，成为数据分析领域的新热点。持续学习和更新知识可以帮助学生了解和掌握这些新的数据分析方法、工具和技术，跟上数据分析领域的发展趋势，为未来的职业发展做好准备。

持续学习和更新知识可以帮助学生应对数据分析领域的挑战和变化。数据分析领域的变化和挑战是不可避免的，学生只有不断学习和更新知识，才能应对这些变化和挑战。例如，数据安全和隐私保护、数据质量和准确性、数据伦理和法律规定等问题都是当前数据分析领域面临的挑战，需要学生不断学习和更新知识，以应对这些挑战，并找到解决问题的方法和策略。

持续学习和更新知识可以帮助学生不断提升自己的数据分析能力和竞争

力。数据分析领域是一个充满竞争的领域，只有不断学习和更新知识，才能保持自己的竞争力。通过持续学习和更新知识，学生可以不断提升自己的数据分析能力和技能，如数据收集和清洗、数据分析和挖掘、数据可视化和报告等，提高自己在数据分析领域的竞争力，为未来的就业和职业发展打下坚实的基础。

持续学习和更新知识还可以帮助学生拓宽视野和思维，提高自己的综合能力和素质。数据分析不仅仅是技术活，还涉及领域知识、业务理解、沟通能力等方面。通过持续学习和更新知识，学生可以了解和掌握不同领域的知识和技能，拓展自己的视野和思维，提高自己的综合能力和素质，为未来的职业发展打下坚实的基础。

二、大学生数据解释能力培育

（一）模型解释和评估

在当今数据驱动的社会中，数据分析模型成为决策和预测的重要工具。然而，理解和评估数据分析模型的结果不仅仅是掌握技术的应用，更是培养学生批判性思维和数据解释能力的关键一环。学生需要能够评估模型的准确性、稳定性和适用性，同时能够合理解释模型的预测能力和局限性，这是他们在未来职业生涯中必不可少的技能。

理解和评估数据分析模型的准确性至关重要。模型的准确性是指模型在预测或分类任务中的精确度和误差率。学生需要了解如何使用评估指标（如准确率、精确度、召回率、F1分数等）来衡量模型的表现，从而判断模型是否足够准确以支持决策或预测任务。例如，对于机器学习模型，学生可以通过交叉验证、混淆矩阵分析等方法评估其预测能力，理解模型在不同数据集和条件下的表现差异。

稳定性是评估模型可靠性的重要指标之一。稳定性是指模型在面对数据变化或噪声时的表现稳定程度。学生需要学会分析模型对数据变化的敏感度，并探索如何通过调整参数或改进算法来提高模型的稳定性。例如，在金融领域的风险预测中，模型的稳定性直接影响到决策的可信度和效果，因此学生需要能够通过实验和分析来评估和优化模型的稳定性。

适用性是评估模型实际应用能力的关键因素。模型的适用性指模型在特定问题或场景中的有效性和实用性。学生需要能够分析模型的局限性和适用条件，并探讨如何根据实际需求选择合适的模型或优化现有模型以提高其适用性。例如，对于时间序列预测模型，学生需要理解模型在不同时间段和趋势下的适用性，以便更准确地预测未来的趋势和变化。

在培养大学生的数据解释能力时，教育应注重实际案例和跨学科的教学方法。首先，通过案例分析和实验项目，让学生在真实数据和问题中应用数据分析模型，从而锻炼其理解和评估模型的能力。其次，跨学科的教学方法可以帮助学生从不同学科角度理解模型的应用和局限性，例如结合统计学、计算机科学和商业管理等学科，探讨模型在不同领域中的应用案例和挑战。

（二）统计分析结果的解读

教授学生如何解读统计分析的结果，不仅仅是掌握技术手段，更是培养他们批判性思维和数据解释能力的重要途径。学生需要有效地解释数据中的各种统计信息，包括趋势分析、相关性分析和差异分析，并提供统计证据支持其观点。

趋势分析是统计分析中常用的方法之一。学生需要学会识别和解释数据中的趋势，即数据在一段时间内的变化趋势或发展方向。例如，对于销售数据，学生可以通过时间序列分析来识别销售额随时间变化的趋势，从而理解市场的发展动态和产品的销售情况。此外，学生还需能够使用统计工具如线性回归分析等来量化和验证趋势的显著性，确保其解释具有统计支持。

关联分析帮助学生理解数据中变量之间的相关关系。学生需要掌握如何使用相关系数、散点图和回归分析等工具来评估和解释变量之间的关联程度。例如，在市场调研中，学生可以分析消费者满意度与产品价格、服务质量之间的关系，从而帮助企业优化产品定价策略或改进服务体验。通过统计证据支持关联分析的结论，学生能够提供可信的数据支持和决策建议。

差异分析是比较不同组或条件下数据差异的一种方法。学生需要学会使用 t 检验、方差分析（ANOVA）等统计工具检验组别间的显著性差异，并解释这些可能导致差异的原因和影响。例如，在医学研究中，学生可以分析不同治疗方法对患者康复速度的影响，以便制定更有效的治疗方案。通过深入理解差异分析的统计概念和方法，学生能够从数据中挖掘出有意义的信息和见解。

在培养大学生的数据解释能力时，教育应注重实践和跨学科的教学方法。首先，通过案例分析和实验项目，让学生在真实数据和问题中应用统计分析方法，从而锻炼其解释和应用统计结果的能力。其次，跨学科的教学方法可以帮助学生从不同学科角度理解统计分析的应用和局限性，例如结合社会科学、生物学和经济学等学科，探讨统计分析在不同领域中的应用案例和挑战。

第四节　大学生数据应用与创新能力培育

一、大学生数据应用能力培育

（一）问题驱动的学习

问题驱动的学习注重培养学生的问题意识和提问能力。在课堂教学或项目实践中，教师可以引导学生从实际问题出发，通过讨论和分析，帮助他们理解问题的本质和背景。学生需要学会提出具体、明确的问题，这不仅需要深入了解问题背景和相关因素，还需要运用逻辑和分析思维，确保问题的准确性和实际应用性。例如，在市场营销课程中，学生可能被要求分析某品牌在特定市场上的市场份额下降的原因，然后提出相关的研究问题，例如消费者偏好的变化、竞争对手的策略调整等。问题驱动的学习强调数据收集和分析的重要性。一旦学生明确了研究问题，他们就需要设计和实施合适的数据收集方案。这包括选择适当的数据来源、采集方法和样本规模，确保数据的代表性和可信度。例如，在社会科学研究中，学生可能需要设计问卷调查或实地观察，收集关于某社会现象或行为模式的数据。同时，学生还需掌握数据分析工具和技术，如统计软件或编程语言，以便对收集到的数据进行有效的分析和解释。

问题驱动的学习注重学生在分析结果基础上提出实际应用建议或决策。通过数据分析，学生可以从数据中发现模式、关联或趋势，进而得出结论并提出解决问题的建议。这种能力不仅要求学生具备扎实的数据分析技能，还需要他们能够将分析结果转化为实际操作的建议或决策。例如，经过市场调研和数据分析，学生可以向公司提出改进产品定位或市场推广策略的建议，以提高市场竞争力和客户满意度。问题驱动的学习通过实际案例和项目实践，可以促进学生综合运用学术知识和实践技能的能力。学生不仅在课堂上学习理论知识，还有机会在真实或模拟的项目中应用所学的技能，提升他们的学术和职业能力。例如，参与大学生研究项目时，学生可以选择感兴趣的主题，运用问题驱动的学习方法进行研究，并最终撰写报告或展示结果，以展示他们的学术成果和分析能力。

（二）实时数据挑战

组织实时数据挑战或模拟业务决策情景，是一种有效的教育方法，特别适合培养大学生在压力下运用数据的能力和实际决策技能。这种活动不仅帮助学生将课堂学习与实际应用结合起来，还能够提升他们的团队合作能力和解决问题的能力。

实时数据挑战激发了学生的实时分析能力。在挑战过程中，学生需要在限定的时间内快速分析和处理大量实时数据，例如市场交易数据、社交媒体反馈、消费者调查结果等。这种压力环境迫使学生迅速作出决策并执行相应的分析方法，促进了他们的分析思维和应对复杂情况的能力。例如，一项模拟股票交易挑战可能要求学生在模拟市场条件下制定投资策略，根据实时市场数据调整策略并做出投资决策。

实时数据挑战强化了学生的团队合作和沟通能力。在团队合作的挑战中，学生需要分工合作，各自负责不同的数据分析和决策环节。通过有效的沟通和协作，团队可以更快速、准确地分析问题并提出解决方案。这种团队合作的经验不仅有助于学生在学术项目中的表现，还为其在未来职业生涯中的团队工作提供了宝贵的实践经验。

实时数据挑战提升了学生的决策能力和解决实际问题能力。通过在模拟或真实的业务场景中处理实时数据挑战，学生不仅学会了如何运用学术知识分析和解释数据，还学会了如何将分析结果转化为实际业务决策或策略建议。例如，参与模拟零售业务挑战的学生可能需要分析销售数据、顾客反馈和市场趋势，提出优化产品定价或促销策略的建议，以提升销售和市场份额。实时数据挑战激发了学生对实际应用和解决实际问题的兴趣和热情。通过亲身参与和经历实时数据挑战，学生能够更深刻地理解数据分析的重要性和应用场景，增强他们在数据驱动决策和业务优化方面的信心和能力。这种实践经验不仅有助于学生在学术研究和职业发展中脱颖而出，还为他们未来的学习和职业生涯打下坚实的基础。

二、大学生数据创新能力培育

为大学生提供实验和原型开发的机会，是培养其创新能力和实践技能的重要途径。通过将创新想法转化为实际可行的解决方案，学生能够在实践中积累宝贵的经验，从而更好地应对未来的职业挑战和社会需求。

实验和原型开发为学生提供了一个实践创新想法的平台。在这些项目中，学生可以完成从理论探索到实际操作的转变，通过构建原型进行实验验证和完善他们的创新想法。例如，学生可以参与科研项目或创业竞赛，将学术研究成果或商业概念转化为具体的产品或服务，从而展示其创新能力和实际执行能力。

实验和原型开发有助于学生培养解决问题的能力。在项目开发过程中，学生需要面对和解决各种技术、市场和资源方面的挑战。例如，他们需要学会选择合适的技术平台或工具、有效地管理项目进度和团队合作，以及应对市场反馈和用户需求变化。通过这些实践，学生不仅可以学会解决问题的方法，还能提升团队合作和项目管理的能力。

实验和原型开发能够帮助学生培养创新思维和跨学科的能力。在项目中，学生可能需要跨越学科边界，结合不同领域的知识和技能，以实现创新想法的转化。例如，在技术创新中，学生需要同时考虑工程技术、设计美学和市场需求等多方面因素，从而设计出既符合技术要求又具有市场竞争力的产品或解决方案。

实验和原型开发提供了学生在真实环境中学习和成长的机会。通过参与这些项目，学生可以与导师、行业专家和同行进行交流与合作，建立宝贵的人脉和合作关系。这不仅有助于他们在学术和职业生涯中获得更多的机会和资源支持，还能够激发他们创新和持续学习的热情。

第六章　大数据时代下大学生数字伦理素养培育

第一节　大数据时代数字伦理概念及其重要性

一、大数据时代数字伦理概念

随着技术的日新月异和数据量的爆炸性增长，我们正处于一个数字化转型的时代。在这个时代中，大数据已经成为社会运作的核心。然而，随之而来的挑战是如何处理、分析和利用这些大规模数据，而这涉及我们的道德和价值观念。这就是为什么数字伦理在这个时代变得如此重要的原因。数字伦理不仅仅关注技术的发展和数据的利用，更关注在这个过程中我们如何处理个人隐私、确保数据安全、保障数据透明度，并促进公平和责任的数据使用。在大数据时代，我们不仅需要关注数据的规模和速度，还需要关注数据的质量和合法性。因此，数字伦理不仅仅是一种技术或法律问题，更关乎人类价值观念和社会秩序。

随着人工智能、机器学习和深度学习等技术的迅猛发展，我们已经能够从大数据中提取出更加深入和复杂的信息，这为我们带来了前所未有的机遇，但同时也带来了前所未有的风险。个人隐私泄露、数据滥用、算法偏见等问题已经成为数字时代不可忽视的挑战。因此，我们需要建立起一套完善的数字伦理框架，来规范数据的收集、处理、分析和利用，以保护个人权利和社会公平。数字伦理的重要性在于它直接关系到社会的可持续发展和人类的尊严。只有通过建立合理有效的数字伦理原则和机制，我们才能够充分发挥大数据的潜力，推动科技的发展，实现社会的进步。因此，让我们共同努力，共同探索，共同实践，共同推动数字伦理的发展，共创一个更加和谐、公正和可持续的大数据时代。

二、大数据时代数字伦理研究的重要性

（一）保护个人权利

1. 个人数据的价值

在这个大数据时代，个人数据的收集、存储和分析已经成为一种常态。随着互联网的普及和科技的飞速发展，我们的个人信息已经不再是个人秘密，而是变成了一种被广泛获取和利用的资源。在这种情况下，保护个人隐私和权利成为数字伦理中至关重要的议题。

在大数据时代，个人数据已经成为商业、政治和社会活动中的重要资源。通过分析个人数据，企业可以更好地了解消费者的需求和喜好，从而精准推送广告、定制产品和优化服务。政府和社会组织也可以利用个人数据进行社会调查、公共政策制定和风险预警。然而，正是因为个人数据的这种价值，如果被滥用或泄露，将对个人和社会产生严重的影响。

2. 数字伦理的核心

个人数据的滥用和泄露可能导致个人隐私权受到侵犯。在大数据时代，我们的个人数据可能被用来进行个人画像、行为分析和预测，从而暴露个人的生活和行为习惯。如果这些数据被不法分子获取，可能会导致个人隐私被侵犯，甚至被用来进行诈骗、身份盗窃等犯罪活动。此外，个人数据的滥用还可能导致个人权利受到侵犯。例如，通过分析个人数据进行歧视性定价、拒绝服务，甚至是影响个人的就业机会和社会地位。这些行为都会对个人的权利造成严重的损害，甚至进一步加剧社会的不平等现象。

保护个人隐私和权利已经成为数字伦理的核心。我们需要建立健全的法

律和制度框架规范个人数据的收集、存储和使用。这包括明确规定个人数据的所有权、隐私权和权利保护机制，加强个人数据的合法获取和使用的审查和监管。我们需要加强个人数据的安全保护措施。这包括加强数据加密、访问控制、数据备份和灾难恢复等技术手段，以防止个人数据的泄露和滥用。此外，我们还需要加强个人数据的教育和意识提升。通过加强个人数据保护意识和技能培训，使个人更加懂得如何保护自己的隐私和权利，从而共同构建一个安全、可信赖的数字环境。

（二）维护公平性和公正性

1. 数据歧视可能带来的严重后果

在当今大数据时代，数据分析已经成为商业、政治和社会决策的重要工具。然而，随着数据的大规模收集和分析，数据歧视的问题也逐渐浮出水面。数据歧视是指在数据分析过程中，由于数据采集、处理或算法设计的偏见，导致对某些群体或个体进行不公平或歧视性的对待。因此，确保数据分析过程的公平性和公正性成为数字伦理中至关重要的一部分。在数据分析中，如果使用带有偏见的数据、算法或模型，就有可能导致对某些群体或个体的歧视性结果。例如，在金融领域，如果使用包含种族或性别歧视性变量的模型来进行信用评分，就有可能导致对某些群体的不公平对待，甚至是拒绝服务。在就业领域，如果使用歧视性的算法来进行招聘或晋升决策，就有可能导致某些群体的就业机会受到限制。这些行为不仅违反了公平竞争的原则，也可能加剧社会的不平等现象，进一步加深社会的分裂和冲突。

2. 数据歧视的根源

数据歧视的问题并不仅仅是由于数据本身的偏见所导致的，更深层次的原因在于数据采集、处理和算法设计过程中存在的偏见和歧视性思维方式。例如，在数据采集过程中，如果只采集某些特定群体的数据，就可能导致对其他群体的忽视和歧视；在算法设计过程中，如果只考虑某些特定群体的利益和需求，就可能导致对其他群体的不公平对待。因此，要解决数据歧视的问题，我们需要从数据采集、处理到算法设计的整个过程中，都要注意避免偏见和歧视性思维方式的影响，确保数据分析过程的公平性和公正性。

为了确保数据分析过程的公平性和公正性，我们需要采取一系列的措施。第一，我们需要建立严格的数据采集和处理标准，避免歧视性数据的收集和使用。第二，我们需要加强对算法和模型的审查和监管，确保其设计和使用不带有偏见和歧视性。第三，我们需要加强数据分析人员的培训和教育，提高其对数据歧视问题的认识和警惕性。第四，我们需要建立公平竞争和公正监管的制度机制，加强对数据分析过程的监督和评估，及时发现和纠正数据歧视的问题。第五，我们需要加强公众参与和社会监督，提高公众对数据分析过程的关注和参与度，共同维护数据分析过程的公平性和公正性。

第二节　大学生数字隐私保护意识培育

一、强调数据安全措施

随着越来越多的个人信息和敏感数据被存储和传输在互联网上，大学生必须具备保护自己账户和个人数据的能力。这不仅是为了保障他们的个人隐私和安全，也是为了培养他们在未来职业生涯中应对信息安全挑战的意识和能力。

使用强密码是最基本也是最有效的防护措施之一。许多数据泄露和账户被盗事件都源于弱密码或重复使用密码。学生应了解创建强密码的原则，包括使用大小写字母、数字和特殊字符的组合，并避免使用容易猜测的信息（如生日或简单的单词）。此外，学生还应定期更改密码，确保不同账户使用不同的密码，并使用密码管理器来安全地存储和管理这些密码。

多因素认证（MFA）是另一种有效的数据保护措施。MFA通过要求用户提供多种验证信息（如密码加上手机验证码或生物识别信息），显著提高了账户的安全性。即使密码被盗，未经授权的用户仍然无法通过其他验证步骤访问账户。学生应被教导如何设置和使用多因素认证，以及理解其重要性和工作原理，以增强对其账户的保护。

使用安全软件也是保障数据安全的关键。学生应了解防病毒软件、反恶意软件和防火墙的功能和重要性。这些工具可以帮助检测和阻止恶意软件、病毒和网络攻击，保护计算机和数据的安全。定期更新安全软件和操作系统也是重要的防护措施，确保最新的安全补丁和更新能够有效防御新出现的威胁。

培养学生的数据安全意识和良好习惯同样重要。学生应了解常见的网络安全威胁，如网络钓鱼、恶意软件和社交工程攻击，并学会识别和防范这些威胁。例如，不随意点击不明链接或下载未知附件，确保访问的网站是安全的（检查 HTTPS 协议），以及在公共网络环境中避免进行敏感操作（如网上银行或购物）。

在大学教育中，数据安全和隐私保护课程应成为必修内容。通过讲座、工作坊和实际操作练习，学生可以系统地学习和掌握数据安全知识和技能。例如，模拟网络攻击和防御演练可以帮助学生在真实场景中应用所学知识，提高其应对突发安全事件的能力。

二、法律和隐私政策

大学生不仅需要了解技术层面的数据安全措施，还需要掌握相关的法律法规和隐私政策，以维护自己的隐私权利。通过介绍相关法律法规和隐私政策，让学生了解自己的权利和责任，是培养其数字隐私保护意识的重要一环。这种教育不仅能帮助学生在数字环境中保护自己的隐私，还能增强他们在未来职业生涯中应对信息安全和隐私保护挑战的能力。

了解相关的法律法规是保护数字隐私的基础。许多国家和地区都制定了保护个人隐私和数据安全的法律。例如，欧盟的《通用数据保护条例》（GDPR）和美国的《加州消费者隐私法》（CCPA）等法规，都是旨在保护个人数据隐私的重要法律。通过学习这些法律法规，学生可以了解自己的数据隐私权利，包括知情权、访问权、更正权和删除权等。此外，学生还应了解企业和组织在处理个人数据时的责任和义务，如数据收集的合法性、数据处理的透明性和数据保护的措施等。

隐私政策是理解和维护数字隐私的重要工具。隐私政策是企业和组织向用户解释如何收集、使用、存储和保护其个人数据的文件。学生应学会阅读和理解隐私政策，了解在使用数字服务时自己的数据是如何被处理的。例如，在注册新服务或下载应用程序时，学生应仔细阅读隐私政策，明确数据收集的范围、目的和存储期限，以及自己在数据保护方面的权利和选择。

学生还应了解如何在数字环境中保护自己的隐私权利，包括在使用在线服务时采取必要的保护措施，如使用隐私设置、控制数据共享和管理应用权限等。例如，社交媒体平台通常提供多种隐私设置，允许用户控制谁可以看到其个人信息和发布内容。学生应学会配置这些设置，以保护自己的隐私并防止未经授权的访问。

在大学教育中，隐私保护和法律法规课程应成为重要内容。通过讲座、研讨会和实践操作，学生可以系统地学习和掌握数字隐私保护的相关知识。例如，模拟数据泄露事件和法律应对措施，可以帮助学生在真实场景中应用所学知识，提高其应对数字隐私保护挑战的能力。跨学科的教学方法也能帮助学生更全面地理解数字隐私保护的复杂性。例如，在法律、计算机科学和社会学等学科的交叉领域中，探讨隐私保护的技术手段、法律框架和社会影响，可以为学生提供更加全面和多维的视角。

第三节　大学生数字版权意识培育

一、合法获取内容

（一）法律课程设置

在大数据时代背景下，大学法律课程的设置需要与时俱进，以更好地满足学生对数字版权法律法规的需求，并培养他们的数字版权意识。这些课程可以涵盖版权法、专利法、商标法等内容，帮助学生了解数字版权的法律保护范围和限制，从而更好地适应数字环境下的法律需求。针对大数据时代下的大学生，法律课程的设置应该更加贴近实际、更具实用性。传统的法律教育往往偏重于理论知识的传授，而在数字时代，学生更需要掌握实际操作的法律技能，如在数字环境下保护自己的作品版权、合法使用他人的数字内容等。因此，课程设置可以更加注重案例分析、实际操作和案例研究，通过真实案例的讨论和分析，帮助学生理解法律知识在实践中的应用。

大学可以开设专门的法律课程或模块，介绍知识产权法律法规及其在数字环境下的应用。这些课程可以涵盖版权法、专利法、商标法等内容，让学生全面了解数字版权的法律保护范围和限制。例如，可以通过讲授版权法相关知识，让学生了解数字作品的版权保护范围、侵权行为的认定标准，以及数字版权保护的技术手段等；通过讲授专利法相关知识，让学生了解数字技术的专利保护范围、专利权的申请和保护流程等；通过讲授商标法相关知识，让学生了解数字品牌的商标保护范围、商标注册和保护的要求等。通过这些课程的学习，学生可以全面了解数字版权保护的相关法律法规，为他们在实践中保护自己的数字版权提供理论支持。

大学还可以通过开设课程或举办讲座、研讨会等形式，邀请行业专家和法律从业者来校园进行数字版权相关的专题讲解和交流。通过与行业专家的互动，学生可以更加直观地了解数字版权保护的实际情况，了解行业发展趋势和法律政策变化，从而更好地适应数字环境下的法律需求。在法律课程的设置过程中，大学可以结合信息技术、新媒体等专业领域，开设跨学科的课程或项目，促进法律知识与技术应用的融合。例如，可以组织学生开展数字版权保护技术的研究和开发项目，培养学生的技术创新能力和法律意识，为数字版权保护提供更加全面的解决方案。

（二）法律资源分享

在大数据时代，大学生的数字版权意识培养变得尤为重要，而提供学生相关的法律资源和参考资料，则是培养他们自主学习数字版权法律知识的重要手段之一。通过为学生提供丰富的法律资源，可以使他们了解查阅法律文献、法规条款等，从而更好地理解数字版权法律知识，增强对数字版权保护的认识。

大学可以建立数字版权法律资源平台，为学生提供便捷的法律检索和查阅服务。这个平台可以包括各类数字版权相关的法律文献和法规，如《著作权法》《专利法》《商标法》等，以及相关的法律解读、案例分析等资料。通过这个平台，学生可以方便地查阅到最新的法律法规和相关案例，了解数字版权保护的最新动态和实践经验，为他们的学习和研究提供充分支持。

大学可以邀请法律专家和学者开设数字版权法律研究课程或讲座，并将这些课程或讲座的录像或笔记分享给学生。通过听取专家的讲解，学生可以深入了解数字版权法律知识的专业性和复杂性，拓展对数字版权保护的认识，提高自己的法律素养。同时，大学还可以邀请法律从业者来校园举办数字版权法律咨询活动，为学生提供实时的法律咨询和指导服务，帮助他们解决在学习和实践中遇到的法律问题。

大学可以建立数字版权法律研究中心或小组，开展数字版权法律研究项目，并将研究成果分享给学生。这些研究项目可以涉及数字版权法律保护的前沿问题和热点话题，如数字水印技术在版权保护中的应用、数字音乐版权管理的挑战与机遇等。通过参与研究项目，学生可以深入了解数字版权法律保护的最新进展和技术应用，提升自己的研究能力和创新意识。

大学可以组织学生参加法律竞赛和模拟法庭活动，提供相应的案例资料和法律指导，让学生在模拟情境中应用数字版权法律知识，锻炼自己的法律实践能力。这种实践性的学习方式不仅可以加深学生对数字版权法律知识的理解，还可以培养他们的团队合作能力和解决问题的能力，为他们将来从事法律行业或相关领域的职业发展打下坚实的基础。

二、法律知识普及

（一）法律讲座和研讨会

组织法律讲座和研讨会是培养大学生数字版权意识的重要途径之一。通过邀请法律专家或知识产权律师分享数字版权法律知识和案例，学生可以深入了解数字版权法律保护的重要性、法律规定以及维权途径，从而提高他们的法律素养和意识。针对大数据时代下的大学生，法律讲座和研讨会应该着重介绍数字版权法律知识和案例。邀请法律专家或知识产权律师分享最新的数字版权法律法规、相关案例以及实践经验，帮助学生了解数字版权保护的法律框架和实际应用。这些专家可以结合具体的案例进行讲解，向学生展示数字版权侵权行为的特点、法律后果以及维权途径，引导学生认识到数字版权保护的重要性和必要性。

法律讲座和研讨会还可以为学生提供与法律专家或知识产权律师面对面交流的机会。在讲座和研讨会的过程中，学生可以就自己感兴趣或疑惑的问题提问，与专家进行深入的交流和探讨。这种互动有助于学生直观地了解数字版权法律知识，解决疑惑，增强对数字版权保护的认识。同时，这种面对面的交流也有助于建立学生与法律专家之间的联系，为他们将来的学习和职业发展提供更多的支持和机会。

法律讲座和研讨会还可以结合实际案例进行分析和讨论，引导学生深入思考数字版权保护的现状和挑战。通过讲解真实案例，学生可以了解数字版权侵权行为的种类和后果，学习识别和防范侵权行为，提高法律意识和风险防范能力。同时，通过与其他学生进行讨论和交流，可以促进彼此之间的思想碰撞和知识分享，共同探讨数字版权保护的解决方案，为数字版权保护提供更多的思路和建议。

法律讲座和研讨会可以定期举办，形成一个长期稳定的法律学习平台。通过持续不断地组织这样的活动，学校可以让更多的学生接触到数字版权法律知识，增强他们的法律素养和意识。同时，学校还可以根据学生的反馈和需求，不断改进和完善活动内容，提升活动的吸引力和参与度，使之成为学生学习数字版权法律知识的重要途径之一。

（二）引导大学生关注法律动态

引导大学生关注法律动态，尤其是数字版权领域的法律动态和最新法规变化对于提高他们的数字版权意识和法律素养至关重要。学校可以通过课程设置和教学活动引导学生关注数字版权领域的法律动态。在法律课程中，教师可以结合最新的法律案例和法规变化，向学生介绍数字版权保护的最新进展和相关政策。例如，可以讲解最新通过的数字版权相关法案，分析其对数字版权保护的影响和意义；还可以介绍最新的司法判例，解读其中的法律逻辑和裁判原则，帮助学生理解法律的具体应用和实践意义。

学校可以组织相关的法律讲座、研讨会和专题活动，邀请法律专家和知识产权律师分享数字版权领域的最新动态和法律变化。这些活动可以围绕具体的话题展开，如数字版权保护的挑战与机遇、数字版权侵权行为的认定和维权策略等，引导学生深入思考和讨论。通过与专家的交流和互动，学生可以了解更多关于数字版权法律保护的实际情况和解决方案，拓展自己的视野和认识。同时，这种形式的活动也可以激发学生的兴趣和热情，提高他们主动学习的积极性和效果。

学校可以利用信息化技术和网络平台建立数字版权法律信息资源库，定期更新最新的法律法规和相关资讯，为学生提供便捷的法律查询和获取服务。这个资源库可以包括数字版权相关的法律文献、法规条款、法律解读、案例分析等内容，以及法律专家和律师的意见和建议。通过这样的信息资源平台，学生可以随时随地查阅到最新的数字版权法律资料，了解最新的法律动态和变化，为自己的学习和实践提供及时的法律支持和指导。

学校可以组织学生参与数字版权领域的法律实践活动，如模拟法庭、法律竞赛等，让他们在实践中感受数字版权法律知识的应用和实际效果。通过这种形式的活动，学生可以将理论知识转化为实际操作能力，提高自己的法律素养和实践能力。同时，这种实践性的学习方式也可以激发学生对数字版权法律知识的兴趣和热情，促进他们深入学习和探索。

第四节　大学生数字信息辨别能力培育

一、了解信息来源

（一）评估信息来源的可信度

虚假信息包括谣言、假新闻、恶作剧等多种形式，它们在网络上迅速传播，对公众产生误导和影响。谣言是指未经证实或无法证实真实性的消息，通常以口口相传的方式传播，而非经过官方或权威渠道确认。例如，社交媒体上经常出现的关于名人死亡的消息，有时候是不实的，这类消息往往会引起公众的恐慌和误解。假新闻是指故意编造或夸大事实的报道，目的是吸引点击率或达到特定的政治、商业目的。这种信息可能会通过看似正规的新闻网站或社交媒体平台传播，使人们误以为是真实报道。例如，一些虚假健康信息声称某种产品能够治愈某种疾病，引导消费者错误购买。恶作剧信息则是出于幽默或开玩笑的目的编造的信息，有时候可能并非恶意，但也可能导致误解和不必要的恐慌。例如，社交媒体上流传的某些有趣但不实的事件描述，有时候会被误认为真实事件，造成不必要的担忧或混淆。

对大学生来说，培养识别虚假信息的能力至关重要。首先，他们应该学会验证信息的来源和发布者的可靠性。如检查信息是否来自可信的新闻机构或权威的学术研究，从而避免被假新闻误导。其次，学生应该学会分析信息的内容和背景。询问是否有其他独立报道或数据支持，以及作者是否具有相关专业知识和经验，这些是评估信息真实性的重要步骤。

大学生还应该注重信息的逻辑和合理性。虚假信息往往会忽略逻辑连贯性或者基本事实，因此学生需要培养批判性思维，不轻信未经验证的内容。最后，持续提升数字信息辨别能力需要通过实践和经验积累，参与讨论、撰写论文和参与研究项目可以逐步提升对虚假信息的辨别能力和批判思维水平。

（二）识别权威和专家

识别权威和专家需要具备一定的方法论。大学生需要学会分析和评估作者的学术背景和资质。例如，通过学术搜索引擎、专业期刊和学术社区获取其教育背景、研究领域、经验和贡献等信息，以确认作者的权威性和专业知识。

了解专家的研究成果和贡献是识别权威的关键，学生可以通过阅读专家的研究论文、著作或者参与的项目来了解其在该领域的学术地位和影响力。评估专家的研究方法、数据分析以及结论是否符合学术标准，可以帮助学生判断其研究的科学性和可信度。

学生还应该关注专家在学术界和社会上的认可度和影响力，包括他们在学术会议上的演讲、获得的奖项与荣誉，以及在媒体或公众平台上的讨论和引用情况。这些是评估专家学术地位和影响力的重要指标，有助于学生更全面地了解其在领域内的地位。

在培养数字信息辨别能力的过程中，需要注重实践和反思。学生可以通过参与学术讨论、撰写论文或研究项目，逐步提升识别权威和专家的能力。同时，引导学生发展批判性思维，学会对不同观点和数据进行分析和比较，能够更加客观地评估专家的研究成果和观点。

二、识别虚假信息

虚假信息往往具有一些特征和模式，学生可以通过学习和实践提升辨别能力，从而更有效地保护自己免受误导和欺骗。

夸大其词是识别虚假信息的一个关键特征。虚假信息往往会使用过分夸张或极端的措辞来吸引注意，例如使用绝对化的形容词或副词，以增强信息的感染力和吸引力。学生应该警惕这类信息，思考其是否存在逻辑上的合理性和客观性。情绪化语言也是虚假信息的一种标志。虚假信息通常会利用情绪化的语言，激发读者的情感反应，而不是通过客观的事实和数据说服人们。这种信息往往强调情感上的共鸣，忽略了理性和客观性。

缺乏来源或来源不明确也是识别虚假信息的一个重要特征。真实的信息通常会清楚地标明来源，提供可验证的数据和事实支持。相比之下，虚假信息会缺乏具体的来源，或者引用不明确、无法查证的数据和背景。学生在阅读和分享信息时，应该优先选择来自可靠和权威来源的信息。信息的一致性和逻辑性也是识别虚假信息的重要依据。真实的信息通常会在不同来源和独立报道中保持一致性，而虚假信息可能会存在自相矛盾或逻辑不连贯的地方。学生可以通过对比多个独立的报道和分析信息的内在逻辑判断其真实性和可信度。时效性和原创性也是辨别虚假信息的关键因素。虚假信息通常会追求点击率和传播效果，因此可能会缺乏实时性和原创性，或者仅仅是对已有信息的简单重复和扭曲。学生在处理新闻和社交媒体上的信息时，应该注意信息的发布时间和其是否有独特的新见解或数据支持。

第七章　大数据时代下大学生数字安全素养培育

第一节　大数据时代数字安全概念及其重要性

一、大数据时代数字安全的概念

在当今大数据时代，数字安全已成为企业和个人必须高度重视的重要议题。这是因为大数据的存储、处理和传输所涉及的海量信息，不仅包含了机密性的商业数据，还可能涉及个人隐私等敏感信息。因此，保护这些数据，使其免受恶意攻击，数据泄露和其他安全威胁的侵害，已成为数字安全的首要任务。大数据时代的数字安全挑战来自多个方面。大数据的规模庞大，使得数据存储和处理成为庞大的系统工程，其复杂性增加了安全风险。大数据的跨平台、跨网络传输，增加了数据在传输过程中被窃取或篡改的风险。大数据时代的网络攻击手段日益复杂，黑客利用先进的技术和工具网络入侵、进行勒索，对数字安全构成了严重威胁。

二、大数据时代数字安全研究的重要性

（一）商业利益保护

在当今数字化的商业环境中，大数据扮演着越来越重要的角色。企业利

用大数据分析进行市场营销、客户服务、产品研发等，从而获得竞争优势和商业价值。然而，随着大数据的广泛应用，企业面临着网络攻击和数据泄露的风险，这将严重损害其商业利益和品牌声誉。因此，保护商业利益成了企业在大数据时代面临的重要挑战之一。大数据系统的安全性至关重要。大数据系统包含了大量的敏感信息，如客户数据、商业机密等，一旦泄露或遭受攻击，将对企业造成严重的损失。因此，企业需要采取有效的安全措施，保护其大数据系统，使其免受攻击和泄露的威胁。这包括加强数字安全防护，建立完善的数据加密和访问控制机制，定期进行安全漏洞扫描和修复，加强员工的安全意识培训等措施，以确保大数据系统的安全性和稳定性。

数据隐私保护是保护商业利益的重要组成部分。在大数据时代，企业收集了大量的用户数据，但也面临着用户数据隐私泄露的风险。一旦用户数据被不法分子获取或滥用，将对企业的商业利益和品牌声誉造成严重影响。因此，企业需要加强对用户数据的保护，遵守相关的数据保护法规和标准，加强数据加密和匿名化处理，建立健全的用户隐私保护机制，保护用户数据的安全和隐私。企业还需要关注商业机密保护。在大数据时代，企业拥有大量的商业机密信息，如产品设计方案、营销策略、客户清单等，这些信息对企业的竞争优势至关重要。一旦商业机密信息遭受泄露，将对企业的商业利益造成严重影响。因此，企业需要加强对商业机密信息的保护，采取有效措施防止其泄露，包括建立完善的机密信息管理制度，加强员工的保密意识培训，实施数据加密和访问控制等措施，以确保商业机密信息的安全性和保密性。企业需要关注品牌声誉的保护。在大数据时代，企业的品牌声誉对其商业利益至关重要，一旦品牌声誉受损，将影响企业的市场地位和客户信任度。因此，企业需要加强对品牌声誉的保护，建立健全的品牌形象管理机制，提高对外沟通和危机处理能力，及时回应和处理负面事件和舆情，以维护企业的品牌声誉和商业利益。

（二）社会稳定维护

在大数据时代，数字安全问题不仅仅影响个人和企业，还涉及国家安全和社会稳定。网络攻击、数据泄露等安全事件可能导致社会混乱和经济损失，甚至带来政治、军事等重大风险。因此，数字安全在维护社会稳定方面具有极其重要的意义。数字安全问题直接影响国家安全。在大数据时代，国家的重要信息和基础设施的控制系统都储存在网络上，包括政府机构的机密文件，金融机构的交易数据，能源、交通等重要基础设施的控制系统等。如果这些关键信息泄露或遭受网络攻击，将对国家的政治稳定和经济发展造成严重影响，甚至危及国家的安全。因此，保障数字安全对于维护国家安全至关重要。

数字安全问题影响经济发展和社会稳定。随着互联网的普及和大数据技术的发展，网络已经成为经济社会的重要基础设施之一，对经济发展和社会运行起着至关重要的作用。然而，网络攻击、数据泄露等安全事件可能导致企业信息泄露、金融欺诈、电子商务诈骗等问题，进而影响企业的正常经营和社会的稳定运行。因此，保障数字安全对于维护经济发展和社会稳定具有重要意义。数字安全问题还可能带来政治、军事等重大风险。在国际关系中，网络攻击已经成为各国之间进行政治、军事斗争的一种重要手段。如果某个国家的关键基础设施系统遭受网络攻击，可能会导致政治、军事冲突的爆发，进而影响国际关系的稳定与和平。因此，保障数字安全不仅关乎到国家的政治安全，而且关系到国际社会的和平与安全。数字安全问题还会对社会产生深远的影响。随着大数据技术的广泛应用，人们的生活已经离不开互联网和数字化信息。如果数字安全问题得不到有效解决，可能会导致人们的个人信息泄露、隐私受侵犯，进而影响社会的信任度与和谐稳定。因此，保障数字安全对于维护社会稳定和人民幸福具有重要意义。

第二节　大学生网络威胁识别与应对能力培育

一、大学生网络威胁识别能力培育

（一）网络安全课程

在大数据时代，网络安全问题日益突出，对个人、企业乃至整个社会都构成了严重威胁。为了培养大学生对网络威胁的识别能力，大学可以开设网络安全相关课程。这些课程旨在教授学生识别各种网络威胁的方法和技巧，包括常见的网络攻击类型、入侵手段以及防范策略等内容。通过这样的课程，大学生将能够提高对网络安全问题的认识，提升自身的网络威胁识别能力，为应对日益复杂的网络安全挑战做好准备。网络安全课程可以系统介绍各种常见的网络攻击类型，这些攻击类型包括但不限于网络钓鱼、恶意软件、拒绝服务攻击（DDoS）、SQL 注入、跨站脚本攻击（XSS）、社会工程等。通过学习这些攻击类型，学生可以了解到不同类型攻击的原理、特点以及可能造成的危害，从而更好地认识到网络威胁的严重性和复杂性。网络安全课程可以介绍各种网络威胁的入侵手段。学生将学习到攻击者是如何利用漏洞、弱密码、社会工程等手段对网络系统进行入侵的。通过了解入侵手段，学生可以更好地认识到网络安全防护的重要性，以及如何加强对自身网络系统的保护。

网络安全课程还可以探讨网络威胁的防范策略。学生将学习到如何通过加密技术、访问控制、漏洞修复、安全审计等手段来加强网络安全防护。同时，学生还将学习到如何树立安全意识，提高对网络安全问题的警惕性，及时发现和应对潜在的网络威胁。除了理论学习，网络安全课程还应该注重实践教学。通过实践教学，学生将有机会参与模拟网络攻击和防御演练，锻炼自己的实际操作能力和应对紧急情况的能力。这种实践性的学习方式不仅能够加深学生对网络安全知识的理解和掌握，还能够培养他们的团队合作精神和解决问题的能力。网络安全课程还应该与行业实践相结合，邀请网络安全专家和从业者来开展专题讲座，进行案例分析。通过与行业专家进行交流和互动，学生将了解到网络安全领域的最新发展趋势，掌握实践技能和应用技巧，为将来从事网络安全相关职业打下良好的基础。

（二）社交工程和网络钓鱼识别

在今天高度数字化和互联网普及的环境中，大学生面临着各种网络威胁，特别是社交工程和网络钓鱼攻击，这些攻击往往通过欺骗手段获取个人信息或导致安全漏洞。社交工程攻击是指攻击者利用社交工具和人类心理弱点，诱使个人泄露敏感信息或执行恶意操作的一种手段。教育学生识别和应对这类攻击至关重要。例如，学生应警惕收到的电子邮件、社交媒体消息或即时通信中的异常请求，尤其是涉及个人身份信息、账户凭证或金融信息的请求。他们应当学会通过验证发件人的身份、核实请求的合法性，避免被欺骗泄露个人敏感信息。网络钓鱼攻击是通过伪装成合法和可信源头的信息，诱使受害者点击恶意链接或下载恶意附件，从而感染电脑或泄露个人信息。学生应学会辨别和避免这类攻击。例如，他们应注意检查链接的真实性，避免点击来历不明的链接；在下载附件前，确保附件的发送者和内容可信，并使用安全软件检测潜在的恶意文件。

教育学生评估信息的真实性和来源的可信度也是识别虚假信息和网络威胁的重要一环。学生应学会查看消息的语法和拼写错误、检查消息中是否有不寻常的请求或承诺，以及核实信息发布者的身份和信息来源的信誉度。例如，他们可以查看消息的发布时间和平台，判断信息是否过时或来源不可靠。在大学教育中，网络威胁识别能力应作为信息素养教育的重要内容。通过案例分析、模拟演练和实际操作，学生可以系统地学习和掌握如何识别和应对各种网络威胁。例如，模拟社交工程攻击的情景，让学生分析攻击者的策略和手段，并学会有效应对；或者通过模拟网络钓鱼攻击的电子邮件，让学生分辨真实和虚假信息，提高他们的警惕性和应变能力。跨学科的教学方法也能帮助学生更全面地理解网络威胁的复杂性。例如，在计算机科学、心理学和法律等学科的交叉领域中，探讨网络攻击的技术手段、心理诱因和法律后果，可以为学生提供更广泛和深入的知识视角，提高他们对网络威胁的应对能力。

二、大学生网络威胁应对能力培育

随着网络技术的飞速发展和大数据的广泛应用，网络威胁已经成为一个不可忽视的问题，对个人、企业甚至整个社会都构成了严重威胁。为了培养大学生在这个数字化时代的网络威胁识别能力，需要加强他们的安全意识培训，教育他们识别和防范各种网络威胁，包括辨别钓鱼邮件、避免点击恶意链接、保护个人隐私等方面的培训，帮助学生提高警惕性。安全意识培训应该重点介绍各种常见的网络威胁类型。这包括网络钓鱼、恶意软件、社会工程等常见的网络攻击手段。通过介绍这些网络威胁类型，学生可以了解到不同类型攻击的特点、危害以及防范策略，从而提高他们对网络威胁的认识和警惕性。

安全意识培训应该教育学生辨别和防范网络威胁。学生将学习到识别钓鱼邮件、避免点击恶意链接、下载安全软件、定期更新系统补丁等防范措施。通过这样的培训，学生可以提高自己的网络安全意识和防范能力，降低成为网络攻击目标的风险。安全意识培训还应该加强学生对个人隐私保护的重视。在大数据时代，个人隐私泄露已经成为一个普遍存在的问题，对个人的生活和权益造成了严重影响。因此，安全意识培训应该教育学生保护个人隐私，包括设置复杂密码、定期更改密码、不轻易泄露个人信息等方面的知识和技能。通过这样的培训，学生可以提高对个人隐私保护的重视程度，有效防范个人隐私泄露的风险。安全意识培训还应该强调持续学习和更新知识的重要性。网络威胁是一个不断演变的过程，新的攻击手段和技术层出不穷。因此，学生需要不断学习和更新网络安全知识，保持对新型网络威胁的了解和认识。只有这样，他们才能及时应对不断出现的网络威胁，保护自己的网络安全。

第三节　大学生数字隐私保护能力培育

一、隐私意识培训

大学生应该意识到使用公共网络存在的风险。公共网络通常是指在公共场所如咖啡厅、图书馆、机场等提供的无线网络，这些网络往往没有经过严格的安全加密和保护措施，容易受到黑客攻击或窃听。在这样的网络环境下，个人的隐私数据很容易被不法分子窃取或篡改，造成严重的后果。学生应该学会在使用公共网络时保护个人隐私。他们应该避免在不安全的网络环境下进行涉及个人隐私的操作，如登录个人账户、进行网上支付、填写个人资料等。特别是在进行敏感操作时，应该尽量避免使用公共网络，以免个人隐私泄露。

学生还可以通过使用加密技术或虚拟专用网络（VPN）来保护数据传输的安全性。加密技术可以将数据进行加密处理，在传输过程中有效防止数据被窃取或篡改。而虚拟专用网络（VPN）则可以在公共网络上建立一条加密通道，让用户的网络流量通过安全的隧道进行传输，有效保护用户的隐私数据。除了个人防范措施，学校也可以通过加强网络安全教育，提高学生的网络安全意识和防范能力。学校可以组织网络安全讲座、举办网络安全培训活动，向学生介绍网络安全的重要性、常见的网络威胁以及防范措施。通过这样的教育活动，学生可以更加深入地了解网络安全知识，提高对网络隐私保护的重视程度，从而更加自觉地保护个人隐私。学生应该养成良好的网络安全习惯。他们应该定期更新操作系统和安全软件，及时修补漏洞，加强网络安全防护。还应该定期清理浏览器缓存、历史记录等个人信息，避免留下信息轨迹。这样可以有效降低个人隐私泄露的风险，保护自己的网络隐私安全。

二、数据保护教育

（一）强调数据价值和敏感性

在大数据时代，个人数据已经成为一种极具价值和敏感性的资产，包括个人身份信息、金融信息、健康信息等。学生需要深刻意识到这些数据的重要性，以及一旦泄露或被滥用可能导致的严重后果，如身份盗用、财产损失等。个人数据的价值不可估量。在大数据时代，个人数据已成为企业和机构进行精准营销、产品定制、风险评估等方面的重要依据。通过分析和挖掘个人数据，企业可以了解用户的喜好、购买习惯、健康状况等信息，从而更好地满足用户需求，提高服务质量。因此，个人数据不仅对企业具有重要价值，而且对个人自身具有重要意义，学生应该珍惜和保护自己的个人数据。

学生需要高度重视个人数据的敏感性。个人数据包括姓名、身份号码、银行账号、健康状况等极具敏感性的信息，一旦泄露或被滥用，就可能导致严重的后果。比如个人身份信息一旦被盗用，就可能导致身份盗用、财产损失等后果；金融信息一旦泄露，就可能导致资金被盗取或账户被恶意操作；健康信息一旦被滥用，就可能导致个人隐私曝光或健康状况被他人知晓。因此，学生需要重视个人数据的敏感性，谨慎对待个人数据的收集、使用和传输。除了加强个人数据保护意识，学生还可以通过一些措施来提高网络隐私保护能力。他们可以加强对个人数据的保护和管理，避免将个人敏感信息随意泄露给不信任的第三方，合理设置个人隐私信息，定期更新密码，加强账户安全保护。学生还可以学习和使用一些网络安全工具和技术，如加密技术、虚拟专用网络（VPN）、防火墙等，保护个人数据传输和通信的安全性。此外，学生可以通过学习和了解网络安全法律法规来维护自己的合法权益。

（二）安全数据存储和传输

安全数据存储和传输对于大学生在大数据时代下的网络隐私保护能力培养至关重要。学生需要了解如何安全地存储和传输个人数据，以避免数据泄露和被滥用的风险。在传输和存储个人数据时存在着诸多安全风险，包括数据被窃听、篡改或意外丢失等风险。因此，学生应该学会采取相应的安全措施，保护数据的安全性。学生可以使用加密技术来保护数据，使之安全传输。加密技术是一种将数据进行加密处理，以确保数据在传输过程中不被窃听或篡改的方法。学生可以通过使用 SSL/TLS 等安全连接协议来加密网络通信，确保数据在传输过程中的安全性。此外，他们还可以使用端到端加密的通信应用，如 Signal、WhatsApp 等，确保消息在传输过程中的安全性。通过使用加密技术，学生可以有效保护个人数据在传输过程中的安全性，防止数据被不法分子窃取或篡改。

学生应该选择安全可靠的存储设备来存储个人数据。在选择存储设备时，他们应该优先考虑安全性和可靠性，选择具有加密功能和密码保护功能的存储设备。此外，他们应该定期备份数据，以防止数据意外丢失或损坏。在存储个人数据时，学生应该注意保护存储设备的物理安全，避免随意丢弃或遗失存储设备，以免数据被他人获取或滥用。学生还可以通过使用虚拟专用网络（VPN）来保护数据传输的安全性。VPN 是一种通过在公共网络上建立加密通道来保护用户数据传输安全的技术。学生可以通过使用 VPN 来加密数据传输通道，防止数据被窃取或篡改。此外，VPN 可以隐藏用户的真实 IP 地址，提高用户的网络匿名性，保护个人隐私。因此，学生可以考虑在使用公共网络或不信任的网络时，使用 VPN 来保护数据传输的安全性。除了以上措施，学生还可以通过增强网络安全意识和学习网络安全知识，提高自己的网络隐私保护能力。学生可以参加网络安全培训活动、学习网络安全课程，了解网络安全的基本原理和常见威胁，掌握网络隐私保护的技能和方法。通过增强网络安全意识和学习网络安全知识，学生可以更好地保护个人数据的安全性，防范数据泄露和被滥用的风险。

第四节　大学生数字安全风险防范意识培育

一、安全文化建设

（一）安全意识月

1. 安全讲座

开展安全意识月活动是提高大学生网络安全风险防范意识的一种有效举措。在活动期间，学校可以通过安排安全讲座、举办安全知识竞赛、发布安全宣传海报等方式，持续提升学生的网络安全意识，帮助他们更好地了解网络安全风险并采取相应的防范措施。安全讲座是提高学生网络安全意识的重要途径之一。学校可以邀请网络安全专家或行业从业者来校园进行安全讲座，向学生介绍当前网络安全形势、常见网络威胁和防范措施等内容。通过讲座，学生可以了解到网络安全的重要性，认识到网络安全风险的存在，并学习到如何保护自己的网络安全。举办安全知识竞赛可以提高学生对网络安全知识的了解和掌握度。学校可以组织网络安全知识竞赛，设置包括网络安全基础知识、网络诈骗防范、密码安全、隐私保护等方面的题目，让学生通过比赛的形式检验自己的网络安全知识水平。通过参加竞赛，学生不仅可以提高对网络安全知识的理解和掌握度，还可以培养团队合作精神和解决问题的能力。

2. 发布安全宣传海报

学校可以制作网络安全宣传海报，宣传海报应包括网络安全常识、防范网络诈骗、保护个人隐私等内容，然后在校园各处进行张贴和展示。通过宣传海报，学生可以随时随地接触到网络安全知识，提高对网络安全风险的认识和警惕。除了以上活动，安全意识月还可以包括网络安全主题的讲座、研讨会、专题讲座等形式，为学生提供更多深入了解网络安全的机会。学校还可以组织网络安全日活动，号召全校师生一起关注网络安全问题，共同致力于网络安全建设。通过这些丰富多样的活动，学校可以持续提升学生的网络安全意识，帮助他们更好地应对网络安全风险，保护个人隐私和信息安全。在大数据时代下，网络安全风险日益严峻，学校有责任和义务加强学生的网络安全教育和培训，提高他们的网络安全意识和防范能力。通过开展安全意识月活动，学校可以将网络安全教育贯穿于整个月份，为学生提供丰富多彩的学习和交流平台，促进学生更好地理解和掌握网络安全知识，有效应对网络安全风险，确保个人隐私和信息安全。

（二）校园网络安全监测

在大数据时代，校园网络面临着各种安全风险和威胁，如网络攻击、数据泄露、恶意软件等，因此建立能及时发现和应对网络安全风险的监测机制至关重要。学校可以配备专业的网络安全团队或委托第三方机构进行安全监测和评估，以保障校园网络的安全稳定，提高大学生网络安全风险防范意识。建立校园网络安全团队是保障校园网络安全的重要一环。学校可以组建由网络安全专家和技术人员组成的网络安全团队，负责监测、评估和应对校园网络安全事件。网络安全团队可以定期对校园网络进行安全检查和漏洞扫描，及时发现网络安全隐患，并采取相应的安全措施加以解决。此外，网络安全团队可以制定网络安全政策和规范，加强对学生、教职员工的网络安全培训和教育，提高他们的网络安全意识和防范能力。

学校可以委托第三方机构进行校园网络安全监测和评估。第三方机构通常具有丰富的网络安全经验和专业技术，可以为学校提供更全面和专业的网络安全服务。他们可以对校园网络进行全面的安全评估和风险分析，发现网络安全隐患，并提出相应的改进建议和解决方案。通过委托第三方机构进行网络安全监测和评估，学校可以及时了解校园网络的安全状况，有效提高网络安全防范能力。学校还可以采用网络安全监测软件和工具来加强对校园网络的监控和管理。网络安全监测软件和工具可以实时监测校园网络的运行状态和流量情况，及时发现异常行为和安全事件，并采取相应的应对措施。通过使用网络安全监测软件和工具，学校可以有效提高对校园网络的管理和控制能力，保障校园网络的安全稳定。

二、基础知识教育

（一）数字安全的重要性

数字安全在今天的信息化社会中变得至关重要，它直接关系到个人隐私和数据安全。随着互联网的普及和技术的发展，个人的敏感信息如身份号码、银行账户、社交媒体账号等在网络上的传输和存储变得日益频繁，因此数字安全问题愈加突出和紧迫。个人隐私的保护是数字安全的核心内容之一。在网络上，个人的各种活动轨迹和信息数据会被记录、分析和利用。若缺乏有效的数字安全措施，个人的隐私可能会被泄露或滥用，对个人造成极大的财产和心理损失。例如，不法分子可以通过技术手段盗取个人银行账户信息，导致个人资金被盗或身份被冒用，影响个人的经济安全和社会信任。数字安全关乎个人数据的安全性。个人数据如健康信息、学术研究成果等在数字化时代大量生成和流动，这些数据的泄露不仅会导致个人隐私泄露，还可能对个人的学术和职业生涯造成深远影响。在学术领域，科研数据和论文成果的保护关乎学术诚信和成果的长期价值。在职业生涯中，个人的职业背景、工作经历和专业技能等信息的保护与安全，直接影响个人的职业发展和竞争力。

针对大学生，数字安全的重要性更加突出。大学生处于信息获取和交流的高峰期，频繁使用网络和社交平台。然而，缺乏数字安全意识和防范措施的大学生更容易成为网络诈骗和信息泄露的目标。因此，大学生应该重视数字安全教育，学习安全地管理个人信息、选择强密码、避免点击可疑链接以及定期更新软件和防病毒程序等基本的安全操作。这不仅能有效保护个人隐私和数据安全，还能够为未来的学术和职业生涯奠定坚实的基础。

（二）防病毒软件和防火墙

防病毒软件的主要作用是检测、预防和消除计算机病毒及其他恶意软件。它通过扫描系统文件、电子邮件和下载内容来识别和隔离潜在威胁，从而防止病毒感染和数据丢失。防火墙则是一个网络安全系统，负责监测和控制进出网络的数据流量。它可以阻止未经授权的访问，防止黑客攻击，并保护用户隐私和数据安全。为了增强大学生的数字安全风险防范意识，了解选择、安装和定期更新这些安全工具是至关重要的。选择合适的防病毒软件和防火墙时，学生应考虑其可靠性、用户评价和功能特点。市面上有许多优秀的防病毒软件，如卡巴斯基、诺顿和迈克菲，它们能提供全面的防护功能和定期更新服务。在防火墙方面，Windows 内置的防火墙已满足大多数家庭和校园网络的需求，高级用户可以选择更专业的防火墙软件，如 ZoneAlarm 或 Comodo。

安装防病毒软件和防火墙后，定期更新是确保其有效性的关键。由于病毒和恶意软件不断更新，防病毒软件和防火墙的数据库也需要及时更新，以应对最新的威胁。大多数防病毒软件和防火墙提供自动更新功能，学生只需确保该功能开启，并定期检查软件的更新状态即可。大学生应养成良好的网络安全习惯，如避免点击不明链接、下载未知附件、定期备份重要数据等。通过这些措施，大学生可以有效地防范数字安全风险，保护个人信息和学术成果。培养大学生的数字安全风险防范意识，不仅有助于个人数据安全，而且能保障整个校园网络安全。

第八章　大数据时代下大学生社交媒体素养培育

第一节　大数据时代社交媒体概念及其影响

一、大数据时代社交媒体概念

在大数据时代，社交媒体扮演着至关重要的角色。社交媒体是指在线平台和工具，可以使用户创建、分享和交流内容，以及建立和维护社交关系。这些平台包括但不限于 Facebook、Twitter、Instagram、Linked In、YouTube、微博、抖音等。社交媒体改变了人们的社交方式和信息获取途径。通过社交媒体，用户可以与朋友、家人和同事保持联系，分享生活中的点滴，表达自己的观点和情感。同时，社交媒体成了获取新闻资讯、参与话题讨论和表达意见的重要平台，对社会舆论和公共话题的形成和传播起着重要作用。

二、大数据时代社交媒体的影响

（一）个人和社会影响

在大数据时代，社交媒体平台收集大量用户数据已成为日常现象。这些数据包括个人喜好、行为习惯等敏感信息被用来个性化推荐内容、定位广告和分析用户行为趋势。然而，这种数据收集也带来了一系列潜在风险和影响，特别是对社交媒体用户及整个社会的影响。社交媒体平台的数据收集可能导致用户隐私泄露和个人信息被滥用的风险增加。个人数据的广泛收集和存储使得用户的隐私面临更大的威胁，尤其是当这些数据被未经授权的第三方获取或不当使用时。这种情况引起广泛的公众关注和法律监管，强调保护个人隐私的重要性，推动了一系列隐私保护法规的出台和执行。大数据技术使得社交媒体用户面对海量信息，需要具备过滤和理解信息真实性和价值的能力。社交媒体平台上信息的数量和多样性给用户带来了信息过载的风险，用户往往面临选择困难和信息质量参差不齐的挑战。因此，培养用户在信息泛滥环境中的信息素养和批判性思维显得尤为重要，以帮助他们有效评估信息的来源、可信度和意图。

社交媒体平台利用大数据技术进行个性化推荐和定位广告，进一步塑造了用户的信息获取和消费习惯。虽然个性化推荐可以提升用户体验和满意度，但也可能导致信息范围的狭窄和信息获取的偏差，减少用户接触多样信息的机会，从而影响用户的信息获取和世界观形成过程。社交媒体平台在大数据时代的影响不仅限于个人用户，还涉及整个社会的信息传播和社会互动方式。社交媒体作为信息传播的重要渠道和公共舆论的塑造者，其上发布的信息对社会舆论、政治决策甚至经济走向都可能产生重大影响。因此，对社交媒体平台的监管和责任追求也成为社会管理和政策制定的重要议题，以确保信息的公正性、客观性。

（二）商业和市场影响

基于大数据分析的社交媒体广告不仅能更精准地定位目标群体，提高广告效果和投资回报率，还能帮助企业深入了解消费者的喜好和购买行为，从而调整营销策略和产品定位。社交媒体平台通过其庞大的用户群体和精确的数据分析能力，为企业提供了一个有效的广告投放平台。通过大数据分析，社交媒体平台可以深入挖掘用户的兴趣、偏好、行为习惯等信息，从而精准地定位目标受众。例如，利用用户的浏览历史、点赞和分享行为、社交互动等数据，平台能够为企业精确选择合适的广告展示位置和时间，提高广告的曝光率和点击率。

大数据分析不仅帮助企业提高广告投放的精准度，还能够深入洞察消费者的行为和心理。通过分析社交媒体上用户的互动和反馈，企业可以了解消费者的购买决策过程、产品偏好和消费习惯。这些数据为企业制定更有效的营销策略提供了有力支持，包括产品定位的调整、广告内容的优化以及客户关系的管理。社交媒体大数据分析还能够帮助企业实时监测市场趋势和竞争动态。通过分析社交媒体上关于竞争对手的评论和用户反馈，企业可以及时调整自己的市场策略和产品策略，保持竞争优势。这种实时性的市场情报和竞争情报对企业的决策制定和业务运营具有重要意义。然而，社交媒体大数据分析技术的发展和应用，也带来了一些挑战和问题。例如，用户隐私保护和数据安全成了重要的议题，社交媒体平台和企业需要在获取和使用用户数据时严格遵守相关法律法规，确保用户信息的合法性和安全性。

第二节 大学生社交媒体使用规范与技巧培育

一、大学生社交媒体使用规范培育

（一）制定学校规章制度

在大数据时代，学校需要认识到社交媒体对学生行为和学校形象的影响，并制定相应的规范和准则，引导学生正确、健康地利用社交媒体，保护个人隐私、维护校园秩序和社会公德。学校规章制度应明确学生在社交媒体上的行为准则。这包括言论自由、言行规范、信息真实性、版权保护等方面的规定。学生应意识到自己在社交媒体上的一举一动都代表着学校和自己，应该避免发布不良言论、歧视性言论、攻击性言论等，不传播谣言和不实信息，不侵犯他人的合法权益和隐私，不侵犯他人的知识产权和版权等。学校规章制度应明确学生在校园内外使用社交媒体的时间和方式。学生在课堂、图书馆等公共场所应该避免使用社交媒体，以免影响他人学习和工作。在校园外，学生也应该注意适当控制社交媒体的使用时间，避免沉迷于虚拟世界，影响到现实生活和学业。

　　学校规章制度还应强调学生尊重他人的意见和权利。学生在社交媒体上进行讨论和交流时，应该保持理性，不攻击他人、不侮辱他人、不歧视他人。学生应该学会倾听他人的意见和观点，尊重多样性和包容性，避免引发不必要的纷争和矛盾。学校规章制度还应指导学生保护个人隐私和信息安全。学生在使用社交媒体时应该注意个人隐私和信息安全，不随意透露个人隐私信息，不参与网络暴力和人肉搜索，不轻易相信陌生人的信息和链接，避免个人信息被泄露和滥用。学校规章制度应明确对违反规定人员的处罚和纪律处分。对于违反社交媒体使用规范的学生，学校应该给予相应的警告、处罚或纪律处分，以维护校园秩序和社会公德，促进学生健康成长和全面发展。

（二）开设相关课程

　　在大数据时代，社交媒体已经成为人们日常生活中不可或缺的一部分，然而，随之而来的是对个人隐私、信息安全和社交规范等方面的挑战。为了帮助大学生更好地应对这些挑战，学校可以开设相关课程，教导学生正确使用社交媒体，保护个人信息和隐私。学校可以开设名为"社交媒体与网络素养"的课程，旨在向学生介绍社交媒体的基本概念、发展历程、使用规范等内容。通过这门课程，学生可以了解不同类型的社交媒体平台，掌握社交媒体的基本功能和使用技巧，树立正确的社交媒体使用意识。学校还可以将社交媒体相关内容融入现有的课程中，如心理学、法律、传媒学等专业课程。在心理学课程中，可以讨论社交媒体对个人心理健康的影响；在法律课程中，可以介绍社交媒体使用中涉及的法律法规和相关案例；在传媒学课程中，可以分析社交媒体对新闻传播和舆论导向的影响等。将社交媒体相关内容融入不同的课程中，可以帮助学生从多个角度理解社交媒体的重要性和影响。

学校还可以邀请社交媒体专家或从业者来开展专题讲座或工作坊，向学生介绍社交媒体的最新发展趋势、使用技巧和安全防范措施。通过与专业人士的互动交流，学生可以获取更加权威和实用的社交媒体知识，提升自己的社交媒体素养和应对能力。除了课堂教学，学校还可以组织关于社交媒体使用规范的实践活动，如编写社交媒体使用守则、举办社交媒体安全知识竞赛等。通过这些实践活动，学生可以将课堂所学知识应用到实际生活中，培养自己的社交媒体使用规范意识和实践能力。学校还可以通过网络课程平台或在线学习资源，提供社交媒体使用规范相关的在线课程或学习资料，让学生可以随时随地学习和提升自己的社交媒体素养。这种灵活的学习方式可以满足不同学生的学习需求，帮助他们更好地适应大数据时代下社交媒体的发展和应用。

二、大学生社交媒体使用技巧培育

（一）优质内容创作

在大数据时代，社交媒体已经成为人们生活中不可或缺的一部分，创作优质内容则是在社交媒体上吸引关注、提高影响力的重要途径之一。因此，学校应该着重培养学生创作优质内容的能力，包括文字、图片、视频等形式，使他们能够在社交媒体上创作具有吸引力、独特性和分享性的内容，引起用户的兴趣和共鸣。学校可以通过课程设置和教学活动，引导学生了解优质内容。这包括内容的独特性、原创性、有价值性等方面。学生需要学会发现和挖掘身边的故事和资源，将自己的观点、经验、见解等转化为具有吸引力和价值的内容。学校可以通过实践性教学活动，培养学生创作优质内容的技能。例如，组织写作工作坊、摄影比赛、视频制作比赛等活动，让学生亲身体验内容创作的过程，学习写作技巧、拍摄技巧、剪辑技巧等，提升自己的创作水平和技能。

学校还可以邀请社交媒体平台的优秀内容创作者或行业专家来开展讲座

或分享经验，向学生介绍创作优质内容的方法和技巧。通过与优秀创作者的互动交流，学生可以了解行业动态和发展趋势，获取实用的创作经验和技能，提升自己的创作水平和竞争力。除了创作技巧，学校还应该注重学生的内容策略和营销能力培养。学生需要学会规划和管理自己的内容，了解目标受众的需求和兴趣，制定适合自己的内容策略，提升内容的传播效果和影响力。此外，学生还需要学会在社交媒体上进行内容推广和营销，吸引更多的粉丝，提升自己在社交媒体上的影响力和知名度。学校可以通过实践性项目或社团组织等途径，为学生提供展示和实践的平台。例如，学校可以设立学生创意工作室或媒体中心，提供专业的设备和资源支持，让学生有机会将自己的创意付诸实践，展示自己的创作成果，与他人分享和交流。

（二）学会网络礼仪

在大数据时代，社交媒体已成为人们日常生活中不可或缺的一部分，学会网络礼仪则是在社交媒体上进行良好交流的重要前提。通过培养学生良好的网络礼仪，可以帮助他们打造文明的网络交流环境，避免冲突和误会，提升社交媒体使用的技巧和素养。学生应该学会文明用语和文明交流。在社交媒体上，学生应该避免使用粗鲁、侮辱或攻击性的言语，尊重他人的意见和立场，避免引发不必要的争端和冲突。无论是发表评论、回复留言还是发布内容，都应该注意用词得体，避免语言暴力和侮辱行为，维护良好的交流环境。学生应该尊重他人的隐私和个人空间。在社交媒体上，学生应该避免过度追踪他人的个人信息，不得擅自发布他人的隐私内容，如私人照片、通讯录等。学生也应该尊重他人的个人空间，不得频繁打扰或骚扰他人，避免给他人造成困扰和不适。

学生还应该学会谨慎发言和审慎表达。在社交媒体上，学生应该对自己的言论负责任，避免发表不负责任的言论或涉及敏感话题的言论，以免引起争议和纠纷。在表达个人观点和看法时，学生应该客观、理性地进行思考和表达，避免过度情绪化。学生还应该学会尊重他人的意见。在社交媒体上，学生可能会遇到有不同意见和立场的人，他们应该学会尊重他人的意见和观点，不得轻易批评或贬低他人，避免引起不必要的争端和矛盾。同时，学生应该学会接受他人的批评和建议，以开放的心态对待不同意见，不断完善自己。学生还应该学会正确处理网络冲突和纠纷。在社交媒体上，学生可能会遇到各种各样的冲突和纠纷，他们应该学会冷静处理，避免情绪化和激化冲突，寻求合理的解决方式，维护良好的网络交流环境。

第三节　大学生社交媒体信息真实性判断能力培育

一、信息检索和验证工具

（一）使用验证工具

在当今信息爆炸的时代，社交媒体成了大学生获取信息的主要来源。然而，社交媒体上的信息真假难辨，容易被误导，做出错误决策。因此，大学生需要使用在线验证工具和网站来判断信息的真实性。这些工具可以帮助他们验证图片、视频和新闻报道的来源和真实性，提高他们的社交媒体信息判断能力。以下是一些常用的在线验证工具和网站。

FactCheck. org 是一个非营利性网站，致力于减少美国政治中的错误信息和误导性声明。该网站由宾夕法尼亚大学安嫩伯格公共政策中心运营，提供详细的事实核查报告，帮助用户了解政治声明的真实性。大学生可以利用FactCheck. org 核实政治言论和新闻报道的真实性，以避免被虚假信息误导。Snopes 是另一个广受欢迎的事实核查网站，专门揭穿互联网谣言和虚假信息。Snopes 涵盖了广泛的主题，包括政治、健康、娱乐和社会问题等。学生可以通过访问 Snopes，输入他们想要验证的信息，查看该网站提供的详细分析和证据。Snopes 的用户友好界面使得信息验证变得简单而高效。Media Bias/Fact Check 是另一个网站，提供新闻媒体的偏见和事实核查报告。该网站将新闻媒体按照其政治偏见进行分类，并评估其事实核查记录。大学生可以利用这个网站，了解新闻来源的可靠性和偏见，做出更明智的信息判断。

Google Reverse Image Search 是一个强大的工具，可以帮助用户验证图片的来源和真实性。通过上传图片或输入图片的 URL，Google 会搜索互联网上相似或相同的图片，并显示其出处和相关信息。大学生可以利用这个工具来验证图片的真伪，检查图片是否被篡改或错误使用。例如，他们可以验证新闻报道中的图片，确保其与报道内容一致。TinEye 是另一个图片搜索工具，与 Google Reverse Image Search 类似。TinEye 允许用户上传图片或输入图片 URL 进行搜索，并显示图片的来源、历史和使用情况。TinEye 还提供了浏览器插件，使用户能够方便地在浏览网页时验证图片。使用 TinEye，学生可以进一步验证图片的真伪，防止被虚假图像欺骗。InVID 是一个专门用于验证视频真实性的浏览器插件。它提供了多种功能，包括视频分帧、反向搜索和元数据分析，帮助用户检查视频的来源和历史。使用 InVID，大学生可以验证社交媒体上的视频，避免被虚假视频误导。

（二）关键词搜索技巧

在当今信息爆炸的时代，掌握有效的关键词搜索技巧对于学生找到并验证相关信息来源至关重要。这些技巧不仅能帮助学生更快速地获取所需信息，还能培养他们在社交媒体上判断信息真实性的能力，这在当今数字化社会尤为重要。学生应该学会选择准确和具体的关键词。比如，当他们在搜索关于环保的信息时，使用"环保技术最新进展""环境保护政策"等具体关键词，可以缩小搜索范围，降低信息的杂乱性。此外，利用引号将词组括起来，例如，"可再生能源发展趋势"，可以精确搜索包含完整词组的信息。学生需要熟练掌握搜索引擎的高级搜索技巧。这包括使用搜索操作符，如"site："用于搜索特定网站或域名下的信息，"filetype："用于搜索特定文件类型的信息，以及"related："用于查找与指定网站类似的其他网站。这些操作符帮助学生在海量信息中快速定位高质量的资源。

理解搜索引擎的筛选和排序功能也是必要的。学生可以根据搜索引擎提供的时间范围、相关性、地理位置等条件对搜索结果进行过滤，确保获取最新和最相关的信息。例如，在搜索关于技术创新的信息时，选择"最近一年"

可以优先显示近期发布的内容，保证信息的时效性和准确性。重要的是，培养学生对搜索结果的批判性思维和信息评估能力。社交媒体作为信息获取和分享的主要平台，经常充斥着各种信息，包括不实信息和误导性内容。学生应学会识别可信的信息源，例如，官方网站、学术期刊和权威机构发布的内容，而不是单纯依赖于社交媒体上的"热点"信息。学生在使用社交媒体获取信息时，应保持谨慎和理性。他们可以通过多方验证、查找背景信息和对比不同来源的观点来判断信息的真实性和客观性。此外，倡导学生积极参与学术和专业社区，在交流中学习信息验证的最佳实践，并不断提升其信息素养和社交媒体信息判断能力。

二、社交媒体使用技巧

（一）关注可靠的账号

在社交媒体时代，学生在获取信息时应特别关注和信任那些具有明确身份和专业背景的账号。这不仅有助于他们获取高质量和可靠的信息，还能有效培养他们对信息真实性的判断能力。建议学生关注主流媒体和专业记者的账号。主流媒体和经过认证的记者通常会经过严格的新闻伦理和事实核查流程，发布的信息更有权威性和可信度。他们的报道经常依据多方消息来源和专业分析，能够提供全面和客观的视角。

学生可以关注具有专业背景和权威性的专家学者账号。这些账号通常由在特定领域具有权威地位的学者、研究人员或行业专家运营，他们的观点和分析基于深入的学术研究和实证数据，能够为学生提供深度和专业性的信息。同时，学生应注意避免关注那些身份不明或缺乏可信度的账号。社交媒体上存在大量未经验证或以虚假身份发布信息的账号，他们可能发布误导性、夸大或不实的内容，挑战学生对信息的判断能力。学生应学会通过检查账号的信息、查找其发布历史和了解其背景来评估账号的可信度。学生可以通过官方机构和认证账号来获取可靠信息。政府部门、学术机构、国际组织等的官方账号通常会发布权威和可靠的信息，这些信息经过严格审查和授权，具有较高的真实性和可靠性。除了关注特定账号，学生还应培养批判性思维和信息评估能力。在接收信息时，他们可以通过多方验证、对比不同来源的信息、查找背景资料和分析内容的逻辑性来判断信息的真实性和客观性。这种批判性思维是社交媒体信息真实性判断能力的关键组成部分，能够帮助学生避免被误导或欺骗。

（二）分析信息发布者的动机

了解发布者背后的动机有助于学生更准确地评估信息的真实性和客观性，避免受到不实或误导性信息的影响。学生应学会问自己："发布这条信息的目的是什么？"了解信息发布者的动机通常可以从他们发布内容的主题和内容中推断出来。例如，某些账号可能出于分享知识、促进公共讨论或提供教育性信息的目的发布内容；有些账号可能更关注引起争议、吸引关注或推广特定观点或产品。学生需要考虑是否存在商业或政治利益。商业利益可能涉及产品推广、品牌营销或赞助内容，政治利益则可能涉及政治观点的传播、政策推广或意识形态的影响。在社交媒体上，有些信息发布者可能会通过发布有利于自己或其背后组织的信息来获取经济或政治利益，学生需要学会识别这些可能的动机。学生可以通过分析信息发布者的背景和历史行为来评估其动机。查看账号的发布历史、关注其在其他平台上的活动、了解其背景信息和可能的关联组织，可以帮助学生更全面和准确地判断信息发布者的动机。例如，某些账号可能会频繁发布与其宣称的身份或背景不符的信息，这提示其动机可能不纯或存在利益冲突。

教导学生通过多源信息对比和背景调查来验证信息的可信度也是培养社交媒体信息真实性判断能力的关键。学生可以查找其他独立的信息来源进行对比，尤其是权威机构或专业媒体的报道，以确认信息的准确性和客观性。学生需要培养批判性思维和信息评估能力，不轻信或盲目传播社交媒体上的信息。他们应学会运用逻辑推理、事实核查和专业判断来分析和评估信息发布者的动机，以做出更明智和理性的信息选择和分享。

第四节 大学生社交媒体信息分享传播责任意识培育

一、大学生社交媒体信息分享意识培育

（一）示范引导

学校可以通过示范引导的方式，向学生展示正确的信息分享方式，这不仅有助于他们更好地利用社交媒体平台，还能够培养他们的信息素养和社交责任感。学校可以着重向学生传达正确的价值观。在信息爆炸的今天，许多人更关注点击率和流量，而不是信息的真实性和价值。因此，学校应该强调分享有价值的知识、经验和观点的重要性。这包括引导学生分享能够启发他人、提供有用信息或者展现积极态度的内容。举例来说，学生可以分享他们在学习、实习或社会实践中的收获和心得体会，或者分享对某一事件或话题的独特见解，从而促进社交媒体上的知识交流和共享。

学校还应该鼓励学生传播积极正面向上的内容。社交媒体平台往往是人们获取信息和交流观点的主要渠道之一，而消极、负面的信息往往容易让人产生焦虑和负面情绪。因此，学校可以通过示范引导，倡导学生在社交媒体上传播正能量、鼓励他人、分享感恩与幸福的内容。这种积极、正面的信息分享不仅有助于营造良好的网络氛围，还能够影响更多的人，传播正面的情感和价值观。学校还需要引导学生避免传播不实信息和负面情绪。在社交媒体上，谣言、虚假信息和负面情绪的传播往往会造成社会恐慌和不良后果。因此，学校可以通过示范引导，教导学生辨别信息的真伪，以及在社交媒体上审慎分享信息。同时，学校可以通过开展相关的培训和教育活动，提高学生的信息辨别能力和网络素养，帮助他们更好地应对虚假信息和负面情绪的挑战。学校还可以通过示范引导，倡导学生在社交媒体上展现积极的社交责任感。这包括尊重他人的隐私和权利，不传播歧视、暴力或侮辱性的言论，以及积极参与社交媒体平台的社区管理和维护。通过示范引导，学

校可以向学生展示正确的社交行为，帮助他们树立良好的网络形象，建立健康的社交关系。

（二）社交媒体使用指导

在大数据时代，大学生社交媒体信息分享意识的培养成为一项至关重要的任务。为此，学校可以向学生提供社交媒体使用指导，教导他们正确分享信息、保护个人隐私和维护网络安全。这不仅有助于提高学生的信息素养，还能够降低虚假信息传播和个人隐私泄露的风险。学校可以教导学生判断信息的真实性和可信度。在社交媒体上，大量的信息涌入，其中既包含真实、有用的信息，也包含虚假、误导性的信息。因此，学生需要具备辨别信息真伪的能力。学校可以通过提供相关课程或讲座，向学生介绍常见的信息验证方法，例如，查证信息来源、核实信息的多方来源、评估信息发布者的权威性和信誉度等。同时，学校可以引导学生培养批判性思维能力，学会分析和思考信息背后的意图和动机，以更加客观、理性地对待社交媒体上的信息。

学校应该教导学生避免传播虚假信息和隐私泄露的风险。在社交媒体上，不少人因为轻信虚假信息而误导他人，甚至造成不良后果。因此，学校可以向学生强调在分享信息之前进行验证与核实的重要性，避免盲目转发或传播未经证实的内容。学校还应该教导学生注意保护个人隐私，不轻易在社交媒体上泄露个人敏感信息，如身份证号码、家庭住址、银行账号等。通过引导学生正确使用社交媒体，学校可以帮助他们避免不必要的风险和隐患，保护自己的个人信息安全。除此之外，学校应该提醒学生关注网络安全问题。随着互联网的普及和社交媒体的发展，网络安全问题日益突出，如网络诈骗、账号被盗等。因此，学校可以向学生介绍网络安全知识和技巧，例如设置复杂的密码、定期更新安全设置、不轻易点击不明链接等。同时，学校可以组织网络安全意识教育活动，提高学生对网络安全问题的警惕性和应对能力，帮助他们更好地保护自己在社交媒体上的信息和权益。

二、大学生社交媒体信息传播责任意识培育

(一) 教育宣传

学校可以通过举办各种教育宣传活动，如讲座、研讨会、制作宣传海报等，向学生介绍正确的信息传播观念和价值观，从而引导他们积极、负责任地参与社交媒体信息传播。学校可以组织讲座和专题讲解，向学生介绍社交媒体信息传播的基本概念、特点和影响。通过专业人士的讲解，学生可以更深入地了解社交媒体信息传播的机制和规律，认识到信息传播的重要性和影响力。讲座还可以围绕当前社会热点话题展开，引导学生思考信息传播的责任和影响，激发他们的社会责任感和使命感。

学校可以举办研讨和工作坊，以小组讨论和互动形式，让学生深入探讨社交媒体信息传播的伦理和道德问题。通过案例分析和情景模拟，学生可以感受到信息传播可能产生的积极和消极影响，思考如何在社交媒体上传播正面、真实和有价值的信息，以及如何避免传播虚假、负面和有害的信息。通过研讨会和工作坊的互动学习，学生可以增强信息传播的责任感和自我约束力，树立正确的信息传播观念和价值取向。学校还可以通过宣传海报、展览和校园文化节等形式，向学生传达正确的信息传播理念和价值观。宣传海报可以以简洁、直观的方式呈现信息传播的重要性和影响，激发学生的思考力和行动力。展览和校园文化节则可以通过多种形式，如摄影展、微电影展播、创意表演等，展示学生积极参与社交媒体信息传播的实践成果，激发更多学生参与和关注。

(二) 激励奖励机制

在大数据时代，建立激励奖励机制是培养大学生社交媒体信息传播责任意识的重要举措之一。通过设立奖学金、荣誉称号或其他形式的奖励，鼓励学生积极履行信息传播的责任，可以有效激发他们的社会责任感和使命感，促进社交媒体信息传播的积极发展。学校可以设立社交媒体信息传播责任意

识奖学金，以奖励那些在社交媒体上积极传播有益信息、引导正能量舆论的学生。奖学金可以根据学生在社交媒体上的信息传播效果和影响力进行评定，对表现优秀的学生进行奖励。这不仅可以激励学生更加积极地参与社交媒体信息传播，还能够提高社交媒体上有价值信息的质量和数量，为网络空间注入更多正能量。

学校还可以设立荣誉称号或其他形式的奖励，以表彰在社交媒体信息传播方面做出突出贡献的学生。例如，可以设立"社交媒体信息传播责任意识先锋奖""网络正能量传播使者"等荣誉称号，表彰那些在社交媒体上倡导正能量、传播有益信息的学生。这样的荣誉称号不仅可以激励获奖学生继续努力，还能够树立他们在社会中的良好形象，影响更多的人积极参与社交媒体信息传播。学校还可以通过其他形式的奖励，如证书、实习机会、校园活动资助等，鼓励学生积极参与社交媒体信息传播，发挥自己的影响力和能量。例如，可以给予在社交媒体上举办有益活动或传播有价值内容的学生一定的实习机会或资金支持，以鼓励他们继续发挥自己的创意和能动性，为社交媒体的发展和提升做出更大贡献。

第九章 大数据时代下大学生数字化学习能力培育

第一节 大数据时代数字化学习的概念及其特点

一、大数据时代数字化学习的概念

在当今大数据时代，数字化学习已成为教育领域的一项重要趋势。它不仅仅是利用大数据技术和工具来支持和促进学习过程的方法，更是一种融合了教育学、认知科学、计算机科学等多个领域的理论和技术的综合体系。其目标是提高学习效率、个性化程度和普及率，以适应当今信息化社会的需求。

二、大数据时代数字化学习的特点

（一）多样化学习资源

在当今大数据时代，数字化学习为学习者提供了多样化和丰富的学习资源，通过在线课程、教学视频、互动模拟等多种形式的学习工具，极大地拓展了学习的内容和方式。这种学习模式不仅促进了教育资源的全球化和共享，还使学习者能够随时随地获取最新的教育信息，拓展自己的学习视野。数字化学习通过在线课程的形式，为学习者带来了灵活和个性化的学习体验。学习者可以根据自己的时间安排和学习节奏选择合适的课程内容，不受地理位置和时间限制。这种灵活性使学习者更有效地管理学习进度，自主选择学习重点，提升学习效率。教学视频成为数字化学习的重要组成部分，通过生动、直观的图像和声音，有效地传递知识和概念。视频资源不仅能够帮助学习者理解抽象或复杂的学科内容，还能够激发学习者的兴趣和参与度。例如，通过视觉化和实际操作模拟，学习者能够更直观地掌握各种学科的实际应用和操作技能。

互动模拟和虚拟实验为学习者提供了实践和体验的机会，在科学、工程和医学等实验性学科中尤为重要。通过模拟真实场景或实验过程，学习者可以在安全和控制的环境中进行实验和操作，提高实践能力和解决问题的能力。这种互动性的学习方式不仅激发了学习者的创造力和实验精神，还促进了他们团队合作与沟通能力的发展。数字化学习极大地丰富了学习内容，扩大了学科覆盖范围。学习者可以通过互联网轻松获取来自全球各地的优质教育资源和最新的学术信息。这种全球化的学习资源不仅丰富了学习者的知识储备，还拓展了他们的学术视野，提高了他们的跨文化理解能力。学习者可以通过参与国际性的学术交流与合作项目，结识来自不同背景和文化的同行，共同探讨和解决全球性的问题。

（二）灵活的学习方式

在当今大数据时代，数字化学习以其灵活的学习方式成为学习者的首选，使其不再受传统课堂教学的时间和空间限制。学习者可以根据个人的时间安排和地点选择灵活学习，这种自主性和便利性极大地提升了学习效率和满意度。数字化学习支持多种设备，如电脑、平板和手机等，学习者可以根据需要随时随地切换学习设备。这种多设备支持不仅提高了学习的便捷性，还提高了学习的灵活性。无论是在家里、办公室还是在旅途中，学习者都能轻松地访问学习内容，进行在线课程学习或参与学术讨论。数字化学习通过在线课程的形式，为学习者提供了自主学习的空间和机会。学习者可以根据自己的学习节奏和理解能力，自由选择课程内容并决定学习进度。这种个性化的学习模式使每个学习者都能按照自己的需求和能力进行学习，避免了传统课堂统一进度带来的压力。数字化学习的显著特点是其互动性和实时性。通过在线平台，学习者不仅可以观看教学视频、听讲座，还可以参与在线讨论、提交作业和参加实时的在线测验。这种即时反馈和互动能够有效提高学习者的学习动力和参与度，促进知识的深度理解和应用能力的培养。数字化学习鼓励学习者通过多媒体资源来丰富学习体验。教学视频、互动模拟和虚拟实验等多种形式的学习资源不仅使学习内容更加生动和直观，还能够满足不同学习风格和偏好学习者的需求。例如，通过视觉化的教学资源，学习者能够更深入地理解抽象或复杂的学科内容，提升学习效果和成果。

第二节　大学生数字化学习环境适应能力培育

一、技术应用能力培育

在当今数字化时代，技术应用能力的培养对大学生来说至关重要。帮助大学生掌握基本的数字化学习工具和平台是必不可少的。随着在线教育的普及，学生需要熟练运用各种数字化学习工具来完成学习任务。例如，他们需要了解如何使用在线学习平台来访问课程资料、提交作业以及参与在线讨论。他们还需要熟悉虚拟教室的使用方法，包括如何参加网络直播课程、与老师和同学进行实时互动等。这些基本的数字化学习工具和平台为大学生提供了便利和灵活性，使他们能够随时随地进行学习，适应现代快节奏的学习环境。

引导大学生熟练使用各种数字化学习工具是提高学习效率的关键。除了基本的学习平台和虚拟教室，大学生还需要掌握更多的数字化学习工具，如文档编辑软件、在线协作工具等。文档编辑软件如 Microsoft Word、Google Docs 等可以帮助他们撰写报告、笔记和论文，并且可以与他人共享。同时，在线协作工具如 Google Drive、Dropbox 等可以帮助他们与同学共享文件、协作完成项目，提高团队合作能力。通过熟练使用这些数字化学习工具，大学生可以更高效地组织学习资料、协作完成任务，提高学习效率，同时培养了他们的实践能力和创新意识。

二、自主学习能力培育

在大学生的成长过程中，培养自主学习能力是至关重要的。我们需要激发大学生的自主学习意识。这意味着帮助他们意识到学习的重要性和自主获取知识的必要性。大学生应该明白，自主学习不仅是一种学习方式，更是一种生活态度。他们应该主动寻找学习资源，积极主动地探索和学习新知识，而不是被动地等待老师的指导。通过培养自主学习意识，大学生可以更好地适应未来的学习和工作环境，提高自己的终身学习能力。

我们还需要培养大学生自主学习的能力。这包括自主获取学习资源、自主制订学习计划和自主解决学习问题的能力。大学生应该学会利用图书馆、网络和其他渠道获取学习资源，如图书、期刊、视频等。他们还应该学会制订合理的学习计划，包括设定学习目标、安排学习时间和制订学习方法。同时，当遇到学习困难或问题时，大学生应该学会主动解决问题，寻求帮助并采用有效的解决方案。通过培养自主学习的能力，大学生可以更加独立地进行学习，提高学习效率和质量。

鼓励大学生积极参与在线学习社区和讨论也是培养其自主学习能力的重要途径。在线学习社区和讨论平台为大学生提供了一个交流学习经验和资源的平台，他们可以在这里分享学习心得、讨论学习问题，并从他人的经验中获得启发和帮助。通过积极参与在线学习社区和讨论，大学生不仅可以拓展自己的学习视野，还可以与他人互相支持和学习，提高自己的学习效果和能力。

三、信息管理能力培育

在这个信息爆炸的时代，有效管理和组织学习资料和信息对于提高学习效率和获取准确信息至关重要。在这个过程中，文件管理、笔记记录和信息筛选等技能是至关重要的。同时，引导大学生学会评估和筛选网络上的信息资源，区分信息的真实性和可信度也是十分必要的，以避免其受到虚假信息的误导。文件管理是信息管理的基础。大学生在学习过程中积累了大量的文档、资料和课件，良好的文件管理可以帮助他们快速地定位和获取所需信息。因此，他们需要学会建立清晰的文件分类系统，将不同科目或项目的文件分门别类地存放，使用合适的命名规范，以便快速检索和管理。此外，定期清理和整理文件也是必不可少的，可以有效释放存储空间，保持文件整洁有序。

良好的笔记记录可以帮助大学生加深对知识的理解和记忆，并且有助于复习和总结。因此，他们需要学会选择合适的笔记方式，如文字记录、图表绘制、思维导图等，根据自己的学习习惯和需要进行选择。同时，及时整理和归纳笔记也是必要的，可以帮助他们更好地厘清思路，加深对知识的理解。随着互联网的发展，大量的信息进入人们的视野中，其中并非都是准确和可信的。因此，大学生需要学会对信息进行筛选和评估，区分信息的真实性和可信度。他们可以通过查阅多个来源的信息、核实信息的来源和作者、关注信息发布的时间和地点等方式，来判断信息的可信度。此外，他们还需要学会辨别虚假信息的特征，如夸大其词、缺乏证据支持、带有明显的偏见等，以避免受到虚假信息的误导。

第三节　大学生数字学习资源获取与利用能力培育

一、大学生数字学习资源获取能力培育

（一）推广开放式课程资源

推广开放式课程资源，如 MOOCs（大规模开放在线课程）和其他开放式教育资源，是大学在大数据时代下培养学生数字学习资源获取能力的重要举措。这些资源为学生提供了丰富多样的学习机会，让他们可以自主选择感兴趣的课程，并通过网络学习获取知识。推广开放式课程资源可以拓宽学生的学习渠道和途径。传统教学模式受限于时间、空间和人力资源等因素，无法满足所有学生的学习需求。开放式课程资源则通过网络平台提供了丰富多样

的课程选择，学生可以根据自己的兴趣和需求选择合适的课程进行学习，不再受限于地域和时间。无论是在校学生还是社会各界人士，都可以通过 MOOCs 等平台获取高质量的教育资源，实现个性化学习和持续学习的目标。推广开放式课程资源可以提高学生的学习自主性和主动性。在开放式课程资源的学习过程中，学生可以自主选择学习内容、学习时间和学习进度，根据自己的学习节奏和需求进行安排，提高了学习的自主性和主动性。学生不再依赖于传统教学模式下的教师和课堂，而是通过网络平台获取学习资源，自主掌握知识，培养了独立思考和问题解决能力，提高了学习效率和成果。

推广开放式课程资源可以提高学生的跨学科学习和终身学习意识。在开放式课程资源的平台上，学生可以选择不同领域和专业的课程进行学习，拓展学科知识和视野，促进跨学科学习和交叉融合。同时，开放式课程资源也为社会各界人士提供了终身学习的机会，让他们可以随时随地通过网络学习获取知识，不断提升自己的专业素养和综合能力，适应社会和职业发展的变化和挑战。推广开放式课程资源可以促进学生的数字学习资源获取能力的培育。在大数据时代，信息爆炸式增长，学生需要具备有效获取数字学习资源的能力，才能满足学习和研究的需求。通过推广开放式课程资源，学生可以学会使用网络平台和工具，搜索和筛选合适的学习资源，了解如何利用 MOOCs 等平台获取高质量的教育资源，提高数字学习资源获取能力。他们还可以学会利用信息技术和网络技术，开展在线学习和远程教育，培养网络学习和远程学习的能力，提高数字化学习资源的利用效率和效果。

（二）鼓励大学生参与科研项目

鼓励大学生参与科研项目或实践项目是大学在大数据时代下培养学生数字学习资源获取能力的一项重要举措。通过参与科研项目，学生可以接触到各种学术资源，并学会获取和利用这些资源来支持他们的研究工作。参与科研项目可以为学生提供丰富多样的学术资源。在研究过程中，学生需要进行文献调研、实验设计、数据分析等工作，这就需要他们能够有效地获取各种学术资源，包括学术论文、研究报告、实验数据等。通过参与科研项目，学生可以学会使用图书馆资源、学术数据库、网络检索工具等，获取所需的学术资源，支持自己的研究工作。他们还可以通过与导师和同学的交流与合作，获取更多的学术资源和研究经验，拓展学术视野，提高学术素养和研究能力。学生参与科研项目可以培养信息筛选和评估能力。在大数据时代，信息呈现爆炸式增长的趋势，学生需要从海量的信息中迅速准确地筛选出所需的信息，评估信息的真实性、准确性和可信度。通过参与科研项目，学生可以学会使用各种信息检索工具和技术，制定有效的搜索策略，选择合适的检索关键词，从而快速地定位到所需的信息资源。他们还可以学会对信息进行全面、深入的评估和分析，了解信息的背景、来源和发布者，判断信息的可信度和可靠性，从而做出合理的判断和决策。

参与科研项目可以提高学生的数据分析和处理能力。在研究过程中，学生需要处理和分析各种类型的数据，包括实验数据、调查数据、文献数据等。通过参与科研项目，学生可以学会使用各种数据分析工具和技术，如统计分析软件、数据可视化工具等，处理和分析大量的数据，发现数据之间的关系和规律，提取出有用的信息和见解，支持自己的研究工作。他们还可以学会有效地管理和利用数据资源，建立数据库和知识体系，促进数据的共享和交流，推动科研工作的开展和进步。参与科研项目可以培养学生的团队合作与沟通能力。在研究过程中，学生往往需要与导师和同学进行积极的沟通与合作，共同完成项目的设计、实施和总结工作。通过参与科研项目，学生可以学会与他人合作解决问题、共同完成任务，提高团队协作的效率和成果。他们还可以学会有效地与他人进行沟通和交流，表达自己的观点和想法，理解和尊重他人的观点和意见，从而提高团队合作与沟通的能力。

二、大学生数字学习资源利用能力培育

（一）引导大学生学会筛选信息

在当今大数据时代，学生面临着海量的信息，从网络、社交媒体、学术数据库等渠道涌入的信息泛滥，这给他们的学习和研究带来了挑战。因此，

学校有责任教导学生有效地筛选信息，从而获取真正有价值的内容。学生应该学会有效地使用关键词。关键词是学生搜索信息的利器，它们是与所需信息相关的词语或短语。学生需要学会选择合适的关键词，以便更快地找到他们需要的信息。例如，当学生搜索特定主题的学术论文时，他们应该选择与该主题相关的关键词，并使用适当的逻辑运算符（如 and、or、not）来组合关键词，以缩小搜索范围，提高检索效率。

学生应该学会使用筛选器。筛选器是用于过滤信息的工具，它们可以帮助学生按照特定的条件来筛选搜索结果，从而获取更加精确和相关的信息。例如，在学术数据库中，学生可以根据文献类型、出版年份、作者机构等条件来筛选搜索结果，以排除不相关或过时的信息，从而快速找到符合需求的学术文献。学生还应该学会使用评估工具。评估工具是用于评估信息质量和可信度的工具，它们可以帮助学生判断信息的真实性、准确性和权威性。例如，在查找网络信息时，学生可以使用网站评估工具来评估网站的可信度和权威性，以确定信息的来源是否可靠；在阅读学术论文时，学生可以使用引文分析工具来评估文献的影响力和学术贡献，以确定文献的学术价值。除了以上方法，学校还可以通过开设相关课程或提供培训来教导学生有效地筛选信息。这些课程或培训可以包括信息素养教育、学术写作技能培训等内容，帮助学生掌握筛选信息的基本原则和方法。学校还可以邀请专业人士或资深学者来分享他们的经验和技巧，指导学生利用各种工具和资源来筛选信息，提高他们的数字学习资源利用能力。

（二）学术规范与道德

在大数据时代，数字化学习资源为大学生提供了丰富的学习材料和多样化的学习方式。然而，随着数字化资源的广泛使用，加强学术规范与道德教育，培养学生正确利用数字学习资源的能力显得尤为重要。通过学术诚信教育和版权知识普及，大学生可以更好地理解和遵守学术规范，避免学术不端行为，并尊重资源的版权和使用权限。加强学术诚信教育是培养大学生正确利用数字学习资源的重要一环。学术诚信是学术研究和学习的基石，大学生应当了解并遵守学术规范，正确引用和标注资源。在学习过程中，学生应学会使用不同的引用格式，如 APA、MLA、Chicago 等，确保所引用的资源有明确的出处，尊重原作者的知识产权。此外，教师和学校应通过讲座、课程和指南等方式，向学生传授学术诚信的重要性和具体操作方法，帮助他们养成良好的学术习惯。普及版权知识同样至关重要。数字化学习资源在互联网上广泛传播，学生应当了解和尊重资源的版权和使用权限。教师可以通过课程和培训，教导学生辨识与合法使用版权资源。例如，学生应了解公共领域资源、知识共享许可协议（Creative Commons）等，学会在合法范围内使用和共享学习资源。通过版权知识的普及，学生可以避免侵犯他人版权，减少学术不端行为。

大学生还应学会利用数字工具和平台，提高数字学习资源的利用能力。在大数据时代，各种数字工具和平台可以帮助学生更高效地管理和利用学习资源。例如，参考文献管理工具（如 EndNote、Zotero 等）可以帮助学生整理和管理引用文献，避免疏漏或误引导致的学术不端行为。学习管理系统（如 Moodle、Canvas 等）和在线图书馆资源也可以为学生提供便捷的学习和研究支持。培养大学生的批判性思维和信息评估能力也是不可忽视的方面。面对海量的数字学习资源，学生需要具备甄别信息真伪和评估信息价值的能力，确保所使用的资源准确、可靠。教师应鼓励学生进行多源信息对比，通过查阅权威文献和专业数据库，提高信息的可信度和科学性。

第四节　大学生数字学习成果分享与交流能力培育

一、大学生数字学习成果分享能力培育

（一）社会化学习和实践

在当今数字化学习环境中，利用社会化学习平台如 LinkedIn、ResearchGate 等，成为学生扩大学术影响力和建立专业网络的重要途径。这些平台不仅提

供了全球范围内的学术资源和信息，还为学生提供了展示和分享研究成果的平台，有助于拓展学术视野，扩大影响力。社会化学习平台如 LinkedIn 为学生提供了一个展示自己学术成就和专业技能的重要舞台。学生可以在个人资料中详细列出自己的教育背景、研究兴趣、发表的论文以及参与的项目和活动等信息，展示自己的学术潜力和研究能力。通过定期更新个人资料和发布学术动态，学生能够吸引更多的同行和专业人士关注，建立起广泛的学术联系，获得更多合作机会。ResearchGate 等学术社交平台则专注于学术研究成果的分享和讨论。学生可以在平台上上传自己的研究论文、项目成果和实验数据，与全球范围内的研究人员进行交流和互动。通过参与讨论和评论其他学者的研究，学生不仅能够拓展自己的学术视野，还能够建立起宝贵的学术合作关系，共同探讨和解决学术和科研中的问题。

（二）提供演讲技能培训

通过演讲，学生可以自信地向他人分享自己的学术成果和研究思想，提升其学术影响力和社会认可度。提供演讲技能培训有助于提升学生的演讲能力和口才表达能力。演讲是一种重要的学术交流和表达方式，通过演讲，学生可以向他人清晰地介绍自己的研究成果和学术发现，展示自己的学术思想和观点。通过演讲技能培训，学校可以教导学生如何准备演讲稿、组织演讲结构、运用语言表达技巧、掌握肢体语言和声音语调等，提高他们的演讲能力和口才表达能力，使他们能够自信地进行学术演讲和交流。提供演讲技能培训有助于培养学生的学术沟通和交流能力。在大数据时代，学生需要与他人进行有效的学术沟通和交流，分享自己的学术成果和研究思想，与他人进行学术讨论与合作。通过演讲技能培训，学校可以帮助学生掌握有效的沟通技巧和交流策略，学会与听众建立联系、引起共鸣，提高他们的学术沟通和交流能力，使他们更好地与他人分享自己的学术成果和研究思想，扩大学术影响力。

提供演讲技能培训还有助于培养学生的 PPT（幻灯片）制作和演示能力。在演讲过程中，学生通常会使用 PPT 进行辅助演示，以展示图表数据、示意图、关键信息等内容，帮助听众更好地理解演讲内容。通过提供 PPT 制作和演示技能培训，学校可以教导学生设计清晰简洁的 PPT 布局、选择合适的字体和颜色、运用图片和图表进行说明、控制演示时间和流程等，提高他们的 PPT 制作和演示能力，使他们的演讲更具吸引力和说服力。提供演讲技能培训有助于提升学生的自信心和领导力。通过演讲技能培训，学生可以不断地练习演讲，积累经验，逐渐提升自己的演讲能力和表达能力，增强自信心，提高领导力和影响力。这种自信心和领导力不仅可以在学术领域发挥作用，在学生的职业生涯和社会生活中也会发挥作用，为他们的未来发展打下坚实的基础。

二、大学生数字学习成果交流能力培育

（一）提供专业的数字学习培训

随着大数据时代的到来，数据分析、数据可视化、数字沟通等数字学习技能已经成为现代社会和职场中必不可少的能力。因此，学校有责任为学生提供专业的数字学习培训课程，帮助他们掌握数字学习的基本技能和方法，提高其数字学习成果交流能力。提供专业的数字学习培训有助于提升学生的数据分析能力。在大数据时代，数据分析是一项非常重要的技能，能够帮助人们从海量的数据中提取有用信息，发现潜在规律，为决策和创新提供支持。通过专业的数据分析培训，学生可以学习到数据收集、清洗、分析和解释等方面的技能，掌握数据分析工具和方法，提高数据分析能力，从而更好地理解和利用数字学习资源，支持学术研究和职业发展。

提供专业的数字学习培训有助于提升学生的数据可视化能力。数据可视化是将复杂的数据通过图表、图形等形式呈现出来，以直观、清晰的方式展示数据的特征和规律。通过专业的数据可视化培训，学生可以学习到数据可视化的原理和方法，掌握数据可视化工具和技术，提高数据可视化能力，能够将抽象的数据转化为直观的可视化图表，帮助他人更好地理解和应用数据，支持决策和创新。提供专业的数字学习培训还有助于提升学生的数字沟通能

力。数字沟通是利用数字工具和技术进行信息传递和交流的能力，包括书面沟通、口头沟通、在线沟通等形式。通过专业的数字沟通培训，学生可以学习到数字沟通的原则和技巧，掌握数字沟通工具和平台，提高书面表达能力、口头表达能力和网络交流能力，能够更有效地与他人进行交流与合作，分享自己的学习成果和研究思想，扩大学术影响力与合作网络。提供专业的数字学习培训有助于培养学生的自主学习能力和终身学习意识。在数字学习培训过程中，学生不仅可以掌握具体的技能和方法，还可以培养学习兴趣和学习动力，提高自主学习能力和终身学习意识，能够在不断变化的社会和职场中保持竞争力，实现个人和职业发展。

（二）组织数字学习成果展示活动

组织数字学习成果展示活动是大学在大数据时代下培养学生数字学习成果交流能力的一项重要举措。这种活动为学生提供了展示自己学习成果的平台，让他们有机会与他人交流和分享经验，提升自己的数字学习成果交流能力。组织数字学习成果展示活动有助于激发学生学习的热情和积极性。在这种活动中，学生可以将自己的学习成果以各种形式展示出来，如海报、PPT、演讲、实物展示等，展示他们在课堂学习、科研项目、实践活动等方面所取得的成就和经验。通过展示自己的学习成果，学生可以得到他人的认可和鼓励，增强自信心和学习动力，进而更加积极地投入到学习中去。组织数字学习成果展示活动有助于促进学生之间的学术交流与合作。在展示活动中，学生不仅可以展示自己的学习成果，还可以与其他学生进行学术交流与合作，分享彼此的学习经验和心得体会，共同探讨学习中的问题和挑战，相互借鉴和学习，促进学术交流与合作的深入发展。这种学生之间的学术交流与合作不仅可以拓展学生的学术视野，还可以促进学术成果的共享和交流，推动学术研究和创新的进步。

组织数字学习成果展示活动还有助于提升学生的数字学习成果交流能力。在展示活动中，学生需要向他人清晰地介绍自己的学习成果和研究思想，以通俗易懂的方式向听众传达复杂的学术概念和专业知识，展示自己的学术成果和研究成就。通过参与展示活动，学生可以锻炼自己的演讲能力、口头表达能力、图像设计能力等，提高数字学习成果交流的效果和效率，使自己的学术成果能够更好地被他人理解和接受。组织数字学习成果展示活动有助于提升学生的综合能力和竞争力。在展示活动中，学生不仅需要展示自己的学习成果，还需要展示自己的创新能力、团队合作能力、组织管理能力等，展现自己的综合素质和能力水平。通过参与展示活动，学生可以全面展示自己的优势和特长，提升自己的竞争力和就业竞争力，为将来的职业发展打下坚实的基础。

第十章 大数据时代下大学生数字素养综合实践能力培育

第一节 大数据时代下数字素养综合实践的意义和目标

一、大数据时代下数字素养综合实践的意义

（一）推动教育改革与发展

在大数据时代，数字素养综合实践的意义深远而广泛。它不仅推动了教育模式的创新，还为教育改革提供了新思路和新方法，同时通过数据分析了解学生的学习需求和特点，实现个性化教育，显著提高了教育质量和效果。教育模式的创新是大数据与教育结合的直接结果。传统教育模式往往以教师为中心，教学内容和节奏固定，难以满足每个学生的个性化需求。大数据的应用打破了这一固有模式，通过对学生学习数据的分析，教育者可以更加准确地了解学生的学习情况和需求，进而调整教学内容和方法。例如，混合学习和翻转课堂等创新教学模式正是在这种背景下应运而生。混合学习将线上和线下的优势结合，使学生能够自主安排学习时间和进度，翻转课堂则将知识传授和知识应用的过程颠倒，让学生在课堂上更多地参与讨论和实践，激发他们的学习兴趣和主动性。数字素养综合实践为教育改革提供了新思路和

新方法。通过引入大数据和数字化工具，教育者可以设计出更加灵活和多样化的教学方案。数据分析工具可以实时监测学生的学习进展情况，帮助教师发现教学中的问题并及时调整。例如，通过学习管理系统（LMS），教师可以跟踪学生的学习行为和成绩，分析哪些内容学生掌握得较好，哪些方面还需要进一步加强。这种基于数据驱动的教学方法，不仅提高了教学的精准度和效果，还提高了教师的教学管理能力。

个性化教育是大数据时代下数字素养综合实践的重要目标之一。每个学生的学习需求和特点各不相同，传统的"一刀切"教学方法难以满足所有学生的需求。大数据技术可以帮助教育者深入了解每个学生的学习习惯、兴趣和薄弱环节，从而制定出个性化的教育方案。例如，通过分析学生的在线学习数据，可以发现某些学生在特定知识点上存在不足，教师可以有针对性地提供额外的辅导和资源。同时，个性化教育方案还可以根据学生的兴趣爱好，推荐相关的学习资料和课程，激发学生的学习热情和动力。数字素养综合实践还提升了教育质量和效果。通过广泛使用数字化工具和资源，学生可以更方便地获取学习资料和进行互动学习。多媒体教学工具如视频、动画和虚拟实验等，使得学习内容更加生动形象，帮助学生更好地理解和掌握知识。在线讨论与合作平台则为学生提供了更多的交流和协作机会，促进了知识的共享和创新。

（二）推动教育创新与改革

在大数据时代，数字素养综合实践对于教育资源的优化配置和有效利用具有重要意义。这不仅提升了教育质量和教学效果，还推动了教育教学改革，培养了学生的自主学习和创新能力。通过综合实践，教育者可以探索和实施混合学习、翻转课堂等创新教学模式，带来多方面的积极影响。数字素养综合实践能够优化教育资源的配置和利用。传统教育资源往往受到地域和经济条件的限制，而数字化资源则突破了这些限制，使得优质教育资源可以在全球范围内共享。通过数字素养综合实践，学生可以随时随地访问各种在线课程、电子书籍、学术数据库等资源，享受与大城市或名校学生同样的学习条件。这种资源优化配置不仅缩小了教育资源的差距，还提升了整体教育质量。数字素养综合实践提高了教学效果。通过使用各种数字工具和平台，教师可以为学生提供更加丰富和生动的学习体验。例如，使用多媒体教学工具可以将抽象的概念形象化，帮助学生更好地理解和掌握知识。在线互动平台则可以增加师生之间、学生之间的互动，促进知识的交流和分享。此外，数据分析工具可以帮助教师跟踪学生的学习进度和效果，及时调整教学策略和内容，提高教学的针对性和有效性。

数字素养综合实践推动了教育教学改革。混合学习和翻转课堂等创新教学模式的探索和实施，是数字素养综合实践的重要内容。混合学习结合了线上和线下的学习优势，学生可以通过在线平台进行自主学习，然后在课堂上进行讨论和实践，深化对知识的理解和应用。翻转课堂则颠覆了传统的教学流程，学生在课前通过观看教学视频或阅读资料学习基础知识，在课堂上则集中进行互动、讨论和实践，激发学生的主动性和创造力。这些创新模式不仅提升了教学效果，还培养了学生的自主学习能力和创新思维。数字素养综合实践还培养了学生的自主学习和创新能力。在大数据时代，信息获取和处理能力成为重要的学习技能。通过数字素养综合实践，学生可以学会高效地利用数字化资源进行学习和研究，利用各种数字工具提高学习效率和效果。同时，数字化学习环境也为学生提供了更多的创新机会和空间，例如通过参与在线项目、虚拟实验和跨学科合作等，培养了他们的创新能力和团队合作精神。

二、大数据时代下数字素养综合实践的目标

（一）强化技术应用能力

在当今数字化的社会中，提升个人和组织在数字技术应用方面的能力已经成为至关重要的任务。这其中包括数据可视化、机器学习、人工智能等技术的应用和实践能力。数字素养综合实践的目标在于培养个人和组织在这些领域的技能，使其能够更好地应对大数据时代的挑战，提高工作效率和创新

能力。数据可视化是数字技术应用的重要组成部分。通过数据可视化，个人和组织可以将复杂的数据转化为直观、易于理解的图表或图形，从而更好地理解数据、发现数据中的模式和规律，做出正确的决策。数字素养综合实践的目标之一就是培养个人和组织进行数据可视化的能力，使其能够熟练运用各种数据可视化工具和技术，将数据转化为有意义的可视化结果。

机器学习和人工智能是数字技术应用的前沿领域。通过机器学习和人工智能技术，个人和组织可以从大量的数据中挖掘出有价值的信息，做出更加智能和精准的预测和决策。数字素养综合实践的目标之一就是培养个人和组织运用机器学习和人工智能技术的能力，使其能够利用这些技术解决实际问题，提高工作效率和创新能力。数字素养综合实践还包括其他数字技术应用方面的能力，比如数据分析、云计算、物联网等。通过数字素养综合实践，个人和组织可以不断提升自己在这些领域的技能，使其能够更好地应对日益复杂的工作和生活环境，实现个人和组织的持续发展。

（二）适应数字学习环境的能力

在大数据时代，帮助学生适应和利用数字化学习资源和平台，提升自主学习和协作学习能力，是培养数字素养的重要目标。通过推广数字化工具在学习和研究中的应用，学生可以提高学习效率和效果，更好地应对未来的学术和职业挑战。提升学生的自主学习能力是数字素养综合实践的核心目标之一。在数字化学习环境中，学生需要学会利用各种数字化资源，如在线课程、电子书籍、学术数据库等，自主安排学习计划和进度。这种自主学习的能力不仅能够提高学生的学习主动性和积极性，还能帮助他们更好地适应不断变化的学习和工作环境。学校和教师可以通过提供指导和支持，帮助学生熟悉和掌握这些数字化工具和资源，培养他们的自主学习能力。例如，组织在线学习技巧培训、提供资源使用指南和定期的学习进度检查，都是有效的措施。提升学生的协作学习能力也是数字素养培养的重要方面。协作学习不仅可以提高学生的团队合作能力，还能促进知识的共享和创新。在数字化学习环境中，学生可以利用各种协作工具，如在线讨论、共享文档、视频会议平台等，与同学和教师进行交流与合作。通过参与小组项目和在线讨论，学生可以学会有效地沟通和协作，共同解决问题和完成任务。教师可以通过设计协作性的学习活动和项目，鼓励学生在合作中互相学习和提高。

推广数字化工具在学习和研究中的应用，是提升学生数字素养的关键。大数据技术和各种数字化工具，为学生提供了更高效和便捷的学习和研究手段。例如，数据分析软件、参考文献管理工具、在线实验平台等，可以帮助学生更好地进行数据处理、文献整理和实验模拟。通过这些工具的应用，学生可以大大提高学习效率和研究效果。学校可以通过开设相关课程和工作坊，推广这些工具，帮助学生掌握必要的技能和知识。在大数据时代下，提升学生的数字素养需要综合实践和多方面的努力。学校和教师可以通过提供丰富的数字化学习资源和平台，组织各种学习和实践活动，帮助学生适应和利用这些资源，提升自主学习和协作学习能力。此外，通过推广数字化工具在学习和研究中的应用，学生可以更高效地进行学习和研究，提高学习效率和效果。这些综合实践的目标，不仅能够提高学生的数字素养，还能为他们未来的学术和职业发展奠定坚实的基础。

第二节 大学生数字素养综合实践设计与实施

一、大学生数字素养综合实践设计

（一）项目目标

在大数据时代，培养大学生的数字素养至关重要，这不仅能够提升他们在学术领域的竞争力，还能够为其未来的职业发展打下坚实的基础。为实现这一目标，需要设计一套综合实践方案，重点培养大学生在信息获取、信息评估、数据分析、数字化学习和数字信息安全等方面的能力。针对信息获取能力，可以设计一系列课程和活动，帮助学生掌握各种信息获取的方法和技巧，包括利用图书馆资源、数据库检索、网络搜索等。同时，可以鼓励学生积极参与实践项目和社会活动，拓展信息获取的渠道，提升其信息获取的能力。针对信息评估能力，可以组织讲座和研讨会，介绍信息评估的原则和方法，引导学生进行批判性思考和分析信息，培养其辨别信息真伪、评价信息可信度的能力。此外，可以通过案例分析和角色扮演等形式，让学生在实践中加深对信息评估的理解。

针对数据分析能力，可以开设相关课程和实践项目，教授学生数据收集、清洗、分析和可视化的方法和技巧，引导他们运用统计学和计算机技术处理和分析数据，从而更好地理解和利用数据，做出正确的决策。针对数字化学习能力，可以设计在线学习平台和资源库，提供丰富多样的学习资源和课程，鼓励学生利用数字化学习工具和技术进行个性化学习和自主探究，培养其自主学习和信息管理能力。针对数字信息安全意识，可以组织网络安全知识培训和演练活动，教育学生保护个人隐私和信息安全的重要性，指导他们学习和遵守网络安全规范和法律法规，提高其防范网络攻击和诈骗的能力。

（二）项目内容

在当今数字化时代，数字信息安全已成为至关重要的议题。尤其是大学生这一代人群，他们在日常生活和学习中与数字信息紧密相连，因此，培养他们的数字素养和信息安全意识显得尤为迫切。本项目旨在通过综合实践设计，帮助大学生了解和掌握数字信息安全的基本知识和技能，使他们能够更好地保护个人信息、提高网络安全意识，并能有效应对可能遇到的安全挑战。这包括对个人信息保护意识的培养，了解个人信息的重要性及其在网络空间中的价值。学生将学习如何合理使用个人信息、如何避免个人信息被泄露，以及在网络交流中如何保护自己的隐私。此外，学生还将了解常见的网络安全威胁和攻击手段，如网络钓鱼、恶意软件等，以及相应的防范措施。

学生将参与数字信息安全演练和模拟案例分析。通过模拟真实场景，学生将扮演不同的角色，面对各种安全挑战和风险。他们将学会应对网络诈骗、密码泄露、网络攻击等情况，提高自己的应对能力和应急处置能力。通过实际操作和案例分析，学生将更加深入地理解数字信息安全的重要性，增强自我保护意识。本项目将结合大数据时代的特点，引导学生深入探讨数字化环境下的信息安全挑战和解决方案。学生将分析大数据技术在信息安全中的应用，探讨大数据对信息安全管理和风险评估的影响。他们将思考如何利用大数据技术提升信息安全防护能力，预测潜在的安全威胁，并制定相应的应对策略。通过这一环节，学生将深入了解数字化时代下信息安全的复杂性和挑战性，培养对数字技术的理解和应用能力。

（三）项目评估与成果展示

在大数据时代，培养大学生的数字素养是非常重要的任务之一。为了达到这个目标，学校开展了一项名为"大数据时代下大学生数字素养综合实践设计"的项目。在项目结束之际，我们将提交一份综合报告，总结我们在项目中的学习和实践经验，展示我们的研究成果和学术成果。本项目旨在帮助大学生在大数据时代中提升数字素养。具体而言，我们的目标是通过实践性学习，培养学生的数据处理能力、数据分析能力和数据应用能力，使他们能够更好地把握数字化时代带来的机遇，应对挑战。为了实现这一目标，我们团队开展了一系列的实践活动，涵盖了数据收集、数据清洗、数据分析和数据应用等方面。

在项目中，首先，我们进行了大量的学习，包括学习数据处理工具、数据分析方法和数据应用案例等。其次，我们通过实践来巩固所学知识，并逐步提升自己的能力。我们收集了各种类型的数据，包括结构化数据和非结构化数据，从不同的来源获取数据，并进行了数据清洗和预处理。再次，我们运用统计分析和机器学习等方法对数据进行分析，发现了一些有价值的信息和规律。最后，我们将分析结果应用到实际问题中，比如市场营销、社交网络分析等，取得了一些积极的成果。除了实践活动，我们还进行了成果展示和交流。我们通过口头报告、海报展示、论文发表等形式，向评委和同行展示了我们的成果，并接受了他们的评审。在展示过程中，我们不仅展示了研究成果，还分享了学习经验和心得体会。通过与评委和同行的交流，我们收到了一些建设性的意见和建议，对我们的研究和学习都有所帮助。这个项目对我们的学习和成长起到了积极的作用。通过参与项目，我们不仅学会了一些实用的技能，还提升了自己的团队合作能力和问题解决能力。同时，我们深刻认识到大数据时代给我们带来的机遇和挑战。在未来，我们将继续努力，不断提升自己的数字素养，为社会发展做出更大的贡献。

二、大学生数字素养综合实践实施

（一）实践活动设计

在大数据时代下，为了促进大学生数字素养的综合实践，我们可以设计多种形式的实践活动，包括实验、案例分析、项目研究、模拟演练等，从而让学生通过实践不断提升数字化能力。实验是提高学生数字素养的有效途径之一。通过在实验室或者虚拟实验环境中进行数据分析、处理和可视化操作，学生可以深入了解大数据技术和工具的运用，培养他们的数据处理能力和解决问题的能力。案例分析可以帮助学生将理论知识与实际问题相结合，加深对数字化应用的理解。教师可以选取一些真实的数字化案例，让学生分析其中的数据特征、业务需求和解决方案，从而培养他们的数据分析和决策能力。项目研究是培养学生实践能力和创新精神的重要方式。通过组织学生参与数字化社会建设和服务项目，如参与社区数字化项目、参加数字创客大赛等，可以让学生将所学知识应用到实际项目中，锻炼他们的团队合作能力与创新思维能力。模拟演练也是提高学生数字素养的有效手段之一。可以设计一些数字化场景的模拟情景，让学生在模拟环境中进行数据分析、决策和应对突发事件的演练，从而提高他们的应变能力和实践能力。

（二）持续改进与发展

随着信息技术的不断进步和社会对数字化能力的日益需求，大学生数字素养已经成为教育界和社会各界普遍关注的焦点之一。为了有效提高大学生的数字素养水平，必须持续改进与发展相关的实践方案，并定期评估和总结实施效果，以满足学生和社会的需求。针对大数据时代下大学生数字素养综合实践的实施，我们需要不断地改进和完善实践方案。这包括对实践内容、形式、方法等方面进行反复思考和调整。例如，我们可以结合具体学科的特点和学生的实际需求，设计出更加贴近实际、具有挑战性和创新性的实践活动，从而激发学生的学习兴趣和主动性。

我们需要定期评估和总结实施效果，收集学生和教师的反馈意见，并根据反馈结果进行及时调整。评估可以通过问卷调查、小组讨论、学生作品展示等方式进行，以全面了解实践活动的效果和问题所在。同时，要充分倾听学生和教师的意见和建议，积极采纳他们的建议，并将其纳入实践方案的改进和完善中。随着学科发展和社会需求的不断变化，我们需要及时更新课程内容和实践活动，保持与时俱进。大数据时代的发展速度非常快，相关技术和应用也在不断更新换代，因此我们需要密切关注学科领域的最新进展和社会的需求变化，及时调整和更新实践内容，确保实践活动能够紧跟时代潮流，带给学生最新、最有效的学习体验。

第三节　大学生数字素养综合实践成果评价与反馈

一、大学生数字素养综合实践成果评价

（一）学术能力评估

通过对学术成果质量和学术写作能力的评估，可以全面了解大学生在知识掌握、思维逻辑和表达能力等方面的成长和进步，而数字素养综合实践则在这一评价过程中发挥了重要作用。学术成果质量评估是评价学生学术能力的重要指标之一。学术成果包括学术报告、论文、项目文档等，评估其质量需要考查多个方面。例如，对于论文或项目文档，评估者会关注文献综述的深度和广度，是否能够全面梳理相关研究进展和理论基础；数据分析的逻辑性和科学性，是否能够准确地运用统计方法和数据处理技术；结论的合理性和推导过程，是否能够从研究结果中得出科学可靠的结论。在数字素养综合

实践的支持下，学生可以利用多种数字化工具和资源，如在线数据库、数据分析软件等，提升数据处理和分析的能力，从而在学术成果的质量评估中表现地更加出色。

学术写作能力的评估是评价学生学术能力的另一个重要方面。学术写作能力不仅涉及语言表达的准确性和流畅性，还包括逻辑结构的清晰性和条理性，以及学术论证的严密性和深度。数字素养综合实践通过提供在线写作工具、语法检查软件以及学术写作指导资源等，帮助学生改进和提升写作技能。例如，学生可以利用在线写作平台进行实时写作和协作，接受同行评审和反馈，提高写作质量和效率。此外，学术写作课程和工作坊也可以通过数字化形式进行，为学生提供更加灵活和个性化的学习体验，进一步促进其学术写作能力的提升。

（二）综合素养评估

综合素养评估旨在全面考查学生在数字素养综合实践中的综合能力提升和自我反思与成长情况。综合能力提升是评估学生数字素养综合实践成果的重要标准之一。学生参与数字素养综合实践不仅仅是获取知识和技能，更是通过实际项目和任务的执行，提升其综合能力。这包括学术能力的提高，如数据分析、文献综述的深度和广度；技术水平的提高，如数字工具的熟练运用和技术问题的解决能力；团队合作能力的提高，如在团队项目中有效地协作、沟通和分工；以及创新和问题解决能力的培养，如在项目中面对挑战和问题时能够寻找创新解决方案。综合能力提升的评估不仅考查学生在单一技能或领域的表现，更注重其在整个综合实践过程中的发展和成长。

自我反思与成长是评价学生数字素养综合实践成果的另一个重要维度。通过参与数字素养综合实践，学生有机会对自己的表现和成长进行深入反思。这种反思不仅包括技术和学术层面，还包括对个人能力和职业发展的思考。学生可以审视自己在项目中的角色和贡献，评估自己在团队合作中的表现，分析自己在创新和问题解决中的思维方式和策略。通过这种自我反思，学生能够更清晰地认识到自己的优势和不足，进而制订个人发展计划，持续提升自身的综合能力和竞争力。数字素养综合实践成果评价不仅有助于教育者了解学生的综合素养水平，还为学生提供了一个重要的学习和成长平台。通过系统化的评估和反馈，学生能够更加全面地了解自己在学术、技术和职业发展中的表现和潜力。教育者在评价过程中应注重提供具体而有效的反馈，帮助学生进一步完善和提升自己的能力。例如，通过定期的个人辅导或团队评估会议，学生可以接受来自教育者和同行的建设性意见，从而在未来的学术和职业生涯中更加游刃有余地应对各种挑战。

二、大学生数字素养综合实践成果反馈

（一）技术能力反馈

在评估学生的数字素养综合实践成果时，技术操作能力和技术进步建议是至关重要的方面。这些评估不仅有助于了解学生在使用数字工具和技术方面的掌握程度，还能为他们提供改进和进步的具体建议和指导。技术操作能力的评估涵盖学生在使用数字工具和技术方面的全面掌握程度。数字素养综合实践要求学生熟练运用各种工具进行数据分析、可视化和文献管理等任务。在评估过程中，教育者可以通过项目成果、实际操作演示或技术考核来衡量学生的技能水平。例如，对于数据分析，评估者可以检查学生是否能够有效地收集、清理和分析数据，是否能够运用统计方法和模型进行科学推断；对于可视化，评估者可以评估学生设计和创建可视化图表或图形的能力，以有效传达数据和研究结果；对于文献管理，评估者可以考查学生是否能够使用引文管理软件或数据库系统，正确管理和引用文献资源。

技术进步建议是评估过程中的重要组成部分，旨在帮助学生发现和改进技术操作中存在的不足或改进空间。通过详细的反馈和建议，教育者可以为学生提供个性化的学习路径和技术培训方案，进一步提升其技术操作能力。例如，针对数据分析能力不足的学生，教育者可以推荐其参加专门的数据分析课程或工作坊，加强统计方法和数据处理技能的学习；对于可视化能力有待提升的学生，可以建议其使用更先进的可视化工具或学习最新的可视化设

计技术；对于文献管理方面的挑战，可以推荐学生学习更有效的文献搜索和管理策略，确保引用和文献清单的准确性和完整性。综合素养实践的成果反馈不应仅限于技术操作能力的评估和建议，还应包括学生在团队合作、创新思维和问题解决等方面的表现。通过全面的反馈和建议，学生能够更清晰地认识到自己在数字素养综合实践中的优势和不足，从而有针对性地制定和实施个人发展计划。教育者在反馈过程中的指导和支持，对学生的技术进步和综合能力提升起到了关键作用，不仅促进了其学术和职业发展，也为教育教学的持续改进提供了宝贵的经验和借鉴。

（二）个体反馈

通过详细的个人表现评价和强调成就感与自信心，不仅可以帮助学生深刻理解自己在项目中的表现和成长，还能够激励他们在未来学习和职业生涯中保持积极态度和持续进步。个人表现评价涵盖学生在实践过程中各个方面的表现。这包括学术能力的展示，如在文献综述的深度和广度、数据分析的逻辑性和方法选择上的表现；技术操作方面的评估，如使用数字工具和技术进行数据处理、可视化和文献管理的熟练程度；团队合作能力的评估，包括在团队项目中的角色扮演、沟通协作和解决冲突的能力；创新能力的展示，如在解决问题或面对挑战时展现的创造性思维和创新解决方案的提出。通过综合评价，教育者可以帮助学生全面了解自己在数字素养综合实践中的优势和改进空间，为个人发展提供有针对性的建议和支持。

成就感与自信心是个体反馈中不可或缺的一部分。强调学生在项目中取得的成就和突破，能够有效提升他们的自信心和对学习的积极态度。例如，当学生通过精确的数据分析为团队提供了关键见解，或者在团队合作中有效解决了技术难题时，教育者可以及时给予肯定和赞扬，强化学生对自己能力的认知和信心的树立。通过正向的成就感强化，学生不仅能够更好地理解自己的潜力和价值，还能够在面对学习和职业挑战时更加积极和自信地应对。综合素养实践的成果反馈不仅是对学生个人学术和职业能力的认可，也是对其参与团队合作、创新思维和问题解决能力的肯定。通过个体反馈，学生能够深刻体会到自己在数字素养综合实践中的成长和进步，从而更有动力地追求个人和职业发展的目标。教育者在反馈过程中的指导和支持，不仅帮助学生在学术技能上不断提升，还为其综合素养的全面发展打下坚实基础。在未来的学习和职业生涯中，这种积极的成就感和自信心将成为学生成长和成功的重要驱动力。

第四节　大学生数字素养综合实践经验分享与交流

一、大学生数字素养综合实践经验分享

（一）项目选择和动机

学生选择特定项目的原因之一是他们对该领域的兴趣和热情。在大数据时代，数字技术已经渗透到各个领域，如人工智能、数据分析、网络安全等。一些学生可能对其中某一领域产生了浓厚的兴趣，希望通过参与相关项目来深入了解和探索。比如，有些学生可能对人工智能技术感兴趣，希望通过参与人工智能项目来学习和实践相关技术；有些学生可能对数据分析领域感兴趣，希望通过参与数据分析项目来掌握数据处理和挖掘的技能。学生选择特定项目的原因之二是他们个人的发展目标和职业规划。随着社会的发展和竞争的加剧，越来越多的学生意识到数字素养在个人发展和职业规划中的重要性。因此，一些学生可能会选择与自己未来职业相关的项目，以提升自己在该领域的竞争力和能力。比如，有些学生可能希望成为数据分析师，因此会选择参与和数据分析相关的项目，以积累相关经验和学习相关技能；有些学生可能希望成为网络安全专家，因此会选择参与和网络安全相关的项目，以提升自己的安全意识和技术水平。

学生选择特定项目的原因之三是他们的学习需求和学习兴趣。每个学生都有自己的学习需求和学习兴趣，不同的项目可以满足不同学生的需求和兴趣。有些学生可能希望通过参与项目来加深对课堂知识的理解和应用，以提

升自己的学术水平和学习能力；有些学生可能希望通过参与项目来锻炼自己的团队合作与沟通能力，培养自己的领导力和团队意识；有些学生可能希望通过参与项目来扩展自己的人际关系网络，结识更多志同道合的伙伴和导师，为自己的未来发展打下良好的基础。学生选择特定项目的原因之四是他们的社会责任感和使命感。在当今社会，数字素养已经成为人们必备的基本素质，与国家的发展和社会的进步息息相关。因此，一些学生可能会选择参与和社会发展与民生福祉相关的项目，以实现自己的社会价值和使命。比如，有些学生可能会选择参与和教育、医疗、环保等领域相关的项目，为改善社会环境和服务民众做出贡献；有些学生可能会选择参与和社会公益与慈善事业相关的项目，帮助那些需要帮助的人群，促进社会和谐与稳定。

（二）实践过程中遇到的挑战和解决方案

1. 技术挑战

在数字素养实践项目中，学生可能会遇到各种技术挑战，如软件操作不熟练、编程语言不熟悉、技术难题无法解决等。例如，一些学生可能对数据分析软件的使用还不够熟练，在处理大数据时遇到困难；另一些学生可能对编程语言的掌握程度不够，无法完成复杂的数据处理和可视化任务。学生们通过积极主动地学习和实践，克服了技术难题。他们利用网络资源、教学资料和同学间的交流合作，不断提升自己的技术水平。同时，他们在实践中不断尝试和探索，通过自己的努力和创新，找到了解决技术难题的方法和技巧。此外，一些学生还通过参加技术培训班、请教导师和专业人士等方式，获得了更深入的技术支持和指导。

2. 团队合作挑战

在数字素养实践项目中，学生通常需要与团队成员进行合作，共同完成项目任务。然而，在团队合作过程中可能会出现沟通不畅、意见分歧、任务分配不均等问题，影响项目的进展和成果。学生通过加强团队沟通、营造良好的合作氛围、制定明确的工作计划等方式，解决了团队合作方面的问题。他们通过定期开会、交流意见、明确任务分工等方式，加强了团队的协作与配合，提高了工作效率和项目质量。同时，他们也学会了倾听和尊重团队成员的意见，处理好团队内部的矛盾和分歧，实现了团队合作力量的最大化。

3. 时间管理挑战

在大学生活中，学生往往面临着学业、社交、兴趣等方面的压力，时间管理成了一个重要的挑战。在数字素养实践项目中，学生需要合理安排时间，保证项目的顺利进行和完成。学生通过制定详细的项目计划、合理分配时间、提高效率等方式，解决了时间管理方面的问题。他们充分利用日历、待办事项清单等时间管理工具，制定每日、每周的学习和工作计划，明确任务和目标，并按计划执行。同时，他们学会了合理安排自己的学习和生活，保持身心健康，避免过度压力和疲劳，提高了工作和学习的效率和质量。

4. 资源获取挑战

在数字素养实践项目中，学生可能会面临资源获取不足的问题，比如缺乏相关资料、设备、软件等资源，影响了项目的顺利进行。学生们通过积极主动地寻找资源、拓宽资源渠道、与其他团队合作共享资源等方式，解决了资源获取方面的问题。他们利用网络资源、图书馆资源、学校实验室等资源渠道，寻找和获取所需的资料、设备和软件。同时，他们与其他团队进行合作，共享资源和经验，互相支持、互相帮助，实现了资源的最大化利用和共享。

二、大学生数字素养综合实践经验交流

（一）学生论坛

在大数据时代下，开设学生论坛是促进大学生数字素养综合实践经验交流的有效途径。学生们可以在这个平台上自由地分享他们在数字素养实践中的经验和感悟，这种形式可以激发更多学生参与和分享，促进学生之间的互动和交流。学生论坛为学生提供了一个自由、开放的交流平台。在这个平台上，学生们可以不受时间和空间的限制，自由地分享自己的经验和感悟，倾听他人的观点和建议。他们可以通过文字、图片、视频等多种形式，将自己

的思想和经验传达给其他学生，促进彼此之间的交流和互动。这种自由开放的交流模式，有助于激发学生的创造力和想象力，激发更多的思想火花和创新灵感。学生论坛为学生提供了一个学习、成长的机会。通过参与论坛的讨论和交流，学生可以不断学习和吸收他人的经验和知识，开拓自己的视野，增长见识。他们可以从他人的成功经验和失败教训中汲取经验和教训，总结规律，提高自己的实践能力和素养水平。同时，他们可以通过分享自己的经验和感悟，巩固和深化自己的理解，促进自己的成长和发展。

学生论坛为学校和教师提供了一个了解学生需求和反馈意见的平台。通过观察学生在论坛上的讨论和交流，学校和教师可以了解学生的学习情况、学习需求，以及对教学内容和方式的评价。他们可以根据学生的反馈意见和建议，及时调整教学计划和课程设置，优化教学方法和教学资源，更好地满足学生的学习需求和提高教学质量。学生论坛还有助于促进学生之间的交流与合作。在论坛上，学生可以结识志同道合的伙伴，建立起紧密的学术和友谊关系，共同探讨学习问题，共同解决困难，共同成长和进步。他们可以通过论坛交流信息、分享资源、组织活动等，加强学生之间的互助互学，提高学生的团队合作与沟通能力，培养学生的团队精神与合作意识。学生论坛还有助于提升学生的综合素养和社会责任感。通过参与论坛的讨论和交流，学生可以不断提高自己的表达能力、批判思维能力和解决问题的能力，提高自己的综合素养和社会责任感。他们可以通过关注社会热点、参与公益活动等方式，积极参与社会实践和公共事务，为社会发展和进步做出自己的贡献。

（二）展示会

1. 确定展示会的主题和内容

在大数据时代下，组织数字素养综合实践成果展示会可以让学生们展示他们在数字素养实践中取得的成果和经验，同时为其他同学提供了学习和交流的机会。这样的展示会不仅可以促进学生之间的经验交流和分享，还可以展示学生的创新能力和实践成果，提升学校的教学质量和影响力。首先，确定展示会的主题和内容。展示会的主题可以围绕数字素养的相关领域或者特定内容，比如数据分析、人工智能、网络安全、数字创新等。展示内容可以包括学生的项目成果、实践经验、技术应用、创新成果等，旨在展示学生在数字素养实践中的成果和收获。其次，邀请相关人员和专家参加展示会。可以邀请学校领导、教师、行业专家、企业代表等人员参加展示会，既可以为学生提供指导和鼓励，也可以为学生提供更多的学习和交流机会。同时，可以邀请媒体、社会团体等机构参加，提高展示会的影响力和知名度。最后，组织学生参加展示会。可以邀请学校各院系、各专业的学生参加展示会，展示他们在数字素养实践中的成果和经验。学生可以通过海报、展板、演示文稿、实物展示等形式展示自己的项目成果，向其他同学和参观者介绍自己的项目内容、目标、方法和成果，并与他们进行交流和互动。

2. 设置展示环节和交流环节

在展示会上，可以设置专门的展示环节和交流环节，让学生有机会向参观者展示自己的项目成果，并与他们进行深入交流和互动。首先，设置专门的展示区域或展示台，让学生在此展示自己的项目成果，同时，设置专门的交流区域或交流场地，让学生与其他参与者进行交流和互动。其次，提供相关支持和服务。为了保障展示会的顺利进行，需要提供相关的支持和服务，比如场地布置、设备调配、材料准备、安全保障等方面的支持和服务。同时，还需要提供必要的指导，帮助学生准备和展示自己的项目成果，并解决他们在展示过程中可能遇到的问题和困难。最后，及时总结和评估展示会的效果。在展示会结束后，需要及时对展示会的效果进行总结和评估，分析展示会的优点和不足之处，提出改进和完善的建议和意见。同时，收集参展学生和观众的反馈意见和建议，为下一次展示会的组织和举办提供参考和借鉴。

（三）专题讲座

1. 确定讲座的主题和内容

在大数据时代下，数字素养的重要性越加凸显，因此，组织专题讲座，邀请相关领域的专家或校内有经验的学生分享数字素养综合实践的最新进展和经验，对于开拓学生的视野、提升他们的实践能力至关重要。这些专题讲座旨在为学生提供机会，使其了解数字素养领域的前沿动态、掌握实践经验，从而在数字化时代更好地应对挑战和抓住机遇。在大数据时代下，数字素养领域的发展日新月异，涵盖数据分析、人工智能、网络安全、数字创新等多个方面。因此，可以根据学生的兴趣和需求，确定讲座的主题，如"大数据时代下的数据分析技术应用""人工智能在实践中的应用与挑战""网络安全与个人隐私保护"等。确定主题后，可以通过学校的专家资源、校友资源、学生资源等渠道，邀请相关领域的专家或校内有经验的学生参加讲座。专家可以是学术界的研究者、行业界的从业者、企业界的管理者等，他们能够分享自己在数字素养领域的研究成果、实践经验、发展趋势等方面的见解和观点。学生可以是在该领域有一定研究和实践经验的同学，他们可以分享自己的项目经验、学习心得、成长经历等方面的体会和感悟。

2. 宣传和推广讲座信息

在大数据时代下，为了吸引更多的学生参加讲座，需要及时宣传和推广讲座信息。可以通过校园广播、宣传栏、社交媒体等渠道发布讲座信息，向全校师生宣传讲座的时间、地点和主题，并鼓励他们积极参加。此外，可以向学生组织、学术团体等机构发出邀请，邀请他们组织学生参加讲座，提高讲座的参与度和影响力。

首先，提供讲座相关支持和服务。为了保障讲座的顺利进行，需要提供相关的支持和服务，比如场地布置、设备调配、材料准备、安全保障等方面的支持和服务。其次，提供必要的指导。帮助学生准备和参加讲座，解决他们在讲座过程中可能遇到的问题和困难。最后，在讲座中可以设置专门的讲座环节和互动环节，让学生有机会向专家提问，与之进行交流和讨论，深入了解讲座内容和相关问题。同时，可以设置提问环节、讨论环节等，让学生充分发挥自己的创造力和想象力，参与到讲座中来，提出自己的看法和建议，促进学术交流和学习成长。

第十一章　大数据时代下大学生数字素养培育模式研究

第一节　大数据时代下大学生数字素养培育模式的构建与创新

一、大数据时代下大学生数字素养培育模式的构建

（一）创新创业教育

大学可以建立创业孵化器和创新实验室。这些场所不仅仅是为学生提供创业项目的基础设施和资源支持，更重要的是，它们是学生进行创新实验和应用数字技术的重要场所。例如，学生可以利用这些实验室进行市场调研、数据分析、产品原型制作等，从而在实践中培养出色的创业能力和实际操作能力。

大学应该注重课程设置的创新和实用性。在创新创业教育课程中，应该包含如何利用大数据进行市场分析、消费者行为预测、产品优化等内容。通过这些课程，学生不仅能学习到理论知识，还能够通过实际案例和项目学习如何应用数字技术解决实际问题，提升他们的数据分析能力和创新思维。大学可以引入跨学科的学习模式。例如，将工程学院的学生与商学院的学生组成团队，共同解决由数字技术和大数据分析带来的复杂问题。通过跨学科合

作，学生可以从不同的角度理解和解决问题，培养出更加全面的创新能力和团队合作精神。

大学还应该注重教师的培训和发展。教师在数字技术和大数据领域的专业知识和实践经验，对于有效指导学生在创新创业过程中的应用至关重要。通过教师的专业发展，可以确保他们能够为学生提供最新的知识和技能支持，帮助学生在竞争激烈的创新市场中脱颖而出。大学还可以鼓励学生参与国际交流与合作项目。在全球化的背景下，学生通过与国际同行的合作，不仅能够开阔视野，还能够学习到不同国家和地区的创新经验和商业模式，为他们未来的创业实践提供宝贵的参考。

（二）技术平台和资源支持

大学可以通过开放数据分析软件和工具的许可，为学生提供充足的技术支持。例如，提供流行的数据分析软件如 Python、R 语言，以及可视化工具如 Tableau 等。这些软件不仅是学术界和商业界的标准工具，而且是学生学习和掌握数据处理、分析和呈现技能的重要平台。云计算服务的提供对于学生的实际项目尤为关键。通过云平台如 AWS、Azure 或 Google Cloud 等，学生可以访问强大的计算能力和存储资源，进行大规模数据处理和分析实验。这种便利不仅节省了学校的硬件成本，还使学生可以在类似真实工作环境下进行实践，提升其在数据驱动决策和解决方案开发方面的能力。

大学可以建立和维护数据集资源库，供学生在项目中使用和参考。这些数据集可以涵盖各个行业和领域的实际数据，如市场销售数据、社交媒体数据、医疗健康数据等。通过与行业合作或者从开放数据平台获取，学生能够对真实数据进行探索和分析，从而更好地理解数据的价值和应用场景。除了技术平台和资源提供，大学还应该注重教学方法和课程设计的创新。例如，可以通过项目驱动的课程设计，让学生在团队中应用所学技术解决实际问题。这种实践性教学不仅加深了学生对技术工具和数据分析方法的理解，还培养了他们的团队合作、问题解决和沟通能力。

大学应该鼓励和支持学生参与竞赛和创新项目，如数据科学竞赛、创业挑战赛等。这些比赛和项目不仅是学生实践技能的好机会，还可以提升他们的自信心和竞争力。通过这些活动，学生能够将学术知识应用到实际问题中，并与其他优秀学生交流和竞争，促进自身能力的全面提升。大学还可以通过导师制度和行业导师的引入，为学生提供更加个性化和专业化的指导。导师不仅可以在学术上指导学生，还能够分享实际工作经验和行业动态，帮助学生更好地理解和运用技术平台和数据资源。这种一对一的指导有助于学生在学术和职业生涯中获得更好的发展。

二、大数据时代下大学生数字素养培育模式的创新

（一）技术与创新结合

数字素养不仅包括基本的计算机操作和信息检索能力，更涵盖了复杂数据分析、人工智能应用、数字隐私保护等多方面的技能。为了适应快速发展的技术环境和社会需求，大学教育需要引入前沿的技术和工具，如人工智能、大数据分析平台等，培养学生的创新思维和解决问题的能力。人工智能作为前沿技术的代表，在各个领域的应用日益广泛。大学可以通过开设人工智能相关课程和实验室，让学生深入了解 AI 的基本原理和实际应用。例如，通过学习机器学习算法、深度学习框架，学生可以掌握从数据预处理、模型训练到模型评估的全流程技能。同时，学校可以与科技企业合作，为学生提供实习和参与项目的机会，让学生在真实环境中应用所学知识，解决实际问题。这不仅能提升学生的实践能力，还能培养他们的创新思维。大数据分析平台能够极大地提升学生的数据处理和分析能力。在大数据时代，数据已经成为重要的生产资料，如何高效地获取、处理和分析数据是每个大学生都需要具备的基本技能。学校可以通过引入大数据分析平台，如 Hadoop、Spark 等，帮助学生掌握大规模数据处理和实时数据分析的能力。例如，通过实际操作，学生可以学会利用大数据技术进行数据清洗、数据挖掘和数据可视化，从而提高他们的数据分析能力和数据驱动决策的能力。数字隐私保护也是数字素养的重要组成部分。在大数据时代，数据隐私问题日益凸显，如何在保障个

人隐私的同时进行数据利用，是一个需要深入探讨的问题。大学可以通过开设相关课程，向学生传授数字隐私保护的基本知识和法律法规。例如，通过学习数据加密技术、隐私保护算法，学生可以掌握如何在数据处理过程中保护个人隐私，增强他们的法律意识和责任感。

为了更好地培养学生的数字素养，大学需要在教学模式上进行创新。一方面，可以采用"翻转课堂"模式，让学生在课前自主学习基础知识，在课堂上进行深度讨论和实践操作。例如，在人工智能课程中，学生可以在课前通过在线教程学习基础知识，在课堂上进行实际案例分析和项目开发，提升学习效果。另一方面，可以采用"项目驱动"教学模式，通过实际项目的驱动，让学生在解决问题的过程中学习和应用知识。例如，在大数据分析课程中，学生可以参与实际数据分析项目，从数据采集、处理、分析到结果呈现，完整体验数据分析的全流程，提升实践能力与团队合作精神。学校还可以通过建立创新实验室和创客空间，提供丰富的实验设备和技术支持，激发学生的创新热情。例如，人工智能实验室可以提供机器人、无人机等设备，让学生进行实际操作和开发，培养他们的创新能力和动手能力。同时，学校可以举办各种创新竞赛和技术交流活动，为学生提供展示和交流的平台，激发他们的创造力和竞争意识。

（二）数据驱动学习

在大数据时代，引入数据驱动的学习方法是一种创新的数字素养培育模式。这种方法通过收集、分析和利用学生的学习数据，根据他们的学习表现和需求提供个性化的学习路径和资源，通过数据分析和反馈不断优化教学模式和学习体验。这样的模式不仅可以提高学生的学习效果和学习体验，还可以为教师提供更有效的教学指导和管理手段，推动数字素养教育的全面发展。数据驱动的学习方法可以实现个性化教学和学习。通过收集学生的学习数据，如学习进度、学习成绩、学习偏好等，系统可以分析学生的学习特点和需求，为他们提供个性化的学习路径和资源。比如，对于学习进度较快的学生，可以为其提供更深入和拓展的学习内容；对于学习进度较慢的学生，可以为其提供更基础和巩固的学习内容。这样，每个学生都可以根据自己的学习特点和需求，找到最适合自己的学习方式，提高学习效果和学习质量。

数据驱动的学习方法可以实现教学过程的优化和改进。通过分析学生的学习数据，系统可以发现教学过程中存在的问题和不足之处，从而及时调整教学内容、教学方法和教学资源，优化教学模式和学习体验。比如，如果系统发现某个教学内容学生反应较弱，可以调整内容的呈现方式或者增加辅助教学资源；如果系统发现某个教学方法效果较差，可以及时更换或者改进教学方法。这样，可以不断优化和改进教学过程，提高教学效果和学习体验。数据驱动的学习方法可以促进学生的自主学习。通过分析学生的学习数据，系统可以为学生提供个性化的学习反馈和指导，帮助他们了解自己的学习情况和进步情况，从而激发他们的学习动力和自主学习意识。比如，系统可以向学生展示他们的学习成绩和排名，提醒他们注意学习进度和目标，鼓励他们不断努力和进步。这样，学生可以更加自觉地管理自己的学习，提高学习的积极性和主动性。数据驱动的学习方法可以促进教师的教学管理和指导。通过分析学生的学习数据，系统可以为教师提供全面的学生信息和学习情况，帮助教师了解每个学生的学习特点和需求，从而有针对性地进行教学管理和指导。比如，教师可以根据学生的学习数据调整教学计划和教学内容，组织个性化的辅导和答疑活动，帮助学生解决学习中的困惑和问题。如此，教师可以更加有效地管理和指导学生的学习，提高教学效果和学生满意度。

第二节　大学生数字素养培育模式的实施与效果评价

一、大学生数字素养培育模式的实施

（一）教学资源建设与共享

在大数据时代，建设数字素养教学资源库和平台，收集整理优质的数字素养教学资源，为教师和学生提供支持和帮助，同时，鼓励教师和学生分享

教学资源和经验，是一项非常重要的举措。这种举措可以促进数字素养教育的全面发展，提高教学效果和学习体验，推动数字素养培育模式的实施和完善。建设数字素养教学资源库和平台可以为教师和学生提供丰富的教学资源和学习资料。在这个平台上，可以收集整理各种优质的数字素养教学资源，包括课件、案例、实验指导、学习工具等，涵盖数字素养教育的各个方面和内容。这些资源丰富多样，可以满足教师的不同教学需求和学生的学习需求，提供全面支持和帮助。建设数字素养教学资源库和平台可以促进教师和学生之间的交流与合作。在这个平台上，教师可以分享自己的教学资源和经验，交流教学心得和教学方法，共同探讨数字素养教育的教学理念和实践策略。同时，学生可以分享自己的学习体会和学习方法，互相学习和帮助，共同提高数字素养水平和能力。这种交流与合作的氛围可以促进教师和学生之间的相互学习和共同进步。

建设数字素养教学资源库和平台可以促进教学资源的共享和开放。在这个平台上，教师和学生可以自由分享自己的教学资源和学习资料，为其他教师和学生提供参考和借鉴。同时，平台可以邀请各个领域的专家学者和行业精英共享他们的教学资源和经验，丰富平台的内容和资源，提供更多的选择和机会。这种教学资源的共享和开放可以促进教育资源的共享和共赢，推动数字素养教育的共同发展和进步。建设数字素养教学资源库和平台可以提高教学效果和学习体验。在这个平台上，教师和学生可以根据自己的学习需求和兴趣特点，自由选择和使用各种教学资源和学习资料，提高学习的灵活性和个性化。平台还可以根据学生的学习数据和反馈，为他们提供个性化的学习建议和辅导，帮助他们更加高效地学习和成长。这样，教学效果可以得到有效提升，学习体验也可以得到更大改善。

（二）学习环境建设与设施配备

在大数据时代，打造数字素养学习环境，建设实验场所，配备先进的硬件设施和软件工具，如数字实验室、数据分析平台等，是推动大学生数字素养培育模式实施的重要举措。这种学习环境不仅可以为学生提供良好的学习条件和实践平台，还可以激发学生的学习兴趣和提高他们的学习效果，促进数字素养教育的全面发展。打造数字素养学习环境，建设实验场所可以为学生提供良好的学习条件和实践平台。在这样的学习环境中，学生可以接触到最新的数字技术和工具，如大数据处理软件、数据可视化工具、人工智能算法等，可以在真实的数据环境中进行实践操作和探索。学生还可以利用数字实验室和数据分析平台等设施，开展各种数字素养相关的实验和项目，提升他们的实践能力和创新能力。如此，学生就可以在一个良好的学习环境中充分发挥自己的潜力，实现个人发展和成长。打造数字素养学习环境，建设实验场所可以激发学生的学习兴趣和主动性。在这样的学习环境中，学生可以自由选择学习内容和学习方式，根据自己的兴趣和需求进行学习和探索。他们可以利用数字实验室和数据分析平台等设施，开展各种个性化的学习活动和项目，参与到数字素养教育的各个环节中。这种自主选择和参与的学习方式可以激发学生的学习兴趣和主动性，提高他们的学习积极性和效果，促进他们的全面发展和成长。

（三）推广与复制

在数字素养教育的实施过程中，推广与复制成功的经验和做法至关重要。通过将已经验证有效的数字素养培育模式向其他院校和教育机构推广，可以促进数字素养教育的全面发展和普及，实现更广泛的影响和效果。需要对成功实施的数字素养培育模式进行全面的总结和归纳。这包括收集和整理实施过程中的数据和反馈，分析和评估各项措施和活动的效果与影响，总结成功的经验和做法，明确数字素养培育模式的核心理念和关键要素。只有通过深入的总结和归纳，才能为推广与复制提供有力的理论和实践支持。

第一，需要选择合适的推广与复制对象和目标。在选择推广与复制对象时，需要考虑其教育水平、学科特点、师资力量等因素，确保数字素养培育模式的适用性和可行性。第二，需要明确推广与复制的目的，即希望通过推广与复制实现什么样的效果和目标，以便有针对性地开展推广与复制工作。第三，需要制定详细的推广与复制计划和实施方案。推广与复制计划需要包括具体的推广目标、推广对象、推广内容、推广渠道、推广时间等内容，确保推广与复制工作的有序进行。第四，需要制定详细的实施方案，包括推广与复制的具体步骤、责任人、时间节点等，以确保推广与复制工作的顺利开展和有效实施。第五，需要加强宣传和推广工作，提高数字素养培育模式的知名度和影响力。可以通过各种渠道和方式进行宣传和推广，如举办推广会议和研讨会、发表推广文章和报道、开展推广活动、制作宣传视频等，向更多的教育机构和教育工作者介绍和分享成功的数字素养培育模式，激发他们的学习兴趣和参与热情。第六，需要加强培训和支持工作，提高推广对象的接受能力和实施能力。可以通过组织培训班和研讨会、开展实践活动和案例分析等方式，向推广对象传授数字素养培育模式的理论知识和实践技能，提高他们的专业水平和实施能力。还可以为推广对象提供技术支持和咨询服务，解决他们在实施过程中遇到的问题和困难，确保推广与复制工作的顺利进行。第七，需要加强监督和评估工作，及时发现和解决推广与复制过程中的问题和不足。可以通过建立监督机制和评估体系，定期对推广与复制工作进行评估和反馈，及时发现存在的问题和不足，及时采取措施加以改进和完善，确保推广与复制工作的顺利实施和有效推进。

二、大学生数字素养培育模式的效果评价

（一）能力提升

在大数据时代下，评估数字素养培育模式的效果是非常重要的，尤其是通过比较学生在培育前后的能力水平变化来评估培育模式的有效性。这种评估可以帮助我们更好地了解培育模式的实际效果和影响，发现存在的问题和不足，进而为数字素养教育的改进和提升提供重要参考。第一，可以通过定量评价的方式来考查学生数字素养能力的提升情况。定量评价主要通过量化的指标和数据来评估学生在培育前后的数字素养水平变化，包括数据分析能力、问题解决能力、创新能力等方面。这可以通过设计量表、问卷调查等方式收集数据，然后进行统计分析和比较，获得数字素养能力提升的情况。例

如，可以设计一份针对数字素养各方面能力的评估问卷，分别在培育前和培育后进行调查，通过统计分析获得数字素养能力的提升情况。第二，可以通过定性评价的方式来考查学生数字素养能力的提升情况。定性评价主要通过观察和描述学生在培育前后的表现和行为来评估数字素养能力的提升情况，包括学生在实际学习和工作中的表现、作品展示等方面。这可以通过开展个案研究、深度访谈、焦点小组讨论等方式收集数据，然后进行分析和总结，获得数字素养能力提升的情况。例如，可以选择一些有代表性的学生进行深度访谈，了解他们在数字素养培育过程中的成长和变化，通过分析访谈内容来评估数字素养能力的提升情况。第三，可以通过案例分析的方式来考查学生数字素养能力的提升情况。案例分析主要通过分析学生在实际项目或任务中的表现和成果来评估数字素养能力的提升情况，包括学生在解决实际问题、开展创新项目等方面的表现。这可以通过收集和整理学生在课程项目、科研实践、社会实践等方面的案例资料，然后进行分析和总结，获得数字素养能力提升的情况。例如，可以选择一些有代表性的项目或任务，分析学生在其中的表现和成果，评估其数字素养能力的提升情况。第四，可以通过综合评价的方式来考查学生数字素养能力的提升情况。综合评价主要通过综合定量评价、定性评价和案例分析等多种方法和数据来评估数字素养能力的提升情况，从而得出综合性的评价结论。这可以通过建立数字素养能力提升评价体系，包括定量指标体系、定性指标体系、案例评价体系等，然后进行综合评价和汇总分析，获得数字素养能力提升的综合情况。例如，可以根据定量评价、定性评价和案例分析的结果，综合评价学生在数字素养能力提升方面的整体表现，得出综合性的评价结论。

（二）教学改进和优化

在大数据时代，评估大学生数字素养培育模式的实施效果以及存在的问题，并通过收集学生和教师的反馈意见来改进和优化教学，具有重要的意义。这种评估和改进过程，不仅可以更好地满足学生的学习需求，提升他们的数字素养水平，也可以帮助教师更好地指导学生，促进教学质量的提升。收集学生的反馈意见是评估培育模式实施效果的重要途径之一。通过学生的反馈，可以了解到他们对培育模式的认可程度、对课程设置和内容的满意度，以及对教学方法和资源的评价等。学生的反馈意见可以帮助评估机构更好地了解学生的学习需求和期望，从而调整和改进培育模式，使之更加贴近学生的实际需求，提升学习的效果和体验。

收集教师的反馈意见也是评估培育模式实施效果的重要途径之一。教师是培育模式的实施者和推动者，他们对培育模式的实施效果有着直接的了解和感受。通过教师的反馈意见，可以了解到他们对培育模式的实施情况、对教学资源和支持的需求，以及对学生学习情况的观察和评价等。教师的反馈意见可以帮助评估机构更好地了解教学过程中存在的问题和挑战，从而调整和改进教学策略和方法，提升教学质量和效果。除了收集学生和教师的反馈意见，还可以通过定期的评估调研来评估培育模式的实施效果和存在的问题。评估调研包括问卷调查、访谈和焦点小组讨论等方式，通过收集各方面的意见和建议，全面了解培育模式的实施情况和效果。评估调研可以帮助评估机构更系统地了解培育模式的实施效果，发现存在的问题和挑战，为教学改进和优化提供参考和依据。在评估培育模式实施效果和存在问题的基础上，可以进行教学改进和优化。教学改进和优化包括调整课程设置和内容、优化教学资源和支持、改进教学策略和方法等方面。通过不断地改进和优化，可以提升培育模式的教学质量和效果，更好地满足学生的学习需求，提升他们的数字素养水平。

（三）社会影响与实际应用评价

对学生通过数字素养实践项目对社会的贡献和影响进行评估，不仅可以衡量其在学术和技术领域的成就，还能检验其在解决实际社会问题、推动行业发展和提升社会效益方面的能力和创新潜力。数字素养培育模式通过实践项目的设计和实施，旨在培养学生在数据科学和技术应用中的实际能力和创新潜力，以及其对社会的贡献和影响。评估学生的项目成果对实际行业和社会的应用价值是评价的关键点之一。学生参与的数字素养实践项目可能涉及数据分析、技术创新或解决特定社会问题的应用。例如，学生可能通过数据科学方法分析城市交通流量数据，提出优化交通管理策略的建议；或者通过开发智能健康监测系统，提高医疗服务的效率和准确性。评估这些项目的应用价值不仅要关注其技术实施的成果，还要关注其对行业发展和社会效益的潜在影响，即项目能否有效解决实际问题并带来持续的社会价值。

评估学生在数据科学和技术应用中的实际能力和创新潜力是数字素养培育模式的另一个重要方面。通过项目评估，可以检验学生在数据收集、处理和分析，技术工具使用，问题解决和创新思维等方面的表现。学生在实践中展示的技术能力和创新潜力，不仅体现在技术方法的选择和应用上，还体现在项目设计和实施过程中的独立思考能力和团队合作能力上。例如，学生可能通过开发新型数据挖掘算法，提高了某一行业的生产效率；或者设计了可持续发展的环境监测系统，为社会提供了环保解决方案。评估这些能力和潜力不仅有助于衡量学生的学术水平和技术实力，还能够为其未来职业发展和学术研究奠定坚实基础。数字素养培育模式效果的评价需要综合考虑学生在整个实践过程中的学术、技术、创新和社会影响等多个方面。这种综合评估不仅有助于教育者了解学生在数字素养培育过程中的成长和发展，还能够为教育教学的持续改进提供宝贵的经验和借鉴。通过引导学生参与具有实际应用和社会意义的数字素养实践项目，教育者可以有效地培养学生的综合能力和创新思维，为其未来的学术和职业生涯奠定坚实的基础，并为社会发展贡献人才和智慧。

第三节　大学生数字素养培育模式的跨学科整合与合作

一、大学生数字素养培育模式的跨学科整合

（一）跨学科课程设计

在大数据时代，跨学科的数字素养课程设计变得尤为重要，因为数字素养不再局限于单一学科，而是需要融合计算机科学、数学、统计学、信息技

术、社会科学等多个学科的内容，帮助学生建立更全面的数字素养知识体系。这种跨学科整合的数字素养课程设计旨在培养学生的综合能力，使他们能够更好地把握和应对数字化社会带来的机遇和挑战。跨学科的数字素养课程设计需要融合计算机科学的基础知识。计算机科学是数字化社会的基石，掌握计算机科学的基础知识对于学生建立数字素养至关重要。这包括计算机基础概念、编程语言、数据结构与算法等内容。通过学习计算机科学，学生可以了解到数字化技术的基本原理和运作机制，为后续学习和实践奠定坚实的基础。数学和统计学在数字素养课程中也扮演着重要角色。数学和统计学是数字化数据处理和分析的重要工具，学生需要掌握数学和统计学的基本原理和方法，才能够进行有效的数据处理和分析。这包括概率论、统计推断、线性代数等内容。通过学习数学和统计学，学生可以了解到数字化数据的特征和规律，为数据分析和决策提供科学的支持。

信息技术也是跨学科数字素养课程中不可或缺的一部分。信息技术涵盖计算机网络、信息安全、数据库管理等内容，学生需要掌握信息技术的基本知识和技能，才能有效地利用数字化技术进行信息获取和交流。通过学习信息技术，学生可以了解到数字化技术的应用场景和发展趋势，为数字化社会的发展做出贡献。社会科学在跨学科数字素养课程中也具有重要意义。社会科学涉及人类行为、社会关系、文化传承等方面的内容，学生需要了解社会科学的基本原理和方法，才能更好地理解数字化社会的发展和影响。这包括社会学、心理学、经济学等内容。通过学习社会科学，学生可以了解到数字化社会的背后所蕴含的人文关怀和社会价值，为社会发展做出更多的贡献。

（二）跨学科教学团队

在当今信息爆炸的时代，数字素养已然成为学生必备的基本能力之一。然而，要想让学生真正具备优秀的数字素养，仅仅依靠单一学科的教学显然是不够的。因此，建立跨学科教学团队显得尤为重要。这个团队由各个学科领域的教师和专家组成，他们共同设计和教授数字素养课程，为学生提供多元化的教学视角和学科交叉的学习体验。在大数据时代下，大学生数字素培育模式的跨学科整合显得尤为迫切。数字素养不仅仅是指懂得使用电脑、网络和其他数字技术，更重要的是要具备对数字信息进行理解、评价和利用的能力。这涉及信息技术、数据分析、信息安全、媒体素养等多个学科领域的知识。因此，要想全面培育学生的数字素养，就需要跨学科的整合。在建立跨学科教学团队时，首先要确定团队成员。团队成员应该包括信息技术专家、数据分析师、教育学家、心理学家、传媒专家等。这些成员来自不同的学科领域，能够为课程的设计和教学提供丰富的知识和经验。同时，团队成员之间也需要具备良好的沟通和合作能力，以便能够有效地协同工作。

跨学科教学团队需要共同设计课程内容和教学方法。课程内容应该涵盖数字技术的基本知识、信息检索与评价、数据分析与可视化、信息安全与隐私保护等方面的内容。教学方法需要结合不同学科的特点，采取多种教学手段，如案例分析、小组讨论、项目实践等，以激发学生的学习兴趣，培养他们的实际操作能力。跨学科教学团队还需要关注课程的评价和改进。通过定期的课程评估和反馈，团队可以了解学生的学习情况和课程效果，及时调整教学策略和课程内容，以保证课程的质量和效果。在大数据时代下，大学生数字素养培育模式的跨学科整合具有重要的意义。它能够为学生提供全面的数字素养培训，使他们能够适应信息化社会的发展需求。它能够促进不同学科领域之间的交叉融合，促进知识的创新和发展。它能够培养学生的跨学科思维能力和解决问题的能力，使他们能够在未来的工作和生活中更加游刃有余地应对挑战。

（三）跨学科资源整合

在大数据时代，数字素养的重要性越加凸显，因此，建立数字素养教学资源库成为推动大学生数字素养培育模式跨学科整合的重要举措之一。这一资源库不仅包括课程资料、教学案例、实验数据等，更应该涵盖各学科领域的知识和技能，为教师和学生提供全面的学习支持。跨学科资源整合需要充分调动各学科的教学资源。不同学科领域的教师和专家可以共同参与资源库的建设，提供自己学科领域的教学资料和案例。比如，信息技术专家可以提供关于计算机基础知识、网络安全等方面的资料；数据分析师可以提供有关数据分析和可视化的案例及实验数据；教育学家可以提供关于教学方法和教育心理学方面的资料；传媒专家可以提供关于媒体素养和信息传播方面的资料等。通过整合这些跨学科的教学资源，可以为教师和学生提供更加全面和多样化的学习支持。

数字素养教学资源库应该注重内容的更新和完善。随着科技的发展和社会的变化，数字素养的内容也在不断更新和拓展。因此，资源库需要及时收集和整理最新的教学资料和案例，以保证内容的新颖性和实用性。同时，资源库应该不断完善，不断丰富各学科领域的教学资源，以满足教师和学生不断变化的学习需求。数字素养教学资源库的建立需要注重技术支持和管理机制。资源库可以借助现代化的信息技术手段，如云计算、大数据分析等技术，建立起一个便捷高效的平台，方便教师和学生获取和利用教学资源。同时，需要建立健全的管理机制，明确资源库的使用规则和管理流程，保护教学资源的版权和知识产权，确保资源的质量和可靠性。建立数字素养教学资源库可以为教师提供丰富的教学资源，支持他们开展跨学科的数字素养课程。为学生提供多样化的学习资源，帮助他们全面提升数字素养水平。促进不同学科领域之间的交流与合作，推动数字素养教育的跨学科整合，为学生提供更加综合和深入的学习体验。

二、大学生数字素养培育模式的跨学科合作

（一）跨学科研讨和讲座

在大数据时代，数字素养的培育不仅需要各学科领域的知识和技能，还需要跨学科的合作与交流。为此，组织跨学科的研讨会和专题讲座成为推动大学生数字素养培育模式跨学科合作的有效途径之一。可以邀请不同学科领域的专家和学者分享最新的研究成果和教学经验，促进学科交叉和知识交流。组织跨学科的研讨会和专题讲座需要明确活动的主题和目标。主题可以围绕数字素养的不同方面展开，如信息技术、数据分析、信息安全、媒体素养等。

活动的目标可以包括促进不同学科领域之间的交流与合作，推动数字素养教育的跨学科整合，提升学生的综合素养水平等。通过明确主题和目标，可以更好地组织活动内容，吸引更多的专家和学者参与。组织跨学科的研讨会和专题讲座需要邀请不同学科领域的专家和学者参与。这些专家和学者可以是来自学术界、行业界或政府部门的知名人士，他们在数字素养领域拥有丰富的研究经验和实践经验，可以为活动提供专业的见解和建议。通过邀请这些专家和学者参与，可以丰富活动的内容，提升活动的质量和影响力。

组织跨学科的研讨会和专题讲座需要设计合适的活动形式和内容。活动形式可以包括专题报告、学术讲座、分组讨论、案例分析等，以满足不同参与者的需求和期望。活动内容可以涵盖最新的研究成果、教学经验、案例分析等，既能够传播知识，又能够启发思考、激发创新。通过设计合适的活动形式和内容，可以提高活动的吸引力和参与度。组织跨学科的研讨会和专题讲座对于大学生数字素养培育模式的跨学科合作具有重要意义。它可以促进不同学科领域之间的交流与合作，促进知识的交流与共享。它可以为学生提供更加丰富和多样化的学习资源，丰富他们的学习体验，提升他们的学习能力和创新能力。可以促进数字素养教育的跨学科整合，为学生带来更加综合和深入的学习体验，推动数字素养教育的不断发展和完善。

（二）跨学科合作机制

在大数据时代，数字素养的培育需要各学科领域的知识和技能的跨学科整合与合作。为此，建立跨学科的合作机制和平台成为推动大学生数字素养培育模式跨学科合作的关键举措之一。这一机制和平台可以促进不同学科领域的师生交流与合作，共同推动数字素养教育的跨学科整合与发展。建立跨学科的合作机制需要明确合作的目标和内容。合作的目标可以包括促进师生之间的学术交流与合作、推动数字素养教育的跨学科整合、提升学生的综合素养水平等。合作的内容可以涵盖教学资源共享、课程开发、科研合作、实践项目等多个方面。通过明确合作的目标和内容，可以更好地引导合作的方向，推动合作的深入开展。建立跨学科的合作平台需要搭建合适的交流与合作平台。这一平台既可以是线上平台也可以是线下平台，既可以是学校内部的平台也可以是跨学校或跨地区的平台。平台的功能可以包括信息发布、资源共享、学术交流、项目合作等多个方面。通过搭建合适的平台，可以为师生之间的交流与合作提供便利和支持，促进合作的开展和成果的分享。

建立跨学科的合作机制需要加强组织和管理。这一机制可以由学校、学院或相关机构来组织和管理，设立专门的跨学科合作机构或工作组，明确责任和任务，配备专门的工作人员。同时，需要建立健全的管理制度和评价机制，加强对合作过程和成果的监督和评估，保证合作的顺利开展和成果的有效实施。建立跨学科的合作机制可以促进不同学科领域之间的交流与合作，丰富师生的学术经验，为学生提供更加全面和优质的学习资源，提升他们的学习能力和综合素养水平。可以推动数字素养教育的跨学科整合，促进数字素养教育的不断发展和完善，为学生的终身发展奠定良好的基础。

第四节　大数据时代下大学生数字素养培育模式的可持续发展

一、导师和同行支持

（一）导师制度的建立

建立导师制度对于大学生数字素养培育模式的可持续发展具有重要意义。导师制度不仅能够有效监督学生的学术进展和数字素养的发展，还能够为学生提供个性化的学习支持和职业发展指导，从而在大数据时代为其未来的职业生涯奠定坚实的基础。导师在学术进展监督方面起到关键作用。每位学生可以被分配一位导师，导师负责定期与学生进行学术讨论和进度跟踪。通过定期会议和个性化指导，导师可以帮助学生制定和调整学习计划，根据其兴趣和能力推荐合适的课程和项目。例如，针对学生在大数据分析或数据隐私保护方面的特定需求，导师可以提供专业的建议和资源，引导学生进行深入学习和实践，从而提升其相关技能和知识水平。导师制度强调个性化的学习支持和职业发展指导。除了学术成绩，导师还应关注学生的职业规划和发展。导师可以与学生探讨其职业目标，提供行业内的实用建议和职业发展路径。例如，通过导师的引导，学生可以了解到大数据领域的各种职业机会和发展趋势，掌握所需的技术和能力，为将来的就业做好充分准备。

导师制度促进了学生与导师之间密切互动和长期关系的建立。这种关系不仅限于学术上的指导，还包括导师对学生整体发展的关注和支持。通过与导师的交流和互动，学生能够获得来自实践经验丰富的专家的反馈和建议，拓宽视野，激发创新思维，并在挑战和困难面前得到支持和鼓励。导师制度在数字素养培育模式的可持续发展中扮演着关键角色。通过建立有效的导师制度，学校和教育机构可以保证每位学生都能够得到个性化的指导和支持，从而提高其学术成就和职业发展潜力。这种关系不仅有助于学生的全面发展，还为学术界和行业培养出更多具备领导力和创新力的专业人才，推动整个社会的进步和发展。

（二）同行评议支持

通过建立学习社区，学生能够更好地分享经验、交流想法，并共同解决学术和技术上的问题，从而提升其在数据科学和技术应用中的能力和竞争力。学习社区为学生提供了一个开放和包容的平台，鼓励他们分享学术经验和技术心得。在这样的环境中，学生可以通过参与定期的学术讨论会、工作坊以及在线平台的互动，积极交流和探讨各自的研究成果、学习方法和解决问题的策略。通过与同行的互动，学生不仅能够开拓自己的学术视野，还能够快速获取最新的技术进展和方法论，从而提升其在大数据时代下的数字素养。鼓励学生成立学习小组并合作完成实际项目和数据分析任务，是学习社区的重要组成部分。学习小组不仅能够在团队合作中培养学生的沟通技能和协作能力，还能够通过实际项目的实施，让学生将理论知识应用到实际中，从而加深对所学知识的理解和掌握。例如，学生可以共同分析和处理复杂的数据集，解决现实生活中的问题，如市场趋势预测、健康数据分析等，这不仅提升了他们的数据分析能力，也提高了解决实际问题的能力和创新思维。

学习社区的互动与合作不仅有助于个人技能的提升，也促进了整个学术和行业的进步。通过学术讨论和工作坊，学生可以分享自己的研究成果和发现，引发更广泛的学术探讨，赢得合作机会。这种跨学科和跨领域的交流不仅推动了知识的创新和发展，也为学生未来的职业发展提供了丰富的资源和机会。学习社区的建立与发展是数字素养培育模式可持续发展的关键因素之一。通过定期的活动和持续的参与，学生不仅能够在学术和技术上保持更新和进步，还能够建立起持久的学术网络与合作关系，为未来的学习和职业发展奠定坚实的基础。

二、终身学习意识

（一）设立学习目标和计划

通过设立短期和长期的学习目标，学生能够明确自己在技术能力提升和知识深化方面的期望，并通过详细的学习计划来有效地实现这些目标。设立学习目标可以帮助学生在大数据时代中保持竞争力。随着技术和数据科学领域的快速发展，学生需要不断更新和提升自己的技术能力和专业知识。通过设立短期目标，如掌握特定的数据分析工具或编程语言，以及设立长期目标，如深入研究某一领域的数据科学应用，学生可以有针对性地规划学习路径，逐步实现自己的职业发展目标。

详细的学习计划是实现学习目标的关键。学习计划应包括课程选择、自主学习安排和实践项目的时间安排等方面。选择合适的课程是学习计划的基础，学生可以根据自己的学术背景和兴趣选择相关的数据科学、计算机科学或其他技术相关课程。通过这些课程，学生可以系统地学习理论知识和实际技能，为未来的职业发展做好准备。自主学习和实践项目的时间安排同样重要。在大数据时代，除了课堂学习，学生还应该有能力进行自主学习和实践。自主学习可以通过阅读专业书籍、参加在线课程或自主研究来实现，这些活动有助于学生深入理解和掌握学术知识。同时，参与实践项目可以帮助学生将理论知识应用到实际问题中，锻炼解决问题的能力和创新思维。设立学习目标和制定详细的学习计划不仅有助于学生在技术能力和知识深化方面取得进展，还培养了他们的自主学习能力和时间管理能力。这些能力在大数据时代尤为重要，因为技术和数据科学领域的知识更新速度快，学生需要具备持续学习和适应变化的能力，才能在竞争激烈的职场中脱颖而出。

（二）自主学习和资源获取

在大数据时代，培养大学生的数字素养需要注重他们的自主学习能力和有效获取学习资源的技能。通过提供多样化的学习资源渠道，如开放式在线课程（MOOCs）、数字图书馆、学术期刊和专业社区等，可以有效地促进学生的学术成长和知识获取能力。开放式在线课程（MOOCs）是一种重要的学习资源渠道。MOOCs提供了丰富多样的课程选择，涵盖从基础知识到前沿技术的各个领域。学生可以根据自己的兴趣和学习需求自由选择课程，通过灵活的学习安排和互动式学习体验，深入学习各种知识和技能。这种学习方式不仅方便，还能够让学生在全球范围内获取最新的学术和技术信息，拓展他们的学术视野和专业能力。数字图书馆和学术期刊是学术信息检索和获取的重要资源。学生通过学校订阅的数字图书馆和学术期刊，可以获取大量的学术文献、研究报告和专业文章。这些资源不仅具有高质量和权威性，还能帮助学生深入理解学术领域的前沿进展和研究动态。教育学生利用搜索引擎和学术数据库进行高效检索和筛选，是培养他们信息获取能力的关键一环。

专业社区和学术交流平台也是学生获取知识和信息的重要途径。学生可以加入相关领域的专业社区，参与讨论和交流，与同行和专家进行互动。这种互动不仅能够拓展学生的学术视野，还有助于他们建立学术联系和合作关系，共同探讨和解决领域内的问题。在大数据时代，数字素养不仅仅是技术能力，更是有效利用各种学习资源和信息，持续学习和适应新技术的能力。

通过开放式在线课程、数字图书馆、学术期刊和专业社区等多样化的学习资源渠道，学生可以自主获取并学习到高质量的知识和信息，提升其学术能力和职业竞争力，为未来的发展打下坚实的基础。同时，这种可持续的数字素养培育模式也促进了学术社区的发展和知识的共享，为整个社会的进步贡献了力量。

第十二章　大数据时代下大学生数字素养培育师资队伍建设

第一节　大数据时代下数字素养师资队伍建设需求分析

一、网络素养与技术教学能力

（一）网络素养

在数字化的学习和工作环境中，网络素养是至关重要的，而数字素养师资的培养需要充分关注网络素养的提升。网络素养包括解和应用互联网的基本知识、技能和态度，以便有效地获取、评估和利用网络资源。对于数字素养师资，具备良好的网络素养不仅能够帮助他们更好地开展教学工作，还能够指导学生正确、安全地使用网络资源。数字素养师资需要具备熟练使用互联网搜索引擎的能力。互联网作为获取信息的主要渠道之一，具有海量的信息资源，但信息的真实性、权威性和准确性参差不齐。因此，数字素养师资需要具备熟练使用各种搜索引擎的能力，能够快速准确地找到所需信息，并且能够通过合适的关键词和搜索策略来过滤和筛选信息，确保获取的信息是真实可靠的。

数字素养师资需要了解网络资源的可信度和权威性。在互联网上，存在着大量的信息，但并不是所有信息都具有同等的可信度和权威性。数字素养师资需要具备辨别信息来源、评估信息可信度的能力，能够辨别虚假信息和谣言，引导学生选择可靠的网络资源进行学习和研究。数字素养师资需要掌握网络信息的评估和筛选方法。在获取信息的过程中，数字素养师资需要对信息进行全面、客观、准确地评估和筛选。他们需要了解信息的来源、内容、发布时间、作者等相关信息，以及评估信息的真实性、客观性和权威性，从而确保获取的信息符合学习和研究的需要。数字素养师资还需要了解网络安全的基本知识。在数字化学习和工作环境中，网络安全问题日益突出，包括个人信息泄露、网络诈骗、网络攻击等。数字素养师资需要具备基本的网络安全意识和防范能力，能够指导学生保护个人信息安全，避免上当受骗，预防网络攻击和病毒感染，确保网络学习和工作的安全与稳定。

（二）技术教学能力

数字素养师资的培养不仅需要他们具备扎实的技术知识和技能，还需要他们具备良好的技术教学能力，以有效地传授技术知识和技能给学生。技术教学能力包括教学方法的选择和运用、教学资源的开发和利用等方面。

首先，数字素养师资需要选择和运用合适的教学方法。在数字化学习环境中，传统的教学方法已经不能完全满足学生的学习需求，因此，数字素养师资需要灵活运用多种教学方法，如案例教学、问题导向教学、项目驱动教学等，以激发学生的学习兴趣，提高他们的学习积极性和参与度。此外，数字素养师资需要根据学生的特点和学习目标，选择合适的教学方法，因材施教，实现个性化教学。

其次，数字素养师资需要开发和利用丰富多样的教学资源。在数字化学习环境中，教学资源包括教材、课件、多媒体资料、网络资源等多种形式。数字素养师资需要不断开发和更新教学资源，以适应教学内容和学生需求的变化。同时，他们需要善于利用各种教学资源，如利用网络资源进行课堂教学、利用多媒体资料进行展示和演示等，以提高教学效果和学习体验。

再次，数字素养师资需要注重实践教学。数字素养是一项实践性很强的能力，学生只有通过实践才能真正掌握和运用。因此，数字素养师资需要设计和组织各种实践活动，如实验、项目、案例分析等，让学生在实际操作中掌握技术知识和技能，提升他们的实践能力和解决问题的能力。

最后，数字素养师资需要关注教学效果的评估与改进。教学效果评估是教学质量保障的重要环节，通过评估可以及时发现教学中存在的问题和不足，及时调整和改进教学方法和教学资源，提高教学效果和学生满意度。因此，数字素养师资需要不断学习和掌握教学评估的方法和技巧，加强对教学效果的监控和反馈，不断完善教学工作，提高教学水平。

二、课程内容与整合

在当今大数据时代，数字技术的快速发展使得数据分析技能和数字创新能力日益成为教育领域中不可或缺的一部分。评估现有课程内容，特别是在中小学和大学教育中，需要确保教师具备足够的能力和资源以有效地整合这些关键技能和内容到各个学科中。教师的数字技术素养至关重要。他们需要掌握基本的数据分析方法，理解数据的收集、处理和解释过程，以及如何运用数据来支持教学和学生学习。这包括熟练使用数据分析工具和软件，如Excel、Python等，能够从数据中提取关键信息并进行教育决策。

数字创新内容的整合也是关键。这涵盖了在各学科中引入创新的教学方法和工具，例如，基于数据的项目设计、虚拟实验和模拟、跨学科的项目合作等。教师需要设计和实施这些活动，以激发学生的创造力和解决问题的能力，使他们在未来的工作和生活中能够应对日益数字化的挑战。教师在教育中的角色也在变化中。他们不再仅仅是知识的传递者，更成为学生数字素养的引导者和培养者。因此，教师培训和持续发展显得尤为重要。教育机构需要提供针对数字技术和数据分析的专业发展课程，以帮助教师掌握最新的教学策略和技能，保持其在教育创新和技术应用方面的领导地位。跨学科整合也是推动教育变革的关键。教育部门和学校应该鼓励各学科之间的合作，促进数字技术和数据分析技能的跨学科应用。例如，在科学课程中引入实验数据分析，在历史课程中使用数据可视化来解释历史趋势，或者在艺术和设计课程中利用数字工具进行创意作品的创作和评估。

三、教学方法与资源支持

教师可以利用在线学习平台来扩展课堂内容和学习资源的范围。这些平台提供了丰富的教育资源，包括教学视频、交互式学习模块、在线测验和实时数据分析工具等。通过在线平台，教师可以为学生提供随时随地的学习机会，并支持个性化学习路径的设计，使每位学生都能够根据自己的学习节奏和理解能力进行学习。教育应用程序在教学数字技能中也起到了重要作用。这些应用程序包括数据可视化工具、编程学习平台、虚拟实验室等，帮助学生更直观地理解和应用数据分析技能。教师可以通过引导学生使用这些应用程序，促进他们的实践能力和问题解决能力的培养，使抽象的数字概念更具体化和实用化。实验室设备和技术工具的有效利用也是教学数字技能不可或缺的一部分。例如，在科学和工程课程中，教师可以引导学生使用传感器和数据采集设备来收集实时数据，并通过数据分析软件进行处理和解释。这种实践性的学习方法不仅能提高学生的技术能力，还能提升他们的团队合作与问题解决能力，为未来的职业发展做好准备。教育部门和学校需要为教师提供持续的技术培训和资源支持。这包括定期的教育技术培训课程，帮助教师掌握最新的教学工具和平台的使用技巧，以及提供必要的硬件和软件设备，确保教师能够顺利地整合数字技能和数据分析内容到各个学科中。

第二节　大学生数字素养师资队伍建设模式探索

一、师资队伍建设

（一）专业培训课程

在大数据时代，数字素养已经成为教师必备的核心竞争力之一。学校可以通过组织专业培训课程，为教师提供大数据技术、数据分析方法、人工智能等相关领域的知识和技能，从而不断提升他们的数字素养水平，使其更好地适应时代的发展需求。专业培训课程应当紧跟时代潮流，紧密结合大数据时代的特点和需求，针对性地设计课程内容。这些内容包括但不限于大数据技术的基础知识、数据分析方法和工具的应用、人工智能技术的原理和应用等。通过系统的培训，教师可以全面了解大数据时代的新技术、新方法，为他们在教学实践中的应用打下坚实的基础。

专业培训课程应当注重实践操作，提供丰富多样的实践环节和案例分析。通过实践操作，教师可以更深入地理解所学知识，掌握实际操作技能，并且能够将所学知识和技能应用到教学实践中。例如，可以组织数据分析案例训练营、人工智能应用实验等活动，让教师在实践中提升自己的数字素养水平。除了专业知识和实践技能，专业培训课程还应当注重教学方法和策略的培养。教师不仅需要掌握数字技术和工具，还需要了解如何将其有效地运用到教学中，提高教学效果和学生的学习兴趣。因此，可以设置教学设计、课堂管理、评估反馈等方面的专业培训内容，帮助教师更好地设计和组织数字素养教育课程。专业培训课程还可以通过线上线下相结合的方式进行。线上课程可以提供灵活的学习时间和地点，便于教师根据自己的时间安排进行学习；线下课程则可以提供更加丰富和深入的交流和互动机会，促进教师之间的交流和学习。在大数据时代下，大学生数字素养师资培养模式的探索也需要紧密结合专业培训课程的开展。可以通过开设相关课程、组织实践项目、引入企业合作等方式，为学生提供更全面、更系统的数字素养教育。同时，可以建立数字素养认证体系，对学生的数字素养水平进行评估和认证，激励他们持续学习和提升。

（二）建立数字素养教师团队

在当今时代，数字素养已成为人们生活和工作中不可或缺的重要技能。特别是在大数据时代下，数字素养更是被视为一种核心竞争力。针对大学生数字素养的培养，建立数字素养教师团队至关重要。这个团队不仅可以定期组织教学研讨会、学术交流会等活动，促进教师之间的互相学习和经验分享，还能够开展师资培养模式的探索，以适应大数据时代对大学生数字素养的需求。要建立数字素养教师团队，需要拥有一支具有专业知识和实践经验的师资队伍。这些教师应当具备扎实的计算机基础知识、数据分析技能以及教学能力。可以通过招聘、培训等方式，吸引和培养这样的教师，组建起一个强大的数字素养教师团队。

团队需要定期组织各类活动，以促进教师之间的交流和学习。这些活动可以包括教学研讨会、学术交流会、主题讲座等。通过这些活动，教师可以分享自己的教学经验、探讨教学方法和策略，从而不断提升自己的教学水平和专业素养。除了教师之间的交流，数字素养教师团队还应该积极与其他机构和企业合作，开展校企合作项目。通过与企业合作，教师可以了解到实际工作中所需的数字素养技能和知识，进而调整教学内容和方法，更好地培养学生的数字素养。在大数据时代下，大学生数字素养师资培养模式需要不断探索和创新。一方面，可以通过课程设置和教学方法的改革，提高教学效果和学生的学习兴趣；另一方面，可以引入实践项目和实习环节，让学生在实际项目中运用所学知识，提升他们的实际操作能力和解决问题的能力。还可以建立数字素养认证体系，对学生进行数字素养能力的评估和认证。通过认证体系，教师可以帮助学生更好地了解自己的数字素养水平，激励他们持续学习和提升。

二、评估体系建设

（一）理论知识考核

理论知识考核是评估学生对大数据基础知识、数据分析方法、人工智能等理论知识掌握程度的重要手段之一。在大数据时代下，这些知识的掌握对于培养学生的数字素养至关重要。通过笔试、论文等形式进行考核，可以全面评估学生的理论水平，为数字素养师资培养模式的探索提供重要参考。

1. 笔试考核

笔试是常见的理论知识考核形式之一。通过笔试，教师可以考查学生对大数据基础知识、数据分析方法、人工智能等理论知识的掌握情况。这种形式的考核通常包括选择题、填空题、简答题等不同类型的题目，涵盖理论知识的各个方面。通过笔试，可以客观地评估学生的理论水平，为他们后续的学习和实践提供基础支持。

2. 论文形式的考核

学生可以通过撰写论文来展现他们对相关理论知识的理解和运用能力。论文可以选择某一特定主题或问题进行深入研究，通过文献综述、理论分析、案例研究等方式，展现学生对理论知识的掌握程度和思考能力。这种形式的考核可以促进学生的自主学习和深度思考，培养他们的研究能力和创新意识。

除了传统的笔试和论文形式，还可以结合实践项目进行理论知识考核。例如，学生可以通过完成数据分析项目、人工智能应用项目等实践项目来展现他们对相关理论知识的理解和应用能力。这种形式的考核既能够考查学生的理论水平，又能够锻炼他们的实践能力及团队合作能力，是一种比较全面的考核形式。在大数据时代下，大学生数字素养师资培养模式的探索需要紧密结合理论知识的考核。可以通过设置相关课程、组织实践项目、引入企业合作等方式，为学生提供更全面、更系统的理论知识学习和实践锻炼机会。同时，可以建立数字素养认证体系，对学生的理论知识水平进行评估和认证，激励他们持续学习和提升。

（二）问题解决能力测试

在大数据时代下，学生数字素养师资培养模式的探索需要充分考虑学生的问题解决能力。通过案例分析、问题解答等形式进行评估，可以全面了解学生的问题分析、方案设计、实施和评估等环节的能力，为他们的综合素质培养提供重要支持。

案例分析。通过给定具体的案例，要求学生分析问题、找出问题所在、提出解决方案等。这种形式的测试既能考查学生对理论知识的掌握程度，又能考查他们的实际应用能力和创新思维。例如，在大数据分析领域，可以给定一个真实的数据集，要求学生分析其中的规律和趋势，并提出相应的应对措施，从而考查他们的问题解决能力。

问题解答。通过提出具体问题，要求学生提出解决方案和理论依据。这种形式的测试能够考查学生的思维逻辑、分析能力和创造力。例如，在人工智能领域，可以提出一个实际的问题，要求学生根据所学知识提出解决方案，并对其进行合理性分析和评估，从而考查他们的问题解决能力。

除了案例分析和问题解答，还可以结合实践项目进行问题解决能力测试。例如，学生可以通过参与实际的数据分析项目、人工智能应用项目等，来展现他们解决实际问题的能力。这种形式的测试既能考查学生的理论水平，又能考查他们的实践能力及团队合作能力，是一种比较全面的评估方式。在大数据时代下，大学生数字素养师资培养模式的探索需要紧密结合问题解决能力测试。可以通过设置相关课程、组织实践项目、引入企业合作等方式，为学生提供更全面、更系统的问题解决能力培养机会。同时，可以建立问题解决能力认证体系，对学生的问题解决能力进行评估和认证，激励他们持续学习和提升。

第三节 大学生数字素养师资队伍建设成果评价与反馈

一、大学生数字素养师资队伍建设成果评价

（一）教学创新能力评价

在大数据时代，教学创新不仅仅是采用新的教学方法和技术手段，更重要的是教师能否在教学实践中灵活应用这些手段，提高教学效果，以及是否具备开展教学研究和创新实践的能力。数字素养师资应当具备灵活运用各种教学方法和技术手段的能力。随着信息技术的不断发展，教学手段和方法也在不断更新和变革。数字素养师资需要不断学习和掌握新的教学技术和方法，如在线教学平台、虚拟实验室、智能化教学系统等，以提高教学效果和吸引

学生的注意力。他们应当能够根据不同学生的特点和学科的要求，灵活选择和运用各种教学方法和技术手段，使教学内容更加生动有趣，提高学生的学习积极性和主动性。数字素养师资应当具备开展教学研究和创新实践的能力。教学研究是提高教学质量和效果的重要手段，也是推动教学创新和改革的关键。数字素养师资应当具备开展教学研究的意识和能力，能够深入教学实践，探索教学规律，总结经验教训，不断改进和优化教学方法和内容。同时，他们应当积极参与教学改革和创新实践，探索适合大数据时代的教学模式和方法，促进教学质量的提高和教育教学的创新发展。

在评价大学生数字素养师资培养成果时，可以从以下几个方面进行考量：第一，数字素养师资是否能够在教学实践中灵活运用各种教学方法和技术手段，提高教学效果，激发学生的学习兴趣和动力。第二，数字素养师资是否具备开展教学研究和创新实践的能力，是否能够深入教学实践，探索教学规律，推动教学改革和创新发展。第三，数字素养师资在教学实践和研究中取得的成果和影响，如教学成绩、学生评价、教学论文等，以及在教育教学领域的专业声誉和影响力。

（二）学术贡献评价

评价数字素养师资的成果，除了考察其在教学方面的表现，还需要综合考量其在学术领域的贡献。学术贡献是评价一个教师学术水平和专业能力的重要指标，可以通过其在学术期刊上发表的论文数量和质量，以及参与学术会议和研讨会的情况来进行评价。数字素养师资的学术贡献体现在其在学术期刊上发表的论文数量和质量。在大数据时代，数字素养师资应当积极参与学术研究和学术交流活动，不断深化自己的学术思想，拓展学术视野。通过在学术期刊上发表论文，数字素养师资可以展现自己在数字素养领域的研究成果和学术水平，提升自己在学术界的声誉和影响力。评价数字素养师资的学术贡献时，不仅需要考虑其发表的论文数量，还需要综合考量其论文质量、影响因子、被引频次等指标，以此来评价其在学术领域的贡献和影响力。

二、大学生数字素养师资队伍建设成果反馈

（一）同行评议

在大数据时代，同行评议对于评价大学生数字素养师资培养成果的反馈至关重要，有助于更好地把握教学的方向和重点，提升教师的教学水平和教育教学的质量。同行评议可以帮助教师评估数字素养课程的教学质量。通过邀请其他教师或专家参与评估，可以从不同的角度和专业领域来审视课程的教学效果和教学方法。评估者可以就课程设置、教学内容、教学方法、教学资源等方面提出意见和建议，指出课程的优点和不足之处，为课程的改进和提升提供参考和指导。同时，评估者还可以根据自己的专业知识和经验，提出针对性的改进建议，以提高课程的教学质量和学习效果。

同行评议可以评估数字素养课程内容的科学性和适应性。在大数据时代，数字素养课程的内容应当与时俱进，紧跟科技发展的脚步，反映最新的技术和趋势。通过邀请其他教师或专家参与评估，可以评估课程内容的科学性和前瞻性，指出其是否符合学科发展的要求，是否满足学生的学习需求，以及是否具有实际应用价值。评估者可以根据自己的专业知识和经验，提出课程内容的完善和调整建议，以保证课程的科学性和适应性。同行评议还可以评估数字素养课程的教学方法和教学资源的使用情况。数字素养课程的教学方法和教学资源应当多样化和灵活化，能够满足不同学生的学习需求和学习方式。通过邀请其他教师或专家参与评估，可以评估教师在教学过程中采用的教学方法的有效性和适应性，以及教学资源的充分利用程度。评估者可以就教学方法的灵活性、互动性、针对性等方面提出意见和建议，为教师提供改进和优化的思路。

（二）教学观摩与评估

1. 教师观摩

组织教师观摩和评估活动是一种非常有效的评估方式，可以通过实地观

摩和评估来发现数字素养课程中存在的问题和不足之处，并提供改进的建议。在大数据时代，这样的活动对于评价大学生数字素养师资培养成果的反馈尤为重要，有助于教师深入了解自己的教学情况，提高教学水平，推动数字素养教育事业的进一步发展。观摩和评估活动可以帮助教师深入了解数字素养课程的教学情况。通过实地观摩其他教师的教学过程，教师可以亲身体验课堂氛围和教学效果，发现其他教师在教学中采用的教学方法和技巧，借鉴他们的教学经验和教学成果。同时，通过评估其他教师的教学实践，教师可以客观地评价自己的教学水平和教学效果，发现自己在教学中存在的问题和不足之处，为自己的教学改进提供参考和借鉴。

2. 教师评估

观摩和评估活动可以促进教师之间的交流与合作。通过观摩其他教师的教学实践，教师可以相互学习和借鉴，共同探讨教学中的问题和挑战，交流教学经验和教学方法，促进教学理念的碰撞和交流。同时，通过评估其他教师的教学实践，教师可以建立起相互信任和尊重的关系，形成良好的师徒关系与合作氛围，共同推动数字素养教育事业的发展和进步。教师观摩和评估活动还可以促进数字素养课程的不断改进和提升。通过观摩和评估其他教师的教学实践，教师可以发现课程中存在的问题和不足之处，提出改进的建议和意见，为课程的改进和提升提供参考和指导。同时，教师可以根据自己的教学实践和经验，提出针对性的改进建议，共同完善课程设置和教学内容，提高课程的质量和效果，满足学生的学习需求和学科发展的要求。

（三）课程评估和改进

通过对课程的评估和分析，可以全面了解课程的优缺点，及时调整课程内容和教学方法，从而不断提高教学效果。在大数据时代，数字素养课程的评估和改进尤为重要，可以通过收集学生的课程评价和建议，以及教师的教学反思和改进意见，形成科学合理的课程改进方案，为数字素养师资培养成果的提升提供有效保障。

1. 收集学生的课程评价和建议

课程评估的重点是收集学生的课程评价和建议。学生是课程的主体，他们的评价和反馈直接关系到课程的质量和效果。可以通过问卷调查、小组讨论、学生反馈会议等形式，收集学生对课程内容、教学方法、教学资源等方面的评价和建议。同时，可以定期进行学生满意度调查，了解学生对课程的整体满意度和改进意见，为课程的改进和提升提供参考和依据。

2. 收集教师的教学反思和改进意见

教师是课程的主导者和执行者，他们的教学水平和教学态度直接关系到课程的质量和效果。可以通过教师自评、同行评议、教学观摩等形式，收集教师对课程教学过程的反思和评价，了解教师在教学中遇到的问题和困难，以及对课程改进的建议和期望。同时，可以组织教师培训和研讨会，提高教师的教学水平和教育教学的理念，为课程的改进和提升提供支持和保障。课程评估需要综合分析课程的实际情况和评价结果，形成科学合理的课程改进方案。在分析学生和教师的评价和反馈意见的基础上，可以针对课程的优点和不足之处，提出相应的改进措施和建议，包括调整课程内容和教学方法、更新教学资源和设备、完善教学环境和管理制度等方面。同时，可以借鉴其他学校和机构的成功经验和做法，吸收先进的教学理念和技术手段，为课程的改进和提升提供参考和借鉴。

第四节　大数据时代下大学生数字素养师资队伍建设经验分享与交流

一、大数据时代下大学生数字素养师资队伍建设经验分享

在大数据时代，数字素养课程的教学应该贴近学生的实际需求和学习兴趣，以适应不断变化的教育环境和学生群体。为此，定期组织教学评估和反馈会议、听取学生的意见和建议、改进教学方案是非常必要的。建立良好的沟通机制。为了更好地了解学生的需求和反馈，建立与学生之间的良好沟通

机制。鼓励学生在课堂上畅所欲言，提出他们的想法和建议。此外，定期组织教学反馈会议，邀请学生就课程内容、教学方法、教学效果等方面进行反馈，了解他们的学习体验和感受。通过这种沟通机制，能够及时了解学生的需求和反馈，为课程的改进和提升提供参考和依据。灵活调整教学内容和方法。根据学生的需求和反馈，灵活调整教学内容和教学方法，以提高教学效果。例如，如果学生对某个知识点理解困难，通过举例、引导讨论等方式，帮助他们理解和掌握知识点。如果学生对某种教学方法不感兴趣或效果不佳，及时调整，尝试其他教学方法，以激发学生的学习兴趣和主动性。通过灵活调整教学内容和方法，能够更好地满足学生的学习需求，提高他们的学习效果和学习积极性。

利用大数据技术提供个性化教学支持。在大数据时代，利用大数据技术提供个性化教学支持已经成为一种趋势。通过学生学习数据的分析，了解每个学生的学习习惯、学习能力和学习进度，为他们提供个性化的学习建议和辅导。例如，根据学生的学习水平和兴趣推荐适合他们的学习资源和课程内容，帮助他们有针对性地提高学习效果。同时，根据学生的学习反馈和表现，调整个性化教学方案，进一步提高教学效果。鼓励学生参与课程设计和教学实践。鼓励学生参与课程设计和教学实践，提高他们的参与度和主动性。例如，组织学生参与课程设计小组，根据他们的兴趣和需求共同制定课程内容和教学计划。同时，组织学生参与教学实践，担任助教或小组讨论组长，锻炼他们的组织能力和领导能力。通过这种方式，能够激发学生的学习兴趣和创新意识，提高他们的综合素质和实践能力。

二、大数据时代下大学生数字素养师资队伍建设经验交流

（一）教师发展和专业成长

1. 持续学习和更新知识

教师的发展和专业成长是一个持续不断的过程，尤其在大数据时代，教师需要不断学习和更新自己的知识和技能，以适应快速变化的教育环境和学

科发展。作为教师，我们需要不断学习和更新自己的知识，跟上时代的步伐。在大数据时代，新技术、新理念层出不穷，我们需要通过阅读最新的学术论文、参加专业培训、完成在线课程等方式，不断扩展自己的知识面，提高自己的学科素养。同时，我们也要保持开放的心态，愿意接受新思想、新观念，不断提升自己的教学水平和专业素养。参加专业培训和学术会议是提高教师专业能力和学术水平的重要途径。通过参加专业培训，我们可以系统地学习最新的教学方法和教学技术，了解最新的学科发展动态，与专家学者面对面交流，拓展自己的学术视野和人脉网络。同时，参加学术会议也是一个展示自己研究成果、交流学术观点的平台，可以借此机会学习他人的研究成果，与同行进行深入的学术讨论，为自己的研究工作提供启发和帮助。

2. 与同行交流经验

与同行交流经验是提高教师专业水平和教学效果的有效途径。我们可以通过组织教研活动、参加教学研讨会、加入专业教师社群等方式，与同行进行经验分享和教学交流。在交流中，我们可以借鉴他人的成功经验和教学方法，同时也可以分享自己的教学心得和教学经验，共同探讨教学中的难题和挑战，互相学习、互相促进，提高教师的教学水平和专业素养。在实际教学工作中，积极参与各种专业培训和学术会议，不断提升自己的专业水平和学术能力。例如，经常参加数字素养相关的学术会议和研讨会，了解最新的教学方法和教学技术，掌握最新的学科动态和研究成果。同时，还参加各种专业培训课程，学习教学设计、课程开发、评估方法等方面的知识和技能，不断丰富自己的教学工具箱，提高自己的教学效果和教学质量。积极与同行进行交流和合作，共同探讨教学中的问题和挑战，分享教学心得和教学经验。

（二）鼓励创新与改革

在当今数字化和信息化快速发展的时代，大数据已经成为影响各行各业的重要因素之一，教育领域也不例外。为了有效应对这一挑战并促进教学创新，大学教师需要探索和尝试新的教学模式，如混合学习和翻转课堂，以更好地满足学生的学习需求和提升他们的数字素养。混合学习模式将传统面对面教学与在线学习相结合，为学生提供了更灵活的学习时间和空间，有助于他们在自己的节奏下掌握知识。翻转课堂则通过将课堂讲授内容转移到课前预习，课堂时间则用于讨论和深化理解，提高了学生的参与度，拓展了学习深度。这些模式不仅仅是技术工具的应用，更是教育理念的创新，强调学生自主学习和教师角色的转变。在支持教师进行大数据领域科研方面，提供科研经费和资源是至关重要的。这不仅可以激励教师深入研究数据分析、数据挖掘等领域，还能促进科研成果转化为实际的教学资源和应用案例。例如，教师可以利用大数据分析学生的学习行为和表现，从而个性化地调整教学策略，提高教学效果和学生学习体验。建设数字素养师资队伍也是至关重要的一环。这不仅仅是指教师掌握数字工具和技能，更重要的是其能够理解和运用数据科学的方法论，指导学生在信息爆炸的环境中获取、分析和应用信息。通过教师间的经验交流和分享成功实践，可以有效地推动整个师资队伍的数字素养提升和教学质量的持续改进。

第十三章　大数据时代下大学生数字素养培育的未来展望

第一节　大数据时代下大学生数字素养培育的发展趋势

一、深度学习与研究

（一）注重跨学科融合和综合能力培养

在大数据时代，鼓励学生深入学习和研究大数据领域的前沿技术和理论是非常重要的，这不仅可以提高他们的数字素养水平，还能够培养他们的创新意识和科研能力，为行业的发展和创新做出贡献。随着信息技术的飞速发展和大数据应用的不断深化，大数据领域的学科和技术也在不断拓展和深化，呈现出新的发展趋势。在大数据时代，大数据技术已经渗透到各个领域和行业中，成为推动社会进步和创新发展的重要驱动力。因此，培养学生的跨学科综合能力和创新思维至关重要。我们不仅应该鼓励学生深入学习大数据领域的专业知识和技术，还应该注重培养他们的跨学科思维和能力，促进不同学科之间的融合与交叉，培养视野开阔、具有综合能力的复合型人才。另外，要注重理论与实践相结合。随着大数据技术的发展，我们不仅需要掌握先进的技术手段和工具，更需要具备扎实的理论基础和分析能力。因此，我们应该注重理论与实践相结合，既要让学生掌握大数据技术的具体应用和操作方法，又要培养他们的数据分析和问题解决能力，让他们具备从理论到实践的全面能力。我们可以通过项目实践、案例分析、模拟演练等方式，让学生在实践中不断提高自己的技术水平和应用能力，为未来的科研和创新奠定坚实的基础。

（二）注重开放式创新与合作共赢

在大数据时代，创新已经成为推动社会发展和产业变革的重要动力。我们应该鼓励学生积极参与开放式创新与合作共赢，搭建学校、企业、科研机构等多方合作的平台，共同探讨和解决大数据领域的关键问题，促进产学研深度融合，推动科研成果的转化和应用。同时，我们应该鼓励学生主动参与各种科研项目和竞赛，锻炼他们的团队协作能力和创新意识，培养他们成为具有国际视野和竞争力的高层次人才。另外，要注重社会责任和可持续发展。在大数据时代，我们不仅要培养学生的专业能力和创新能力，还要注重培养他们的社会责任感和可持续发展意识，使他们成为具有良好道德品质和社会担当的优秀人才。我们应该引导学生关注社会热点和公共问题，积极参与社会实践和志愿服务活动，努力为社会进步和可持续发展做出贡献，成为具有社会责任感和使命感的新时代人才。

二、全球化视野和国际交流

（一）促进数据驱动的国际合作研究

在当今大数据时代，全球科研机构和大学之间的国际合作不再局限于传统的学术交流，而是逐渐向数据科学和技术研究领域深化。这种趋势不仅推动了跨国界的知识共享和创新，还为大学生数字素养的培育带来了新的发展机遇和挑战。在大数据时代下，国际合作在科研项目和数据共享方面具有显著的优势和意义。科研项目的跨国合作不仅能够整合不同国家和地区的专业知识和资源，还能加速解决复杂问题，推动科技创新。例如，多国合作可以在数据采集、处理和分析技术方面互相借鉴，共同探索更高效的大数据处理方法和模型应用，为应对全球性挑战如环境变化、公共卫生等提供更为有效的解决方案。

数据共享是国际合作中的关键环节。通过建立开放和透明的数据共享机制，不同国家的研究团队可以共享数据集、研究成果和技术工具，促进全球范围内的科学合作与交流。这不仅有助于加快科研进程，还能提升数据科学领域的整体水平和创新能力。在大学生数字素养培育方面，国际合作的发展趋势也日益显现。数字素养不仅仅是掌握数字工具和技能，更重要的是理解和应用数据科学的基本原理和方法。国际合作可以通过多样化的学术交流和实践项目，为学生提供更广阔的学习平台和实践机会。例如，学生可以参与国际合作的科研项目，与来自不同国家的研究团队合作，从而深入理解全球数据科学的前沿进展和应用场景。国际合作还能够帮助大学教育更好地适应全球化和数字化趋势。通过引入多元化的教学资源和教育方法，学校可以为学生提供更丰富的学术体验和跨文化交流机会，培养其全球视野和跨文化沟通能力。这对于培养具备国际竞争力的人才，特别是在数据科学与大数据技术领域，具有重要的战略意义。

（二）加强全球教育治理和政策交流

通过国际合作平台，学校能够参与全球教育治理的决策过程，分享和借鉴数字素养教育的成功实践和政策经验，从而提升其在国际教育舞台上的影响力和地位，推动教育政策的国际化。全球教育治理和政策交流为学校提供了一个重要的平台，促进不同国家和地区之间的教育经验分享与合作。在数字素养教育领域，各国学校和教育机构面临着类似的挑战和机遇，包括如何整合大数据技术和教育资源，如何设计符合当地文化和教育需求的数字素养课程等。通过开展国际合作与交流，学校可以学习其他国家的先进经验，借鉴其成功的教育实践和政策措施，为本国的数字素养教育发展提供宝贵的参考和启示。参与全球教育治理和政策交流有助于学校在国际教育舞台上建立良好的声誉和影响力。通过分享成功实践和教育创新成果，学校可以向国际社会展示其在数字素养培育方面的领导地位和贡献。这不仅有助于提升学校的国际形象，还能吸引更多国际合作伙伴和优秀学生，推动学校在全球范围内影响力和竞争力的提升。

全球教育治理和政策交流为制定和推广国际化的数字素养教育政策提供了重要平台和机会。随着信息技术的迅猛发展和全球化进程的加速，各国在数字素养教育方面的政策需求和实施情况存在较大差异。通过国际合作，学校可以参与国际标准和指导原则的制定，推动形成更加开放和包容的数字素养教育政策框架，促进全球范围内的教育资源共享和教育公平。全球教育治理和政策交流还能为学校提供更广阔的发展空间和更多的合作机会。在大数据时代，数字素养的培育不仅需要学校内部的努力和创新，更需要各国和各方共同努力。通过国际合作，学校可以建立起与世界各地教育机构和研究中心的紧密合作关系，共同应对全球数字化教育面临的挑战，为学生提供更丰富和多样化的学习资源和发展机会。

三、就业需求增加

随着大数据技术的飞速发展，企业对具备数字素养人才的需求不断增长，这一趋势将为大学生数字素养培育带来更广阔的发展前景。数字素养不仅仅是掌握一些基本的数字技术和工具，更重要的是具备解决问题、创新思维和团队合作等综合素质。在大数据时代，企业更加重视数字素养，因为它不仅能提高企业的生产效率和竞争力，还能推动企业的创新发展和转型升级。因此，具备良好数字素养的大学生将更受市场青睐，就业前景更加广阔。数字素养将成为企业招聘的重要指标。数字素养不仅是 IT 行业的核心素质，也逐渐成为其他行业所重视的能力。在互联网、金融、制造、医疗等领域，企业对具备数字素养人才的需求都在日益增长。因此，未来企业在招聘人才时将更加注重应聘者的数字素养水平，这为具备良好数字素养的大学生提供了更多就业机会。

数字素养将成为职业发展的核心竞争力。在大数据时代，数字技术已经渗透到各个行业和领域中，成为推动企业发展和创新的重要驱动力。具备良好数字素养的人才不仅能胜任各种技术岗位，还能在数据分析、业务决策、创新管理等方面发挥重要作用。因此，具备良好数字素养的大学生将更容易获得职业发展的机会，成为企业的中坚力量与核心竞争力。数字素养将成为教育培训的重要方向。随着大数据技术的发展，数字素养的培养已经成为教育培训的重要方向。从小学到大学，从职业教育到终身教育，都需要加强对数字素养的培育，培养学生的数据思维、创新能力和团队合作精神。因此，未来数字素养培育将成为教育培训的重要内容，为学生提供更广阔的发展空间和更多的职业选择。数字素养将成为人才流动和跨界创新的重要媒介。在大数据时代，人才流动和跨界创新已经成为推动产业发展和创新创业的重要动力。具备良好数字素养的人才将成为不同行业、不同领域之间的重要桥梁和媒介，促进资源共享、经验交流与合作创新。因此，具备良好数字素养的大学生将更容易实现跨界创新和职业发展，成为推动产业转型升级和创新驱动发展的重要力量。

四、创业机会增多

大数据时代催生了许多新兴行业和商机，为具备数字素养的大学生带来了更多创业机会。这是因为大数据技术的广泛应用已经改变了传统产业的运作模式，同时孕育了许多新的商业模式和创新创业机会。具备数字素养的大学生可以凭借自己的专业知识和技能，在数据分析、人工智能应用、"互联网+"等领域开展创新创业活动，实现个人价值的最大化，同时为社会经济的发展做出贡献。大数据技术的广泛应用为创业提供了丰富的机会。随着大数据技术的不断发展和应用，各行各业都面临着数据化、智能化的转型升级，这为创业者提供了丰富的机会。例如，在零售行业，可以利用大数据技术进行消费者行为分析，优化商品推荐和定价策略；在医疗健康领域，可以利用大数据技术进行疾病预测和诊断辅助；在教育培训领域，可以利用大数据技术进行个性化教学和学习分析等。因此，具备数字素养的大学生可以根据自己的兴趣和专业背景，开展各种有前景的创业活动。

第一，数字素养将成为创业成功的关键因素。在大数据时代，创业者不仅需要具备创新思维和创业精神，还需要具备扎实的数字素养，只有这样才能够应对复杂多变的市场环境和激烈的竞争态势。具备数字素养的创业者能够更好地理解和应用大数据技术，把握市场趋势，提高决策效率，降低风险，从而更有可能取得成功。因此，具备数字素养的大学生将更容易获得创业成功，实现个人价值和社会价值的双赢。

第二，数字素养将成为创业团队的核心竞争力。在大数据时代，创业往往是团队合作的结果，而不是个人英雄的表演。一个成功的创业团队需要具备多样化的专业技能和综合能力，其中数字素养是至关重要的。具备数字素养的创业团队能够更好地理解和应用大数据技术，实现创新和价值的最大化，从而在竞争激烈的市场中占据优势地位。因此，具备数字素养的大学生将更容易找到志同道合的创业伙伴，组建强大的创业团队，共同实现创业梦想。

第三，数字素养将成为创业生态的重要支撑。在大数据时代，数字素养的培育已经成为教育培训的重要内容，各种创业孵化器和科技园区也在积极推动数字素养创业人才的培育和发展。未来，随着创业生态的不断完善和发展，数字素养创业人才将更容易获得政策支持、资源保障和市场机会，实现创业梦想和价值创造。因此，具备数字素养的大学生将更有信心和勇气踏上创业的征途，成为社会创新创业的中坚力量。

第二节　新技术对大学生数字素养培育的影响与推动

一、新技术对大学生数字素养培育的影响

（一）引领新兴领域发展

随着新技术的不断发展，包括人工智能、区块链、物联网等在内的新兴领域不断涌现，这些新兴领域对大学生数字素养的要求也日益增长。在大数据时代，数字素养已经成为大学生必备的核心素质之一，而新技术的快速发展更加强调了数字素养的重要性。不断涌现的新技术拓展了数字素养的内涵。

随着人工智能、区块链、物联网等新技术的快速发展，数字素养不再局限于掌握一些基本的数字技术和工具，更需要学生具备对新技术的理解和应用能力。例如，在人工智能领域，学生需要了解机器学习、深度学习等相关技术，能够应用这些技术解决实际问题；在区块链领域，学生需要了解区块链的原理和应用场景，能够设计和开发基于区块链的应用；在物联网领域，学生需要了解物联网的架构和技术，能够设计和搭建物联网系统。因此，新技术拓展了数字素养的内涵，要求学生具备更广泛、更深入的知识和技能。新技术的快速发展加速了教育模式的创新和变革。在大数据时代，传统的教育模式已经难以满足学生的需求，需要加强对数字素养的培育。而快速发展的新技术为教育模式的创新和变革带来了重要机遇。例如，借助人工智能技术，可以开发智能化教学系统，根据学生的学习特点和需求，个性化地推荐学习内容和方式；借助区块链技术，可以建立学生学习档案不可篡改的分布式账本，确保学生学习过程的透明和可信；借助物联网技术，可以建立智能化的教室和实验室，提供更丰富、更便捷的学习资源和环境。因此，新技术的快速发展加速了教育模式的创新和变革，为数字素养的培育提供了更广阔的空间和更多可能。

新技术的应用推动了跨学科的融合与交叉。在大数据时代，数字素养不再局限于某一学科或领域，而是需要跨学科的综合能力。新技术的应用推动了不同学科和领域之间的融合与交叉，为学生提供了更广阔的学习和发展空间。例如，在人工智能领域，需要结合计算机科学、数学、心理学等多个学科的知识和技能，才能够开展深度学习和自然语言处理等工作；在区块链领域，需要结合计算机科学、经济学、法学等多个学科的知识和技能，才能够设计和实施区块链应用。因此，新技术推动了跨学科的融合与交叉，要求学生具备更广泛、更深入的跨学科知识和能力。快速发展的新技术为学生提供了更多实践机会和创新平台。例如，在人工智能领域，学生可以参与各种人工智能竞赛和项目，锻炼自己的建模和算法设计能力；在区块链领域，学生可以参与各种区块链应用开发和实验，提高自己的智能合约编程和分布式系统设计能力；在物联网领域，学生可以参与各种物联网项目和实践，掌握物联网系统的设计和调试技能。

（二）云计算和大数据平台的使用

随着云计算和大数据平台的出现，学生在数字素养培育方面受益匪浅。这些平台为学生提供了更方便的访问和处理大规模数据的机会，使他们能够更加便捷地开展数据分析和挖掘工作。通过实践操作，学生可以熟悉并掌握云计算和大数据平台的使用方法，从而提高数据处理和应用能力，适应数字化时代的需求。

首先，云计算和大数据平台为学生提供了更便捷的数据资源访问渠道。传统上，学生在进行数据分析和挖掘工作时常面临数据获取的难题，需要耗费大量时间和精力在数据收集和整理上。而云计算和大数据平台改变了这一状况，学生可以通过这些平台轻松地访问各种规模的数据集，无须担心数据的来源和获取。例如，学生可以通过云端存储服务获取公开数据集，也可以通过大数据平台获取企业或机构提供的数据资源，从而更加便捷地进行数据分析和应用。

其次，云计算和大数据平台为学生提供了更强大的数据处理和分析能力。在传统的数据处理方式中，学生通常需要依靠个人计算机或局域网服务器进行数据处理，受限于硬件设施和软件工具的性能，往往无法满足大规模数据处理的需求。而云计算和大数据平台具备强大的计算和存储能力，可以轻松处理海量数据，并提供丰富的数据处理和分析工具。例如，学生可以通过云计算平台使用虚拟机实现弹性计算，根据需求灵活调整计算资源；也可以通过大数据平台使用分布式计算框架进行高效的数据处理和分析，如 Hadoop、Spark 等。这些工具和技术使学生能够更加高效地处理数据，提高数据分析和应用能力。

再次，云计算和大数据平台为学生提供了更多实践机会和项目实践平台。通过这些平台，学生可以参加各种真实的数据分析项目和挑战，锻炼自己的数据分析和解决问题的能力。例如，学生可以参与各种数据挖掘竞赛，如 Kaggle 等，与全球顶尖的数据科学家和工程师同台竞技，解决实际的业务问题；也可以参与各种大数据应用开发项目，如智慧城市建设、健康医疗管理、金融风控分析等，为社会经济发展做出贡献。这些实践机会和项目实践平台为学生提供了更广阔的发展空间和更丰富的经验积累，促进了他们数字素养的全面提升。

最后，云计算和大数据平台促进了学生之间的交流与合作。通过这些平台，学生可以共享数据资源、交流经验、合作开发项目，促进了学习氛围的营造和团队合作能力的培养。例如，在开展数据分析项目时，学生可以通过云计算平台共享数据集、代码和结果，共同解决问题，提高解决问题的效率和质量；也可以通过大数据平台共享分布式计算资源、分析工具和技术文档，共同探索和应用新的数据分析方法。这种交流与合作模式不仅促进了学生之间的相互学习和成长，也培养了他们的团队合作精神和沟通协作能力，为其未来的职业发展打下了坚实的基础。

二、新技术对大学生数字素养培育的推动

（一）拓展职业发展空间

迅速发展的新技术不仅改变了传统行业的运营方式，也创造出许多新的职业领域和就业机会。在这个数字化时代，具备数字素养的大学生能够更好地适应和把握这些新兴领域的发展机遇，从而拓展自己的职业发展空间。

首先，新技术催生了数据科学、人工智能工程、区块链开发等新型职业。随着大数据、人工智能、区块链等技术的不断发展，相关职业的需求也在不断增长。例如，数据科学家负责从大规模数据中发现规律，为企业决策提供数据支持；人工智能工程师负责设计和开发智能系统和算法，实现人工智能应用；区块链开发者负责设计和开发区块链应用，保障数据的安全和可信。这些新型职业对数字素养的要求极高，学生需要具备丰富的技术知识和技能，能够熟练运用各种工具和平台进行数据处理和分析。因此，具备数字素养的大学生将更容易在这些新兴职业领域找到就业机会，拓展自己的职业发展空间。

其次，新技术促进了跨界合作和创新创业。在数字化时代，各行各业都面临着数字化转型和创新升级带来的挑战，需要跨界合作与资源整合来应对。例如，在智慧城市建设领域，需要政府部门、科研机构、企业和社会组织共同合作，利用大数据、人工智能、物联网等技术实现城市管理和服务的智能化和精细化；在健康医疗领域，需要医疗机构、科技企业、保险公司和健康管理机构共同合作，利用健康大数据、医疗影像分析、智能诊断等技术提升医疗服务和健康管理水平。这种跨界合作和创新创业需要各方共同推动，而具备数字素养的大学生可以作为桥梁和纽带，参与到跨界合作和创新创业中，拓展自己的职业发展空间。

再次，新技术催生了新型就业平台和工作模式。随着互联网、移动互联网、区块链等技术的不断发展，新型就业平台和工作模式层出不穷，为大学生提供了更多就业机会和职业选择。例如，网络众包平台、共享经济平台、远程办公平台等，为大学生提供了灵活多样的工作机会，如远程兼职、自由职业等，满足了不同人群的职业需求和生活方式。这种新型就业平台和工作模式注重个人能力的发挥，数字素养作为一种核心素养，将成为大学生职业发展的重要优势和竞争力。因此，具备数字素养的大学生将更容易在新型就业平台和工作模式中找到适合自己的职业机会，实现个人职业发展和社会价值的双赢。

最后，新技术为大学生提供了更广阔的职业发展空间。在数字化时代，技术的变革和创新不断推动产业结构的调整和优化，为大学生提供了更广阔的职业发展空间。例如，智能制造、数字媒体、智慧交通等新兴产业，为大学生提供了更多的就业机会和职业选择；数据科学、人工智能、区块链等新兴技术也为大学生提供了更多的职业发展路径和发展方向。具备数字素养的大学生将更容易适应这种职业发展的多样性和复杂性，通过不断学习和提升自己的能力，实现个人职业发展的目标和梦想。

（二）交叉学科融合的促进

快速发展的新技术不仅改变了传统行业的运营方式，也为不同学科之间的交叉融合提供了更好的条件。在数字化时代，数字技术已经渗透到各个学科领域，学生在学习过程中将接触到更多与大数据相关的知识和技能，促进了学科之间的交叉融合，培养了学生的综合素养。

首先，新技术为不同学科之间的交叉融合提供了更广阔的空间。在数字化时代，各个学科之间的界限逐渐模糊，数字技术已经成为连接不同学科的桥梁和纽带。例如，在生物医学领域，生物信息学使得生物学和计算机科学之间建立了密切的联系，通过对生物大数据的分析和挖掘，可以发现新的基因和蛋白质，解决重大生物医学问题；在社会科学领域，数字社会科学使得社会学、经济学、心理学等学科借助大数据分析方法和技术，深入研究社会现象和人类行为。

其次，新技术为学生提供了更多与大数据相关的知识和技能。在数字化时代，大数据已经成为各个学科研究和应用的重要资源和工具，学生需要掌握与大数据相关的基本概念、理论模型、分析方法和工具技术。例如，学生需要了解大数据的特点和应用场景，掌握数据采集、存储、处理、分析和可视化的方法和技术，能够运用数据挖掘、机器学习、人工智能等技术解决实际问题。通过学习与大数据相关的知识和技能，学生不仅能应对数字化时代的挑战，还能为不同学科的交叉融合提供支持和动力。

最后，新技术为学生提供了更多跨学科研究和创新的机会。在数字化时代，学生不仅可以参与传统学科的研究和创新活动，还可以参与和数字技术相关的跨学科研究和创新活动，开展基于大数据的跨学科研究和创新项目。例如，在医学领域，学生可以参与医疗大数据的分析和应用，研究疾病的发病机制和治疗方法；在环境科学领域，学生可以参与环境监测数据的采集和分析，研究环境污染的来源和影响；在教育领域，学生可以参与学习行为数据的挖掘和分析，研究教学方法和教学效果。通过跨学科研究和创新，学生能够拓展自己的学术视野和研究领域，培养创新精神和实践能力，为学科交叉融合与学术进步做出贡献。

第三节　大学生数字素养培育的创新实践案例

一、项目背景和目标

（一）背景

在当今社会，信息技术快速发展已经成为一种不可逆转的趋势。随着互联网、人工智能、大数据等技术的飞速发展，数字化已经渗透到我们生活的方方面面，成为社会运行的重要支撑。在这样的背景下，数字化已经成为当今社会的主要特征之一。数字化不仅改变了我们的生活方式和工作方式，也深刻影响着社会的发展和进步。因此，人们需要具备良好的数字素养，才能适应这个数字化时代的要求，更好地参与到社会和工作中去。

大学生作为未来社会的中坚力量，其数字素养的重要性更是不言而喻。大学生不仅是未来社会的建设者和领导者，也是数字化时代的参与者和推动者。他们需要具备良好的数字素养，才能更好地适应未来社会和工作环境的要求。数字素养不仅包括对基本数字工具和技术的掌握，更重要的是信息获取、分析、评估和利用的能力，以及网络安全意识和创新思维能力。只有具备了这些能力和素养，大学生才能在未来的社会和工作中立于不败之地，实现自身的发展和进步。

然而，当前大学生的数字素养普遍存在着不足之处。一方面，部分大学生在数字化技术和工具的了解和应用方面仍然较为薄弱，缺乏对数字化时代的认识和理解；另一方面，部分大学生在信息获取、分析和利用方面存在着一定的困难，缺乏批判性思维和创新能力，容易被网络信息误导和欺骗。因此，如何培养和提高大学生的数字素养，成为当前教育改革和发展的重要课题之一。只有通过创新的教育实践和有效的教学方法，才能更好地提高大学生的数字素养水平，培养他们适应未来社会和工作环境的能力和素养，推动数字化教育的深入发展和普及。

（二）目标

在本项目中，我们立足当前数字化时代的教育需求，旨在通过一系列创新的教育实践，有针对性地提升大学生的数字素养水平。数字素养作为当今社会中不可或缺的一项核心能力，涉及信息获取、分析、评估和利用能力等方面，以及网络安全意识和创新思维能力等多个维度。我们的目标是在这些方面全面培养大学生，使他们能够适应未来社会和工作环境的要求，更好地实现个人发展，为社会做出贡献。我们致力于提高大学生的信息获取能力。在信息爆炸的时代，学生需要具备良好的信息获取能力，能够有效地利用各种信息资源获取所需知识。我们将通过引导学生学会利用网络、图书馆和其他资源获取信息的方法，培养他们筛选、归纳和整理信息的能力，使其能够在海量信息中迅速找到所需内容。

仅仅获取信息还不够，学生还需要具备对信息进行分析和评估的能力，才能够判断信息的真实性和可信度。我们将通过课堂讨论、案例分析等方式，培养学生批判性思维和分析能力，使其能够辨别信息的优劣，提高信息利用的效率和准确性。信息的获取和分析只是第一步，学生还需要将获取的信息应用到实际生活和工作中去，才能实现其真正的价值。我们将通过项目实践、实验设计等方式，引导学生将所学知识和技能应用到实际项目中，培养其信息利用和创新能力，提高其解决实际问题的能力。

除了以上方面，我们还重视培养大学生的网络安全意识和创新思维能力。其一，网络安全问题已经成为当今社会和工作环境中的重要问题，学生需要具备辨别网络风险和防范网络威胁的能力。其二，创新思维是未来社会发展和竞争的核心能力之一，学生需要具备探索、创造和创新的能力。因此，我们将通过网络安全教育和创新教育，培养学生的网络安全意识和创新思维能力，使其能够在数字化时代中游刃有余，成为未来社会的领军人才。

二、创新实践案例"数字化学习生态系统构建与实践"介绍

（一）实践内容

在本项目中，我们采用了一系列创新的实践内容，旨在构建一个数字化学习生态系统，为大学生提供多样化的学习体验。通过将课堂教学与在线资源相结合，我们致力于突破传统教学的局限性，提供更加灵活和丰富的学习方式，以满足不同学生的学习需求和兴趣。我们建立了一个完善的在线平台，为学生提供课程资料、学习资源和交流平台。学生可以在这个平台上随时随地获取所需的学习资料，包括课件、教材、参考书籍等。他们还可以通过平台参与课堂讨论、交流学习心得、解答问题等，与老师和同学进行互动交流，促进学习效果的提高。

我们注重实践项目和研究课题的设计和开展。通过实践项目和研究课题，学生可以将所学知识和技能应用到实际问题中去，提高他们的实践能力和解决问题的能力。我们针对不同专业和兴趣，设计了一系列的实践项目和研究课题，如科研项目、社会实践、创业项目等，让学生能够在实践中学习、在实践中成长。我们还利用了多样化的教学方法和资源，丰富学生的学习体验。除了传统的课堂教学，我们还利用教学视频、虚拟实验室、在线模拟等数字化工具和资源，为学生带来更加生动和直观的学习体验。通过这些多样化的教学方法和资源，我们能够激发学生的学习兴趣，提高他们的学习动力，促进他们的全面发展。

（二）实践方法

实践方法在教学中的应用是多方面的，其中包括项目式教学、合作学习和问题解决等多种方式。这些方法的目的在于引导学生从被动的接受者转变为主动的参与者，促进其自主学习能力和团队合作精神的培养。项目式教学是一种以项目为核心的教学方法，它通过设计和实施具体项目来激发学生的学习兴趣和积极性。在这种方法中，学生不仅仅是被动地接受知识，而是通

过实际的项目活动，积极地探索、发现和解决问题。通过参与项目，学生可以将所学知识与实际情境相结合，提高学习的实用性和可持续性。

合作学习是指学生在小组内相互合作，共同完成任务和解决问题的过程。在合作学习中，学生可以相互交流、讨论和分享观点，通过合作来促进彼此的学习。通过合作学习，学生不仅可以增进彼此之间的理解和信任，还可以培养团队合作的能力和沟通技巧，从而更好地适应未来的工作和生活。问题解决是一种注重学生思维能力和创新能力培养的教学方法。在问题解决过程中，教师会设计一系列具有挑战性的问题或情境，激发学生的思考和探索欲望。学生通过分析问题、提出解决方案，并进行实践验证，不断完善和改进自己的解决方案。如此，学生可以培养批判性思维、创造性思维和解决问题的能力，提高自主学习的水平和质量。

（三）实践工具和资源

在当今数字化时代，教育领域正在迅速转变，利用各种数字化工具和资源已成为教学的必然趋势。网络平台作为一种重要的实践工具，为学生提供了广阔的学习空间和更多资源获取渠道。通过网络平台，学生可以随时随地获取丰富多样的学习资料，进行在线学习和交流，拓展知识视野，提高学习效率。在线课程是一种灵活便捷的学习方式，它通过互联网技术将教学内容呈现给学生，具有时间和空间上的自由度。学生可以根据自己的学习进度和需求，选择合适的在线课程进行学习，不受地域和时间的限制。在线课程的多样性和便利性为学生带来了更丰富和个性化的学习体验，有助于激发学生的学习兴趣和积极性。

教学视频是一种直观生动的教学资源，通过视听的方式向学生展示教学内容和案例分析。教学视频可以生动地展现实验操作过程、复杂概念的解释和案例分析等内容，帮助学生更好地理解和掌握知识。教学视频的灵活性和可重复性也为学生提供了反复学习和巩固的机会，有助于提高学习效果和成绩。虚拟实验室是一种安全、便捷的实践工具，通过模拟技术呈现实验过程和实验结果。虚拟实验室可以模拟各种实验场景和操作过程，为学生提供实践操作的机会，培养其实验技能和科学精神。与传统实验相比，虚拟实验室具有成本低、安全性高、操作灵活等优势，为学生提供了更为便捷和安全的实践环境。

三、实践效果评估

（一）学生表现

在实践项目结束后，学生的数字素养得到了显著提升。他们不仅在信息检索能力上有了明显的进步，还展现出更强的批判性思维和创新能力。这种进步不仅体现在他们的学术能力上，也体现在他们的实践能力和团队合作能力上。在信息检索能力方面，学生在实践项目中学会了有效利用各种数字化工具和资源，快速准确地获取所需信息。他们能够灵活运用网络平台、在线课程等资源，进行信息搜索和筛选，从海量信息中迅速找到所需内容。同时，他们学会了评估信息的可靠性和有效性，能够辨别信息的来源和真实性，避免误导性信息的影响。

批判性思维能力是学生在实践项目中锻炼和培养的重要能力之一。通过项目中的问题解决和讨论交流，学生逐渐培养了对信息和观点的分析能力，学会了提出合理的质疑和反思。他们能够对所学知识进行深入思考，发现其中的逻辑关系和不足之处，提出自己的见解并与他人进行交流和讨论。批判性思维能力提升，使学生在面对复杂问题和挑战时能够更加从容，不断提高解决问题的能力。与此同时，实践项目促进了学生的创新能力的提高。在项目的设计和实施过程中，学生需要面对各种未知的挑战和困难，需要不断地寻找新的解决方案和方法。通过团队合作和思维碰撞，学生们激发了创新潜能，提出了许多新颖的想法和方案。他们学会了从不同的角度思考问题，寻找新的解决方案，并将其付诸实践，取得了令人瞩目的成果。

（二）参与度

在项目中，学生的参与度是非常高的，他们展现出积极主动的学习态度和强烈的求知欲。他们踊跃参与课堂讨论和实践活动，表现出对学习的极大兴趣和热情。在讨论环节，他们不仅愿意提出问题，还会积极分享自己的见解和经验。他们不怕冒险，敢于表达自己的想法，展示出与教师和同学之间良好的互动关系。这种积极参与的精神，不仅促进了课堂氛围的活跃，也为全班同学带来了更多的学习启发和思考。

除了课堂讨论，学生还积极参与实践活动。在项目的实施过程中，他们主动承担起各种任务，扮演各种角色，全身心投入到项目中。他们认真对待每一个环节，积极探索和实践，努力将理论知识与实际应用相结合。无论是在团队合作中还是在个人实践中，学生都展现出极高的责任感和执行力，为项目的顺利进行贡献了自己的力量。这种高参与度反映了学生对学习的认可和热爱。他们不再是被动地接受知识，而是积极地参与到知识的建构和应用中去。他们善于思考和探索，敢于挑战自己，不断追求进步和提高。这种积极主动的学习态度，不仅有利于个人的成长发展，也为整个团队的合作和项目的成功奠定了坚实的基础。

（三）反馈调查

从学生的反馈调查结果来看，大部分学生对这个项目持肯定的态度。他们认为这种创新实践方式对于提高他们的学习效果和能力具有积极的作用。这种正面的反馈表明了项目设计和实施的有效性，以及学生对新颖教学方法的接受和认可。在反馈调查中，学生普遍表达了对项目的认可和支持。他们认为项目式教学、合作学习和问题解决等方法，能够更好地激发他们的学习兴趣和积极性，提高学习效果和学习动力。他们表示，在项目中，他们能够更深入地理解和掌握知识，培养自主学习能力和团队合作精神，对于未来的学习和工作都具有重要意义。

学生还积极提出了一些改进建议。他们希望在项目设计和实施过程中能够更加注重个性化需求，灵活调整教学方式和内容，满足不同学生的学习需求。他们也提出了对数字化工具和资源的进一步利用和优化，以提升学习体验和效果。这些建议为项目的持续改进和优化提供了重要的参考和指导。

四、经验与启示

（一）成功因素

项目成功的核心因素在于创新教学方法的灵活运用和多样化学习资源的充分提供。创新教学方法能够激发学生的学习兴趣和积极性，提高他们的学习效果和能力。同时，多样化的学习资源可以满足学生不同的学习需求和兴趣，为他们带来更加丰富和个性化的学习体验。

教师的积极引导是项目成功的重要保障。教师在项目设计和实施过程中，起着重要的指导和引领作用。他们应当充分了解学生的学习需求和特点，灵活调整教学方式和内容，创造出符合学生实际情况的学习环境。教师还应当具备丰富的教学经验和专业知识，能够有效地组织和管理教学活动，提供及时的学习支持和指导。

学生的主动参与是项目成功的重要保障。学生在项目中发挥着积极的主体性和创造性，他们愿意承担起学习的责任和义务，积极参与课堂讨论和实践活动。他们善于思考和探索，敢于挑战自己，不断追求进步和提高。通过与教师的密切合作和互动，他们能够充分发挥自己的潜能，实现个人的全面发展。

项目成功还需要教学管理和组织的有效支持。教学管理部门应当为教师和学生提供必要的支持和资源，以保障项目的顺利实施和运行。他们应当加强对教学质量和效果的监督和评估，及时发现和解决问题，不断提升教学水平和服务质量。同时，需要加强对教师和学生的培训和指导，提升他们的教学和学习能力，实现教育教学的持续发展。

（二）不足之处

在项目实施过程中，虽然取得了一定的成绩，但也不可避免地暴露了一些问题。其中，技术设施支持的不足是一个比较突出的问题。现代教学越来越依赖于技术设施支持，但在一些学校或地区，技术设施可能无法满足项目实施的需求。例如，网络连接不稳定、设备老化等问题可能会影响学生的学习体验和效果。学生自主学习能力的培养需要时间也是一个需要面对的挑战。虽然项目旨在培养学生的自主学习能力，但这种能力的培养并不是一蹴而就的。许多学生在开始阶段可能缺乏自主学习的意识和能力，需要经过一段时间的培养和引导才能逐渐形成。因此，需要教师和学校给予足够的耐心和支持，通过渐进式的教学设计和实践活动，逐步培养学生的自主学习能力。

此外，还存在一些课程设计和教学方法方面的不足。例如，有些项目可能过于依赖传统的教学方式和内容，缺乏足够的创新和实践元素。这种情况可能会导致学生的学习兴趣不高，效果不理想。项目的评估和反馈机制也存在不足之处，无法及时发现和解决问题，影响教学效果的提升。另外，还需要关注学生的心理健康和情感需求。在项目实施过程中，可能会出现学生学习压力过大、焦虑情绪增加等问题，需要及时引导他们。教师和学校应当注重学生的情感教育和心理健康，关注他们的情绪变化，提供必要的心理辅导和支持服务，确保他们健康、快乐地成长。

（三）启示

其一，该案例通过项目式教学、合作学习和问题解决等方法的灵活运用，使学生的学习兴趣和积极性得到了有效激发，学习效果和能力得到了显著提升。其他教育机构可以借鉴这些教学方法和策略，根据自身的教学需求和学生特点，设计和实施更加符合实际情况的教学活动，提高教学效果和学生满意度。

其二，该案例通过网络平台、在线课程、教学视频、虚拟实验室等数字化工具和资源的充分利用，使学生的学习体验和效果得到了极大提升。其他教育机构可以借鉴这些数字化工具和资源的应用经验，充分利用现代技术手段，打造丰富多样的学习环境，提供个性化和高效率的学习支持，推动数字素养教育的创新和发展。

其三，这种创新实践案例为其他教育机构提供了教师角色和学生角色的重新定位。教师不再是传统意义上的知识传授者，而是学生学习过程中的引导者和组织者，扮演着更加积极的角色。学生不再是被动接受知识的对象，而是积极主动的学习者与合作者，扮演着更加主动的角色。其他教育机构可以借鉴这种教师角色和学生角色的重新定位，建立更加平等的教学关系，促进教师与学生之间的互动和共同成长，推动教育教学的深度发展。

第四节　大数据时代下大学生数字素养培育的前景展望

一、教育技术创新与智能化管理

（一）智能化教育管理系统的应用

在大数据时代，智能化教育管理系统正在成为推动学生数字素养培育的重要工具。这些系统能够整合与分析大量的学生数据，包括学习表现、兴趣偏好、学习历程等多维度信息。通过数据分析和机器学习算法，智能化教育管理系统能够为教育者提供个性化建议和教学指导，从而帮助教育机构更好地理解和满足学生的学习需求，促进他们的数字素养全面发展。智能化教育管理系统通过数据分析实现个性化教育。在传统教育模式下，教师往往难以深入了解每个学生的学习状态和需求。而智能化系统可以实时收集、整合与分析学生的学习数据，如学习进度、作业完成情况、在线测验成绩等，从中提取学生的学习模式和偏好。基于这些数据，系统可以生成个性化的学习路径和建议，为每位学生量身定制教育方案，帮助他们更有效地掌握知识和技能，提升学习效果和学术成就。智能化教育管理系统能够支持教育者进行精细化的教学管理和干预。通过分析学生的学习行为模式和学术表现，系统可以及时发现问题，为教师提供个性化的教学指导和支持。例如，系统可以识别出学生在特定知识点上的困难，并推荐针对性的学习资源或教学方法，帮助学生攻克难关。这种精细化的教学管理不仅提升了教学效率，还能够增强学生的学习动机和自信心，培养他们在面对复杂问题时的解决能力和创新思维。智能化教育管理系统还能为教育决策提供数据支持和科学依据。通过长期积累和分析大量学生数据，系统可以发现教育模式和课程设计中的优化空间，提供数据驱动的决策建议。例如，系统可以分析不同教学方法对学生学习效果的影响，评估教育政策和课程改革的实际效果，为教育管理者提供科学的政策制定和资源配置建议，推动教育质量的持续改进和提升。

（二）教育过程的优化和结果的评估

通过教育技术的创新，教育机构能够实时监测和评估教学效果。传统的教学评估常常依赖于教师的主观判断和学生的课堂表现。而引入大数据和教育技术后，教育机构可以收集和分析大量的学生数据，如学习行为、互动情况、作业完成情况等多维度信息。通过数据驱动的教学质量评估，教育者能够更客观、精准地了解教学效果，识别教学过程中存在的问题和改进的空间。例如，系统可以分析学生在不同知识点上的学习进度和理解程度，及时发现问题，为教师提供个性化的教学指导和支持，帮助学生更有效地掌握知识和技能。教育技术的创新支持教育机构进行教学策略和资源配置的优化。通过数据分析和机器学习算法，系统可以分析不同教学方法和资源使用的效果，评估教学策略的有效性和适应性。这种个性化和数据驱动的资源配置，能够帮助教育机构更合理地分配教学资源，提升教学效率和质量。例如，系统可以根据学生的学习特点和需求推荐合适的学习资源和课程内容，促进个性化学习体验和学术成就的提升。教育技术的创新还支持教育过程的实时调整和优化。随着技术的进步和数据处理能力的提升，教育机构可以建立起教学过程的动态反馈机制。系统可以及时收集和分析学生的学习数据，发现教学过程中的潜在问题和学生的学习趋势，及时为教师提供反馈和调整建议。这种教育过程的实时优化，有助于教育机构更快速地适应学生的学习需求和社会变化，提高教学的灵活性和反应速度。

（三）全球化教育合作的加强

通过创新的教育技术，全球高等教育机构能够分享最佳实践和教育资源，促进数字素养的全球化发展，丰富学生的学习体验和就业机会。教育技术的创新加固了国际化教育合作的桥梁。在数字化和全球化的背景下，教育技术不仅提升了教学效果和教学资源的普及程度，还通过在线教育平台和虚拟学习环境将世界各地的学生和教育者连接起来。例如，通过视频会议和远程协作工具，学生可以学习来自全球不同文化背景和教育体系的课程，从而拓宽视野、提高跨文化交流能力，这对于他们未来在全球化职场中的竞争力至关重要。教育技术的创新促进了全球高等教育机构之间最佳实践的分享和交流。通过数据分析和机器学习算法，教育机构可以从全球范围内收集并分析学生的学习数据和表现，发现教学模式中的成功因素和改进空间。这种跨国交流不仅仅是教育质量提升的手段，也是推动数字素养培育的关键。例如，一些先进的教育技术和教学方法可以在全球范围内快速传播和应用，为不同国家和地区的教育改革提供宝贵的经验和参考。

教育技术的创新为学生提供了更广泛的学习资源和就业机会。在经济全球化的背景下，良好的数字素养和跨文化交流能力成为备受重视的重要素质。通过参与国际化教育合作与交流，学生不仅可以接触到来自不同文化背景和教育体系的学习资源，还可以增加国际化的就业机会。例如，一些全球性企业更倾向于招聘具备跨文化沟通能力和数字技能的员工，这为那些有国际学习经历和跨文化交流经验的学生提供了更多就业选择。教育技术的创新促进了数字素养培育的全球化发展。随着数字化技术在全球范围内的普及和应用，数字素养已经成为现代社会中不可或缺的一部分。通过国际化教育合作，学生可以接触到最新的科技和数据驱动的教学方法，培养创新思维和解决问题的能力。这不仅有助于学生在竞争激烈的全球市场中保持竞争力，也为他们未来的职业发展奠定了坚实的基础。

二、提升社会治理水平

（一）预测与预警

在大数据时代，运用数据技术进行趋势分析和预测，以及提供社会预警服务，已经成为一种重要的社会需求和政府职责。数字素养的培育使大学生能够参与到这一过程中，为社会的可持续发展提供重要支持和保障。

首先，数字素养的培育使大学生能够运用数据技术进行社会趋势分析和预测。通过分析历史数据、当前数据和未来预测数据，大学生可以了解社会各个方面的发展趋势和变化规律，发现潜在的风险和挑战。例如，他们可以利用大数据技术分析经济发展的趋势、社会变革的方向、科技创新的前沿等，预测未来社会可能出现的问题和挑战。通过这样的趋势分析和预测，大学生能够为社会未来发展提供科学依据和决策支持，为政府制定相关政策和措施提供参考。

其次，数字素养的培育促使大学生提供社会预警服务。在社会发展过程中，可能会出现各种各样的风险和挑战，如自然灾害、社会动荡、经济危机等。通过运用数据技术对社会风险进行分析和评估，大学生可以及时预警社会潜在的风险和挑战，为政府和社会组织提供预防和应对的建议。例如，他们可以利用大数据技术监测自然灾害的发生和发展趋势，预测可能受灾的地区和范围，及时提出灾害应对方案和紧急救援措施。通过这样的社会预警服务，大学生能够为社会稳定与和谐发展提供重要的保障和支持。

再次，数字素养的培育推动了社会风险管理和危机应对的能力提升。在面对各种风险和挑战时，政府和社会组织需要及时有效地进行风险管理和危机应对，防范和化解潜在的危机。大学生通过数字素养的培育，能够参与到社会风险管理和危机应对的工作中，运用数据技术分析社会风险和危机的来源和影响，提出相应的预防和应对策略。例如，他们可以利用大数据技术对经济风险、政治风险、社会风险等进行全面评估，制定相应的应对措施和预案，保障社会的稳定和可持续发展。

最后，数字素养的培育促进了社会的智能化和信息化建设。随着数字技术的发展，社会预警系统和应急管理系统已经逐步智能化和信息化，为社会风险管理和危机应对提供了强有力的技术支持和保障。大学生通过数字素养的培育，能够参与社会智能化和信息化建设的各个环节，运用数据技术设计和开发预警系统和应急管理系统，提高社会的风险管理和危机应对能力。例如，他们可以利用大数据技术开发智能化的社会预警系统，实现对社会风险和危机的自动监测和预警，及时发出警报和提供预警信息，为社会风险管理和危机应对提供及时、准确、全面的支持和保障。

（二）政策效果评估

数字素养的培育为大学生提供了对政策效果进行评估的重要能力。在大数据时代，政策制定者和执行者面临着越来越复杂的社会环境和多样化的社会需求，需要通过数据技术对政策的实施效果进行评估，及时调整和改进政策措施，以提高政策的针对性、灵活性和有效性，推动社会的可持续发展。

首先，数字素养的提升使大学生具备了收集、整理和分析政策实施数据的能力。政府在制定和实施政策时通常会收集大量的相关数据，如社会经济统计数据、民意调查数据、政府部门数据等，以评估政策实施效果和社会反馈情况。大学生通过数字素养的培育，能够熟练运用数据分析工具和技术，对这些数据进行收集、整理和分析，深入了解政策实施后的情况和影响，为政策效果评估提供科学依据和支持。

其次，数字素养的提升促使大学生掌握政策评估的方法和技巧。政策评估是一项复杂的工作，需要运用多种方法和技巧对政策实施的各个方面进行全面、客观、科学的评估。大学生通过数字素养的培育，能够了解和掌握常用的政策评估方法，如定量分析、定性分析、案例研究、对比分析等，能够根据不同的政策特点和评估目的选择合适的评估方法，提高评估结果的可信度和说服力。

再次，数字素养的提升促使大学生加强了与社会各界的沟通与合作。政策效果评估需要政府部门、学术机构、社会组织、企业等各方面的合作与支持，需要充分听取各方的意见和建议，达成共识，提高评估的准确性和全面性。大学生通过数字素养的培育，能够主动与相关机构和组织进行沟通与合作，共同开展政策效果评估工作，促进评估结果的权威性和可操作性。

最后，数字素养的提升推动了政府决策和管理的智能化和信息化。在数字化时代，政府可以利用大数据技术和人工智能技术实现对政策实施效果的实时监测和评估，及时发现问题和挑战，及时调整和改进政策措施。大学生通过数字素养的培育，能够参与到政府决策和管理的智能化和信息化建设中，利用数据技术和人工智能技术开发政府决策支持系统、政策效果评估系统等，为政府的决策和管理提供科学依据和技术支持，推动政府决策和管理的智能化和信息化发展。

结　语

本书旨在深入探讨大数据时代下大学生数字素养培育的相关问题，通过文献综述、问卷调查和访谈等研究方法，对当前存在的困难和挑战进行了分析，并提出了一系列的培育策略和措施。通过本书的探讨，我们得出了以下主要结论：大学生数字素养的培育是当今高等教育的重要任务之一。随着大数据技术的飞速发展，提升大学生的数字素养已成为培养未来社会人才的必然要求。当前我国大学生数字素养存在着一些普遍问题，如对大数据技术认知不足、信息安全意识薄弱、数据分析能力不足等。这些问题制约了大学生数字素养的提升和发展。

针对上述问题，我们提出了一系列的培育策略和措施，包括加强课程设置、优化教学方法、建立实践平台、加强师资队伍建设等。这些策略和措施有助于提升学生的数字素养水平，促进我国高等教育的改革和发展。尽管本书在研究上取得了一定的成果，但也存在一些不足之处，如样本选择的局限性、研究方法的局限性等。未来的研究可以进一步拓展样本范围，采用更加多样化的研究方法，以获取更加全面和深入的研究结果。大数据时代下大学生数字素养的培育是一项复杂而重要的任务，需要全社会的共同努力。我们期待通过本书，为提升大学生数字素养水平、推动高等教育的改革和发展做出更大的贡献。

感谢各位参与本书相关研究的学者、专家和被调查对象，在此向大家表示衷心的感谢！

参考文献

［1］方惠. 大数据时代隐私权的刑法保护路径探究［J］. 法制博览，2023
（25）：66-68.

［2］李亚南. 大数据时代个人信息的行政法保护研究［D］. 石家庄：河北经
贸大学，2023.

［3］于礼. 大数据时代社会治理智能化实现路径研究［J］. 公关世界，2023
（5）：66-67.

［4］石婷婷. 大数据时代的计算机网络安全研究［J］. 现代工业经济和信息
化，2020，10（9）：66-67.

［5］杨迪. 大数据时代的计算机网络安全及防范措施探析［J］. 数字通信世
界，2020（5）：133-134.

［6］陆海鸿. 大数据时代网络安全问题及对策［J］. 互联网周刊，2022
（24）：47-49.

［7］朱粤. 大数据时代计算机网络安全技术探讨［J］. 信息与电脑（理论
版），2022，34（13）：58-60.

［8］李治军，王昊欣. 大数据时代计算机网络安全技术的思考［J］. 信息记
录材料，2021，22（6）：37-38.

［9］秦晓波. 大数据时代计算机网络安全技术的运用分析［J］. 信息记录材
料，2021，22（4）：169-170.

［10］王怡敏，林虹江. 大数据时代的计算机网络安全及防范对策研究［J］.

电子元器件与信息技术，2021，5（3）：58-59.

［11］杜焱. 大数据时代计算机网络信息的安全性［J］. 信息记录材料，2021，22（1）：34-35.

［12］余丽华. 基于大数据时代下的网络安全问题探析［J］. 电子元器件与信息技术，2020，4（11）：11-13.

［13］阎庚顺. 数字时代大学生的媒介素养培养与评估探究［J］. 新闻研究导刊，2024，15（4）：37-39.

［14］傅承哲，薛宇君，张健新. 内地港澳大学生数字素养的行为机制探析［J］. 广东青年研究，2024，38（1）：127-140.

［15］王楠，李宝虹，王志国. 大学生数字素养评价指标体系构建研究［J］. 统计与咨询，2023（5）：23-27.

［16］时文龙，刘茂玲. 数字化时代大学生数字素养与技能提升探析［J］. 武汉职业技术学院学报，2023，22（5）：61-66.

［17］李作燕. 大学生数字素养培育研究［D］. 南昌：南昌大学，2023.

［18］潘燕桃，张羽可. 提升大学生数字素养［J］. 郑州航空工业管理学院学报，2022，40（6）：20-29.

［19］裴英竹. 大学生数字素养及其培养策略［J］. 社会科学家，2022（9）：128-133.

［20］龚曦. 大学生数字素养培育路径探究［J］. 新闻研究导刊，2022，13（11）：47-49.